城市居民慈善捐赠行为发生机制研究

张进美 著

人民出版社

责任编辑:宫　共
封面设计:源　源

图书在版编目(CIP)数据

城市居民慈善捐赠行为发生机制研究/张进美 著. —北京:人民出版社,
　2023.10
ISBN 978-7-01-025836-2

Ⅰ.①城…　Ⅱ.①张…　Ⅲ.①社区-慈善事业-研究-中国　Ⅳ.①D632.1

中国国家版本馆 CIP 数据核字(2023)第 142210 号

城市居民慈善捐赠行为发生机制研究

CHENGSHI JUMIN CISHAN JUANZENG XINGWEI FASHENG JIZHI YANJIU

张进美　著

人 民 出 版 社 出版发行
(100706　北京市东城区隆福寺街 99 号)

北京汇林印务有限公司印刷　新华书店经销

2023 年 10 月第 1 版　2023 年 10 月北京第 1 次印刷
开本:710 毫米×1000 毫米 1/16　印张:15.75　字数:242 千字

ISBN 978-7-01-025836-2　定价:48.00 元

邮购地址 100706　北京市东城区隆福寺街 99 号
人民东方图书销售中心　电话 (010)65250042　65289539

目　录

导　言

　　随着社会经济日益发展，我国社会文明程度不断提高，慈善文化氛围日益浓厚，全社会民众的公益慈善意识日渐增强。"上善若水，大爱无疆"；"赠人玫瑰，手有余香"；"奉献爱心，收获希望"。一句句朴实无华的慈善宣传语将慈善与民众联系起来，也拉近了彼此间的距离。慈善事业作为我国一项崇高神圣的社会公益事业，是公众展现自己爱心的行为表现，也是完善我国社会保障体系的重要组成部分。可以说，发展慈善事业在我国社会发展中起着重要作用，对于弘扬中华民族传统美德、缓解社会矛盾、构建和谐社会等都具有十分重要的意义。

　　党的十九大报告字字珠玑地为中国慈善事业的新发展指明了前进的方向，为新时代慈善事业界定了终极使命，即通过发展慈善事业进一步平衡地区差异、缩小城乡差距和贫富差距，通过慈善力量补充社会保障体系，促进教育、科学、文化、卫生、体育、环保等领域全面发展。① 党的二十大报告指出"要完善分配制度"，"坚持按劳分配为主体，多种分配方式并存，构建初次分配、再分配、第三次分配协调配套的制度体系"，"引导、支持有意愿有能力的企业、社会组织和个人积极参与

---

① 刘福清：《让慈善事业在新的历史方位上逐梦前行》，http：//www.xinhuanet.com//gongyi/2017-11/06/c_129733743.htm。

公益慈善事业。"正是党中央一系列重要决策部署，明确了要充分发挥慈善第三次分配的作用，促进全体人民共同富裕的新要求，为新时代中国特色慈善事业发展提供了根本遵循。其实，从党的十八大提出"支持发展慈善事业"到十二五规划纲要强调的"加快发展慈善事业，增强全社会慈善意识"，以及大量鼓励慈善事业发展的政策法规不断完善，再到二十大报告对慈善事业的再次肯定与推动发展，党和政府、社会各界对中国慈善事业的肯定与期望不断提高，居民个人捐赠总数在增长，学者对居民慈善的研究也日趋丰富，因此，探讨居民个人慈善捐赠行为是一个必要且重要的研究问题。

在慈善捐赠主体中，既有以个人为参与主体的慈善捐赠，也有以组织为主体的慈善捐赠。《中华人民共和国慈善法》明确规定，慈善捐赠是指自然人、法人和其他组织以捐赠财产或者提供服务等方式自愿开展的公益活动。这里的捐赠财产包括货币、实物、房屋、有价证券、股权、知识产权等有形和无形财产。解读该法规，我们可以获知：捐赠人可以通过慈善组织捐赠，也可以直接向受益人捐赠。同时，慈善捐赠应该是自愿无偿的行为，不得有利益回报，并且《公益事业捐赠法》也明确规定，捐赠应当是自愿和无偿的，禁止强行摊派或者变相摊派，不得以捐赠为名从事营利活动。

不管是国外还是国内，每年都会有成千上万的社会公众参与到慈善捐赠活动中，涌现出多个大额捐赠慈善家，比如曹德旺，自1983年第一次捐款起，到2020年，其个人捐款累计达到120亿元，成为我国个人捐款金额最高者。在2021年5月，他又一次性捐出100亿，用于福建省筹建公立大学福耀科技大学，再次成为中国首善。但是，曹德旺认为，袁隆平先生才是中国的首善，他自己算不上首善。那么，曹德旺（及其他捐赠者）慈善捐款背后的原因是什么？每一次捐赠是如何发生？每次捐赠后，带给每个捐赠者怎样的捐赠体验？同时，作为普通大众中的你，你准备好捐赠了吗？如果没有准备好，还有哪些方面需要继续努力？如果准备好了，你会持续参与捐赠吗？这些问题或许是每一位（潜在）捐赠者（无论是大额捐赠还是小额捐赠者），都会时常思考的问题。带着一系列的疑问和困惑，我们一起去寻找答案。

第一章 绪 论

第一节 研究背景

当今社会，以慈善事业为主体的社会公益性行为成为衡量一个国家中道德和文明水准的重要标志。继党的十八大强调"要完善社会救助体系、支持发展慈善事业"以来，慈善事业的快速发展越来越得到党和政府的高度重视，这为我国慈善事业的发展进一步指明了道路和方向。党的十九大报告对于慈善事业、社会组织、志愿服务、扶贫济困等内容的表述可谓着墨精炼、字字珠玑、层次分明，明确提出"完善社会救助、社会福利、慈善事业、优抚安置等制度"。可以说，党的十九大报告和《中华人民共和国慈善事业法》给慈善事业带来了全要素、全方位的历史机遇。

随着社会不断进步与发展，慈善活动以各种方式出现，并在政府与社会各界的推动下得到了前所未有的发展，取得了一系列成就，同时吸引了大量公众广泛参与，激发了公众投入慈善事业的热情，也促进了整体社会风气良性循环。仅在 2014 年，从中央到地方出台了百余项公益慈善政策，而且在 2014 年 10 月 30 日国务院常务会议上，李克强总理讲："发展慈善事业，引导社会力量开展慈善帮扶，是补上社会建设'短板'、弘扬社会道德、促进社会和谐的重要举措。我们必须创新机制，使慈善事业与国家保障救助制度互补衔接、形成合力。"① 在2018年3月5日第十三届全国人民代表大会第一次会议中，国务院总理李克强作政府工作报告又进一步提出："健全社会救助体系，支持公益慈善事业发展。倾情倾力做好托底工作，不因事难而推诿，不因善小而不为，要让每一个身处困境者都能得到社会的关爱和温暖。"②

不管是党的十九届四中全会提出"重视发挥第三次分配作用，发展慈善等社会公益事业"，还是党的十九届五中全会通过的《中共中央关于制定国民经济和社会发展第十四个五年规划和二〇三五年远景目标的建议》提出的"发挥第三次分配作用，发展慈善事业，改善收入和财富分配格局"，党的全会文件连续强调了慈善的重要作用，充分表明公益慈善已经从其作为社会保障制度的一部分上升为社会主义基本经济制度的重要一环。它通过自主自愿地配置经济资源、激发社会资本，支撑经济社会高质量发展，既凸显了慈善事业在我国社会发展中的重要地位和作用，也从侧面反映出发展个人慈善的重要性。

党的二十大报告再次明确指出"完善志愿服务制度和工作体系"，"坚持按劳分配为主体，多种分配方式并存，构建初次分配、再分配、第三次分配协调配套的制度体系"，"引导、支持有意愿有能力的企业、社会组织和个人积极参与公益慈善事业"。可以说，二十大报告再次为慈善事业发展指明了方向。

在一系列慈善政策和民众不断推动下，我国慈善捐赠规模逐渐增大，慈善发展呈现出蓬勃发展的良好趋势（详见图1-1）。同时，近年来，个人捐赠在我国慈善捐赠总量中所占比重逐年上升，在2007年时该比重为10.36%；到2011年时该比重上升至31.6%，期间仅2008年由于汶川地震而井喷式增长至54%，其余年份呈现稳定的递增态势。

---

① 《李克强主持召开国务院常务会议确定发展慈善事业措施 汇聚更多爱心扶贫济困》http://www.mca.gov.cn/article/zwgk/mzyw/201410/20141000720437.shtml。

② 《政府工作报告》，人民出版社2018年版。

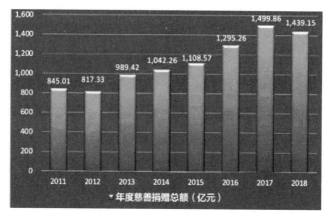

图 1-1　2011—2018 年各年度我国慈善捐赠总额

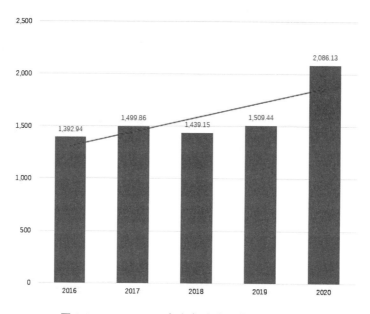

图 1-2　2016—2020 年各年度我国慈善捐赠总额

《2012 年度中国慈善捐助报告》显示，该年度我国接收国内和国外社会各界各项款物捐赠总额共计约 817 亿元（与 2011 年相比下降 3.31%），占我国 GDP 的 0.16%，人均捐款 60.4 元。该年度超过亿元的大额捐赠有 34 笔，共计约 64.37 亿元。虽然笔数少，但是它们约占 2012 年度全国捐赠总量的 7.88%（低于 2011 年的 13.94%）。与此形成鲜明对比的是，2012 年民间网络捐赠成绩不俗。无论是参与人数还是募捐金额，多家网络捐赠平台初露锋芒，展现出较好的网络劝募效果。

2013 年，我国个人小额捐赠蓬勃发展。《2013 年度中国慈善捐助报告》显示，该年度我国境内个人捐赠总额 54.5 亿元，占个人捐赠总量的 75.14%，境外个人捐赠占比个人捐赠总量 14.86%。在 2013 年度内，个人捐赠领域和捐赠对象趋向多元化，如小额捐赠者更愿意资助以儿童为受益对象的项目。同时，与 2012 年相比，2013 年我国网络捐赠出现发展势头，捐赠规模超过 3 亿元，越来越多的民众开始使用网络捐赠渠道。此时，出现的网络慈善平台主要有腾讯公益、新浪微公益、阿里巴巴支付宝 E 公益、易宝公益圈等。另据相关数据显示，在该年度内，曾有 116 万用户参与腾讯公益捐赠，超过 200 万爱心网友曾直接在新浪微公益上参与活动，甚至超过一亿人曾使用支付宝 E 公益捐款。可以说，这些新型的网络捐赠平台为个人小额捐赠提供了便利，大大推动了我国个人小额捐赠蓬勃发展。

2014 年，企业捐赠仍然是我国社会捐赠的最主要来源，个人捐赠总额占比连续三年呈下降趋势。《2014 年度中国慈善捐助报告》显示，2014 年度企业捐赠总计约 721.6 亿元，在总捐赠额中占比七成；个人捐赠额约 115.6 亿元，各类社会组织捐赠款额约 113.5 亿元。与往年捐赠数据相比，该年度内我国企业捐赠、人民团体与社会组织、政府捐赠等几大主体的捐赠占比略有上升，而个人捐赠占比约为 11.1%（即 115.6/1042.26），已经连续三年下滑。

2015 年，我国个人捐赠额在历经三年"磨难"后出现上涨势头。据《2015 年度中国慈善捐助报告》显示，该年度我国个人捐赠总额为 169.30 亿元，较前一年度增加 53.72 亿元，且个人捐赠额占总捐赠额比例随之增加（上升到 16.38%）。同时，单笔金额为万元以下的个人捐赠总额为 75 亿元，较 2014 年 58.6 亿元增加 16.4 亿元；个人捐赠额在 1 亿元以上的慈善家有 22 人，其捐赠总额达到 64.17 亿元，其中排名前三位的亿元捐赠家陈一丹[①]、卢志强以及李达三、叶耀珍夫妇均有大额教育捐赠记录。

2016 年，我国个人捐赠继续保持增长的趋势，普通民众日益成为社会捐赠的重要力量之一。《2016 年度中国慈善捐助报告》显示，该年度我国个人捐赠额达到（有记录以来的）创纪录式增长，数额为 293.77 亿元，与 2015 年个人捐赠额相比仅增长额（124.47 亿）就比 2014 年度个人捐赠额多，甚至 2016 年度个人捐赠额占捐赠总额的 21.09%，同比增长 73.52%。据相关统计，该年度我国捐赠过亿的慈善家有 35 人[②]，比上一个年度增加 13 人，而且其捐赠总额达到 79.73 亿元，同比增长 24.25%。更令人欣喜的是，普通公众开始成为个人捐赠的中坚力量，仅 10 万元以下的个人捐赠额就上升到 90 亿元以上，相较 2015 年增加 15 亿元，同比增加约 20%。同时，民政部在该年度指定首批 13 家慈善组织互联网公开募捐信息平台，仅腾讯公益平台、蚂蚁金服公益平台、淘宝公益平台等三家平台全年筹款达 12.89 亿元，比 2015 年增加 37.79%。具体而言，从参加网络捐赠者的年龄段分析，80 后捐赠者的捐赠金额最多，占捐赠总额 45% 以上，其次是 90 后和 70 后捐赠者，前者捐赠人次更多，后者捐赠金额更高；从捐赠者所参与网络捐赠的领域看，医疗救助、教育助学类救助最受关注，其次是减灾救灾和环境保护；从网络捐赠渠道看，移动端成为主流参与渠道，其中手机捐赠占捐赠总额的七成以上；从捐赠者所属地域看，上海、北京、广东、浙江、江苏等地参与网络捐赠的人数和捐赠金额最多。简而言之，2016 年我国个人捐赠呈现出的新变化和新趋势令人鼓舞，尤其是网络化、年轻化、小额化的个人捐赠特点初见端倪。

2017 年，虽然个人捐赠额继续增长，达到 349.17 亿元，占该年度

---

① 陈一丹是腾讯主要创办人之一、腾讯公益慈善基金会发起人，以 20 亿元捐款位居 2015 年度个人捐赠排行榜榜首。

② 进行捐赠统计时，若夫妻和家族捐赠，则按单一主体计入榜单。

我国慈善捐赠总额 23.28%，但是，企业仍然是我国慈善捐赠主要来源，企业捐赠 963.34 亿元，占我国捐赠总额 64.23%。《2017 年度中国慈善捐助报告》显示，在该年度内，个人和企业两大捐赠主体共计捐赠约 1312.51 亿元，占捐赠总额 87.51%，即二者仍是我国社会捐赠的主要来源。2017 年是我国慈善事业发展较迅速的一年，也是慈善事业颇有建树的一年，不管是个人捐赠还是组织捐赠，抑或网络捐赠都呈现稳步增长趋势，《慈善法》实施效应开始显现。

2018 年，与企业捐赠走低的趋势相比，我国个人捐赠持续增长，展现稳健增长后劲，并且网络募捐再创佳绩。据《2018 年度中国慈善捐助报告》显示，在该年度，我国内地个人捐赠共 360.47 亿元，同比增长 3.24%，与 2008 年汶川地震后该年度个人捐赠大增（当时个人捐赠额达 458 亿元）相比，2018 年度的个人捐赠也属于历史高位，处于近年最好水平，展现出稳步增长的趋势。同时，我国网络捐赠中个人捐赠体现出强大的力量，捐赠额在该年度持续攀升。如，仅民政部指定的 20 家互联网募捐信息平台募集善款超过 31.7 亿元，较 2017 年增长 26.8%，且参与网络捐赠的人次进一步增加，并呈现出一个新特点，即单笔捐赠数额在逐步降低，出现"微"公益趋势。

2019 年，我国个人捐赠数额达 398.45 亿元，同比增长 10.54%，与历年个人捐赠数额相比（排除 2008 年）再创新高。《2019 年度中国慈善捐助报告》显示，在该年度内，不管是单笔捐赠额超过 10 万元，还是捐赠额"微小"的小额捐赠（如通过网络平台实现捐赠），我国个人捐赠均呈现增长趋势。

在 2020 年，据第十八届（2021）中国慈善榜初步统计，2020 年我国的社会捐赠总量持续上涨，在多个方面取得突破。另据《2020 年度中国慈善捐赠报告》显示：2020 年，我国共接收到 2253.13 亿元善款。一方面，内地接收款物捐赠共计 2086.13 亿元，首次超过 2000 亿元，比 2019 年增长 38.21%，占全国 GDP 总量的 0.21%；人均捐赠 147.77

元，同比增长 37.06%；香港共计接收 149 亿元款额，澳门共计接收 18 亿元款额。另一方面，在捐赠总额中的现金捐赠为 1473.97 亿元，同比增长 41.12%；已经连续三年超千亿元，占捐赠总额的 70.66%；物资捐赠折合 612.16 亿元，同比增长 31.66%，占比 29.34%。总体说来，2020 年，企业和个人仍然是我国慈善捐赠的主体力量，分别捐赠 1218.11 亿元、524.15 亿元，二者年度增幅分别是 30.77% 和 31.55%，合计占捐赠总额 83.52%。同时，网络慈善持续发展。据统计，2020 年我国慈善组织通过 20 家互联网募捐平台共筹集的善款款额超过 82 亿元，同比增长 52%，超 100 亿人次参与在线捐款，凸显了"互联网＋慈善"的活力。简言之，不管是企业捐赠，还是个人捐赠，都呈现出较好的发展趋势，而且我国网络慈善发展也迈出坚定步伐。可以说，2020 年的再次突破，既显示了我国慈善事业发展的良好趋势，也验证了慈善事业在我国社会发展中的重要作用，还体现出个人社会责任意识的不断增长。

通过上述一串串数字可见，个人捐赠数量的不断增加说明我国慈善事业发展越发受到广大民众支持，个人捐赠已经在我国社会慈善总额中占有重要地位，尤其是随着网络慈善捐赠兴起并发挥出重要作用，我国慈善事业一步步迈上新台阶。不可忽视的是，个人捐赠在实践中也存在亟须解决的各种问题。因此，全方位研究居民慈善捐赠问题既是推动我国慈善事业发展的迫切需求，也是社会发展要求。但是，当前关于我国个人慈善捐赠方面的研究还是不足的，研究力度和深度还需要继续增强，尤其是当前个人捐赠仍存在一些问题，亟须进行深入研究。

第二节　研究综述

近几年，随着中国经济的高速发展，中国慈善事业也经历了快速增长，公众捐赠意识增强，慈善参与度逐步提高。与之同时，学者们对慈善捐赠的关注度与研究度也愈加深。纵观当前研究状况，学者们的研究主要集中在以下几方面。

一、相关概念界定

(一) 城市居民

城市居民，是指在城市里生活的居民，也称作市民。他们具有城市有效户籍或者虽未具有城市有效户籍但已经长期居住在该城市，是常住在市区的合法公民，从事非农业生产劳动的合法公民。[①]

(二) 慈善捐赠

由于中西方文化背景不同，学者对慈善及慈善捐赠的界定不同。单玉华认为，慈善是一个伦理道德范畴，它既指人与人之间相互关心、爱护和帮助的行为与关系，又指对他人的同情、怜悯等心态，还指与之有关的社会事业。[②] 周秋光认为，慈善是一种社会行为，是指在政府倡导或帮助与扶持下，由民间团体和个人志愿组织来组织与开展活动，对社会中遇到灾难或不幸的人不求回报地实施救助的一种高尚无私的支持与奉献行为。[③] 徐麟认为慈善是公众以捐赠款物、志愿服务等形式关爱他人、奉献社会的自愿行为，其核心在于通过某种途径资源向社会提供无偿救助与援助，如资源、劳务和实物等。[④] 李强指出：慈善不是对熟人的帮助，父亲和孩子、夫妻之间本身就是一个经济实体。慈善是对一个陌生人，是对和自己本来没有亲友、血缘关系的人伸出援助之手。[⑤] 埃利诺（Eleanor Brown）和詹姆斯 M. 摩天（James M.Ferris）则从宽泛角度认为个体慈善是为实现公共善而付诸的私人行为，是一个社会发现

[①] https://baike.baidu.com/item/%E5%9F%8E%E5%B8%82%E5%B1%85%E6%B0%91/659191 5。

[②] 单玉华：《中华民族的慈善传统与现代慈善事业》，http://cpc.people.com.cn。

[③] 周秋光、曾桂林：《中国慈善简史》，人民出版社 2006 年版，第 3—6 页。

[④] 徐麟：《中国慈善事业发展研究》，中国社会出版社 2005 年版，第 30—31 页。

[⑤] 《慈善：财富的"第三次分配"》，http://view.news.qq.com/a/20050520/000001.htm。

公共问题并制定策略加以解决的能力的重要标志。①

关于慈善捐赠，何志兴②、肖亮③、周长利④ 等也对慈善捐赠展开了研究，且研究者曾在《中国式慈善——基于城市居民慈善捐款行为的调查》一书中指出，慈善捐赠主要是指公民日常生活中对他人的捐钱、捐物行为。⑤ 随着慈善事业不断发展，2016 年 3 月 16 日第十二届全国人民代表大会第四次会议通过的《中华人民共和国慈善法》中亦有所阐述，第四章第三十一条指出：慈善捐赠是指自然人、法人或者其他组织为了实现慈善目的，向慈善组织或者其他受赠人进行的自愿、无偿赠与财产的活动。⑥

关于慈善捐赠分类，徐麟在其著作中的论述较为全面。他认为慈善捐赠按照流向可分成三类，即向慈善筹款机构的捐款、向慈善执行机构的捐赠、向受助人的直接捐赠；按照发展慈善事业的主体划分，主要有社会形式和个人形式。⑦ 同时，2016 年 3 月 16 日第十二届全国人民代表大会第四次会议通过的《中华人民共和国慈善法》指出：捐赠人可以通过慈善组织捐赠，也可以直接向受益人捐赠。综上所述，在本研究中，笔者把慈善捐赠划分为组织捐赠和个人捐赠两种主要类型。其中，

① Eleanor Brown，James M. Ferris，"Social Capital and Philanthropy：An Analysis of the Impact of Social Capital on Individual Giving and Volunteering"，*Nonprofit and Voluntary Sector Quarterly*，Vol.36，No.1，March 2007，pp.85-99.

② 何志兴：《个人捐赠行为影响因素的实验研究》，硕士学位论文，湖南师范大学，2014年，第 8 页。

③ 肖亮：《基于 ELM 模型的个人捐赠意愿影响因素研究》，硕士学位论文，华中科技大学，2011 年，第 18—24 页。

④ 周长利：《我国慈善捐赠者行为影响因素研究》，硕士学位论文，南京师范大学，2012年，第 17—18 页。

⑤ 张进美：《中国式慈善——基于城市居民慈善捐款行为的调查》，中国社会科学出版社2015 年版，第 9—11 页。

⑥ 《中华人民共和国慈善法》，《新型冠状病毒肺炎疫情防控有关法律法规汇编》，发布时间：2020-02-14，http://www.moj.gov.cn/subject/content/2020-02/14/1449_3241663.html。

⑦ 徐麟：《中国慈善事业发展研究》，中国社会出版社 2005 年版，第 30—31 页。

组织捐赠主要是指依法登记的慈善组织基于慈善宗旨募集财产的活动，即慈善募捐，它包括面向社会公众的公开募捐和面向特定对象的定向募捐，而本研究所提到的慈善捐赠主要是指个人捐赠。

（三）居民慈善捐赠

《中华人民共和国慈善法》规定：慈善捐赠是指自然人、法人和其他组织基于慈善目的，自愿、无偿赠与财产的活动。捐赠人可以通过慈善组织捐赠，也可以直接向受益人捐赠。

相对于组织慈善捐赠而言，居民捐赠是以个人名义向慈善组织或身处困境中的人、群体进行捐赠。当然，有时居民个人还可能将善款或善物交给其所在法人单位，再由法人单位向慈善组织捐赠。因考虑到中国每年都有一部分人借助这种方式进行捐赠，如慈心一日捐，所以本研究也认可这种个人捐赠行为。

综上所述，随着《中华人民共和国慈善法》的颁布，不管是学界还是社会公众都对慈善捐赠有了相对清晰的界定，这为公众慈善意识的培养和慈善事业发展奠定了坚实的基础。但是，不可忽视的是，随着慈善捐赠越来越走向普通民众的日常生活和工作，如何提高民众对慈善捐赠的认知水平并将慈善捐赠行为内化为日常性活动，成为慈善事业发展中的重要议题。

二、国内外学者关于居民慈善捐赠行为的研究

当前，国内外学者已经针对慈善捐赠问题展开丰富的研究，取得了较多研究成果，其中有些文章发表在较高水平期刊上，而且相关著作和研究报告、咨询报告等不但得到社会各界关注和认可，而且在我国各地慈善事业发展中起到非常重要的作用。纵观国内外学者对慈善捐赠问题的研究，学者们涉及慈善捐赠行为的研究多集中于捐赠行为状况、捐赠动机、捐赠认知、捐赠模式、捐赠行为的影响因素等。

`

（一）关于个体慈善捐赠重要性的研究

慈善事业是我国社会保障体系的有机组成部分，也是公民参与社会建设与社会治理的重要途径，而个人慈善捐赠是慈善活动的基本单元（石浩，2021）。[①] 个人捐赠者更有可能位于社交网络的中心，他们可以获得更多的信任和义务认同，从而提高他们在社会网络中获取资源的能力。从宏观上看，个人慈善捐赠可以提高外部社会资本的丰度，丰富社会资源，促进社会发展（许中华、伍卓深，2013）。[②] 可以说，个人捐赠在助力全球慈善事业发展方面发挥着极其重要的作用。

（二）关于民众对慈善捐赠认知的研究

当前，不少学者从宏观上介绍民众对慈善捐赠认知方面的概况，深层次挖掘这种捐赠认知与民众个人捐赠行为间的关系。随着我国慈善事业不断发展，个人捐赠在其中发挥的作用越来越大，且呈现出由熟人慈善向现代公民慈善转化的趋势（王来柱，2005）[③]，这体现出民众慈善价值观的变化和影响。正如吴燕（2008）指出，在社会转型期，民众的捐赠行为可能会受"乐善好施、扶贫济困"优良传统与现代慈善意识、"熟人文化"、慈善机构公信力不佳等因素影响。[④]

但是，陈伦华和莫生红（2007）在其调查中也指出，一方面，中国传统伦理文化仍然深刻影响着公民的慈善价值观；另一方面，与市场经济相联系的理性义务观、理性财富观等并未上升为主导性的价值观[⑤]，

---

① 石浩：《从善念到善举：个人慈善捐赠"助推"机制全景实验研究》，博士学位论文，浙江大学，2021 年，第 28—116 页。

② 许中华、伍卓深：《个人慈善捐赠的社会资本价值研究》，《华南理工大学学报》（社会科学版）2013 年第 6 期。

③ 王来柱：《中国需要从"熟人慈善"走向"公民慈善"》，http://news.sohu.com/20051129/n227616541.shtml。

④ 吴燕：《重视个人捐赠，促进慈善事业可持续发展》，《西安财经学院学报》2008 年第 1 期。

⑤ 陈伦华、莫生红：《从问卷调查看我国公民的慈善价值观》，《现代经济》（《现代物业》下半月刊）2007 年第 6 期。

因此，呈现出多种价值观共存、共同产生影响的局面。同时，石国亮（2014）研究还发现人们的慈善组织认知会显著影响到人们向慈善组织捐赠，必须通过提升人们对慈善组织的认知来促进其慈善捐赠行为，从而推进我国慈善事业发展。① 其实，学者们对慈善认知的关注并非一时兴起，它伴随着我国社会发展和民众慈善意识发展而不断增强，尤其是随着中国慈善事业不断走入社会公众生活中，各种形式的慈善行为成为民众日常化行为的结果。

（三）关于个体慈善捐赠发展状况的研究

在个人捐赠发展状况方面，当前研究主要集中在两个方面：一方面，个人捐赠发展中存在种种问题。有些公众的慈善理念存在偏差，其日常性捐赠的主动参与率低，甚至呈现"个人捐赠冷清"的现象（刘孝龙，2009)②；且很多地区还没有形成稳定有效的个人募捐渠道，日常性的个人捐赠行为很少，大多数的个人捐赠都是在大灾难发生时产生的突击性捐赠（俞李莉，2008)③。同时，杨永娇和张东（2017）研究发现，我国大部分家庭的慈善捐赠行为呈现出偶然性和随机性高，持续性低等特征④。与之相类似，杨永娇等在其研究中也指出我国家庭成员的慈善捐赠行为存在代际效应（杨永娇，史宇婷，张东，2019)⑤。总的说来，学界已有研究或多或少都提及中国存在着个人捐赠增长缓慢的问题（张强，2015)⑥。但是，在这众多问题中也展现出个人捐赠的良好发展

---

① 石国亮：《我国居民对慈善组织的认知——基于与政府、企业的比较分析》，《四川师范大学学报》（社会科学版）2014 年第 5 期。

② 刘孝龙：《我国慈善捐助的现状分析》，《郑州航空工业管理学院学报》（社会科学版）2009 年第 1 期。

③ 俞李莉：《中美个人捐赠的比较研究》，《华商》2008 年第 20 期。

④ 杨永娇、张东：《中国家庭捐赠的持续性行为研究》，《学术研究》2017 年第 10 期。

⑤ 杨永娇、史宇婷、张东：《个体慈善捐赠行为的代际效应——中国慈善捐赠本土研究的新探索》，《社会学研究》2019 年第 1 期。

⑥ 张强、韩莹莹：《中国慈善捐赠的现状与发展路径——基于中国慈善捐助报告的分析》，《中国行政管理》2015 年第 5 期。

趋势，如朱健刚（2017）通过研究国内家庭捐赠情况时指出，近年国内普通居民的捐赠潜力一直被低估。[①]

另一方面，互联网募捐平台逐步建立并发挥作用，不仅给中国慈善事业的发展提供了新动力，也创设了开展慈善活动的新环境，推动了个体网络慈善发展。网络捐赠对个体捐赠来说是一种新的发展趋势，体现出较好的捐赠优势。但是，不得不说，当前我国网络慈善发展还需继续前行，尤其是某些网络捐赠模式尚未成熟（张健，2015）。[②]

（四）关于个体慈善行为背后的捐赠动机研究

目前，慈善机构的发展在一定程度上依赖于个体捐赠者。因此，了解个人捐赠者以及他们捐赠慈善事业的动机是什么，已经成为非营利组织募捐者越来越感兴趣的事情。为此，有学者尝试借助路径方程模型来分析一个具有宗教信仰者个人的慈善捐赠过程。该模型中使用的变量是宗教信仰、对帮助他人的态度（AHO）、对慈善组织的态度（ACO）、对广告的态度（Attad）和行为意图（BI）。结果表明：AHO 本身并不会导致 BI，对 AHO 来说，宗教信仰是一个重要的因果变量，因此，将信教的个人进行细分和定位是恰当的（Ranganathan S.K.，Henley W.H.，2008）。[③]

关于个人慈善捐赠动机，有的学者认为个人捐赠是为了纯利他，有的学者则认为个人捐赠是为了互惠互利，还有学者认为个人捐赠是出于亲缘利他，且肖亮在其研究中详细综述了国内外学者关于捐赠者捐赠动机的各种不同研究，这些动机包括：声誉论、利他主义论、收益成本论、应付捐赠请求论、多元动机论。[④] 同时，苏媛媛和石国亮指出，我

---

① 朱健刚、刘艺非：《中国家庭捐赠规模及影响因素探析》，《中国人口科学》2017 年第 1 期。

② 张健：《我国网络捐赠运行模式及其监管机制文献分析》，《学理论》2015 年第 33 期。

③ Ranganathan S K, Henley W H., "Determinants of charitable donation intentions: a structural equation model", *International Journal of Nonprofit and Voluntary Sector Marketing*, Vol.13, No.1 (2008), pp.1-11.

④ 肖亮：《基于 ELM 模型的个人捐赠意愿影响因素研究》，硕士学位论文，华中科技大学，2011 年，第 18—25 页。

国居民 80% 以上都曾经向慈善组织捐赠，其中超过六成的人是自愿捐赠，且居民的慈善认知、利他主义观念、税收减免、居民对慈善组织的关注等因素会影响其对慈善组织捐赠，而利他主义观念、税收减免、对慈善组织的关注、普遍信任程度、捐赠后是否获得收据和信息反馈等又会影响到居民是否会自愿捐赠。① Karine Nyborg、Mari Rege 也在文章中提及：个人对公共产品的贡献不仅仅是出于经济成本和利益，人们也有道德或基于规范的动机（Karine Nyborg，Mari Rege，2003）。② 同时，Ribar Mark O. Wilhelm 通过对 1986—1992 年美国向 125 个国际救济和发展组织的捐赠状况进行研究发现：在边际上，对这些组织的捐款似乎完全是出于对给予的喜悦的偏好。（Ribar，Mark O.Wilhelm，2002）③

（五）关于个体慈善捐赠模式研究

探讨个人捐赠模式和捐赠规模成为一个新的关注点，不少研究者加强探讨个人捐赠模式问题。现有研究表明：有的慈善机构寻求捐赠时通常会采用"有吸引力的捐赠规模"，即向潜在捐赠者提供一份建议捐款金额的花名册。研究者通过建立一个模型，计算个体捐赠发生率、数量和吸引力规模效应，其总体结果表明：标度点确实具有显著的吸引力效应，不同的捐赠者有明显的差异，且捐赠者更容易被说服捐得少一些，而且虽然所有的刻度点都有拉力，但影响力会随着距离的增加而减弱（Lee K Y，Feinberg F M，2017）。④

---

① 苏媛媛、石国亮：《居民慈善捐赠影响因素分析——基于全国五大城市的调查分析》，《社会科学研究》2014 年第 3 期。

② Karine Nyborg，Mari Rege.，"Does Public Policy Crowd Out Private Contributions to Public Goods"，*Public Choice*. Vol.115，No.3（2003），pp.397-418.

③ David C. Ribar，Mark O. Wilhelm，"Altruistic and Joy-of-Giving Motivations in Charitable Behavior"，*Journal of Political Economy*. Vol.110，No.2（2002），pp.425-457.

④ Kee Yuen Lee，Fred M. Feinberg，"Modeling and Measuring Scale Attraction Effects：An Application to Charitable Donations（July 17，2017）. Ross School of Business Paper No.1380，Available at SSRN：https：//ssrn.com/abstract＝3142650 or http：//dx.doi.org/10.2139/ssrn.3142650.

邓玮指出，在中国当前的捐赠模式中，除了传统的个人直接捐赠外，具有中国特色国情的组织化捐赠模式也体现出重要作用①，且单位组织个人进行捐赠也成为很多地方常见的一种捐赠模式，只不过有时这种行政命令和硬性摊派会挫伤民众捐赠积极性（孟兰芬，2007）。② 另外，A.Payne 的研究表明：私人捐赠和公共捐赠之间存在正相关关系（A.Payne，2001）③；且 C Benzing、T Andrews 的研究也表明：在确定的情况下，当政府捐款减少时，捐助者实际上减少了捐款（C Benzing，T Andrews，2004）。④

同时，随着出现人们参与度上升的最新趋势，将游戏化概念应用于捐赠领域似乎成为现代社会中与新一代打交道时的一种选择。实验结果表明，游戏化元素的使用确实会影响个人捐赠。因此，创新性地尝试将游戏化元素应用于个人捐赠领域，具有学术和实践价值。从学术角度来说，它激发了人们通过游戏化来增加个人捐赠的热情。在实践中，它会鼓励人们实际应用游戏化元素，努力提高人们参与捐赠的效率，从而增加捐赠额（Peter A，Salimun C，Seman E，2019）。⑤

（六）关于个体捐赠的新方式和发展趋势研究

随着社会不断发展，个人借助网络进行捐赠成为一种新方式，推

---

① 邓玮：《城市居民慈善意识影响因子分析及动员策略》，《重庆大学学报》（社会科学版）2013 年第 3 期。

② 孟兰芬：《倡导平民慈善的意义及其实现途径》，《吉首大学学报》（社会科学版）2007 年第 4 期。

③ A. Abigail Payne.，"Measuring the Effect of Federal Research Funding on Private Donations at Research Universities：Is Federal Research Funding More than a Substitute for Private Donations?"，*International Tax and Public Finance*，Vol.8，No.5（2001），pp.731-751.

④ Cynthia Benzing，Thomas Andrews.，"The effect of tax rates and uncertainty on contributory crowding out"，*Atlantic Economic Journal*，Vol.32，No.3（2004），pp.201-215.

⑤ Peter A，Salimun C，Seman E.，"Aconcept paper on the impacts of individual gamification on elements on user's intrinsic motiuation and performance"，Jouranl of physic：Conference Series，Vol.1358，2019，pp.12-58.

动了居民网络慈善捐赠发展。于是，研究者们不断探讨我国网络慈善兴起问题（张天凤，2010①；桑胜高，2015②；曹荫，2014③），还阐述了互联网技术的发展与普及为慈善发展开拓了新环境，为网络慈善捐赠的发展提供了机遇，也带来了挑战（SARGEANT A，WEST D C，JAY E，2007④；WATERS R D，2007⑤；刘秀秀，2014⑥）。同时，个人参与网络慈善模式也呈现出多样化形式，不管是张银峰等（2014）人提出的网络微公益模式⑦，还是李丹和杜晖在基于 B2C 电子商务模式的基础上提出第三方网络捐款模式⑧，又或者侯江红等提出"一对一""一对多""多对一""多对多"四种网络募捐模式，其中"多对多"模式是平民慈善、小额慈善、网络慈善最常见最理想的模式⑨。这些模式的存在都推动了个人网络慈善发展，助推网络慈善发展成为中国慈善发展的新方向。可以说，个人借助网络来参与各种形式网络慈善，大大推动了个人慈善在中国慈善事业中的发展。

---

① 张爱凤：《慈善公益事业的网络传播》，《社会福利》2010 年第 4 期。

② 桑胜高：《"网络慈善"要鼓励更多规范》，《中国商报》2015 年 1 月 20 日。

③ 曹荫：《网络捐赠的可持续发展研究》，《赤峰学院学报》（汉文哲学社会科学版）2014 年第 10 期。

④ SARGEANT A，WEST D C，JAY E.，"The Relational Determinants of Nonprofit Web Site Fundraising Effective ness：An Exploratory Study"，*Nonprofit Management and Leadership*，Vol.18，No.2（2007），pp.141-156.

⑤ WATERS R D.，"Nonprofit Organizations' Use of the Internet：a Content Analysis of Communication Trends on the Internet Sites of the Philanthropy 400"，*Nonprofit Management and Leadership*，Vol.18，No.1（2007），pp.59-76.

⑥ 刘秀秀：《动员与参与：网络慈善的捐赠机制研究》，《福建论坛》（人文社会科学版）2014 年第 1 期。

⑦ 张银锋、侯佳伟：《中国微公益发展现状及其趋势分析》，《中国青年研究》2014 年第 10 期。

⑧ 李丹、杜晖：《网络捐款模式探究》，《价值工程》2010 年第 22 期。

⑨ 侯江红、徐明祥等：《基于网络的非营利组织募捐模式研究》，《四川行政学院学报》2010 年第 6 期。

（七）关于个体慈善捐赠行为影响因素研究

一方面，有的学者对个体捐赠行为影响因素进行综合性研究，如刘新玲（2006）认为，生存势差是个体慈善行为的社会基础，生活保障是经济基础，同情与关爱是道德基础，宗教与文化是文化基础，理性财富观是价值基础，制度与氛围是环境基础[①]；董文杰（2009）则指出人的心理需要、信仰及道德素质等内在因素和文化传统、法律制度、经济和政治等外在因素[②]；Carroll R 和 Kachersky L（2019）提出，捐赠效能感（PDE）是指捐赠者认为慈善捐赠会对其支持的事业产生影响的程度。研究发现，捐赠效能感（PDE）和慈善捐赠会受到一种新提出的筹款模式影响，这种模式用志愿服务代替了更传统的"步行马拉松"模式中的步行公里数，筹款模式对 PDE 的影响比简单地更有效地利用捐助者的美元更广泛。[③]

另一方面，有不少学者对个体慈善捐赠行为影响因素进行专题性研究，且其研究涉及多个层面。他们在研究时要么从某一层面入手，强调其对个体慈善捐赠的重要作用或者影响程度；要么从整体宏观层面入手，展现客观环境、政策等对个体捐赠行为的影响。

首先，探讨政策措施（尤其是税收优惠政策）对捐赠行为的影响。一些国外学者的研究明确指出税收改革可以对慈善捐赠产生持久的影响（Auten，Gerald E.，Sieg，Holger，Clotfelter，Charles T.2002）。[④] 国内学者冯俊资也论述了中国慈善捐赠税收优惠政策存在的问题，最终提出

---

① 刘新玲：《论个体慈善行为的基础》，《福州大学学报》（哲学社会科学版）2006 年第 4 期。

② 董文杰：《影响慈善行为因素分析及改进措施》，硕士学位论文，陕西师范大学，2009 年，第 26—34 页。

③ Carroll R，Kachersky L.，"Service fundraising and the role of perceived donation efficacy in individual charitable giving"，*Journal of Business Research*，Vol.99，No.C（2019），pp.254-263.

④ Clotfelter C T，Auten G E，Sieg H.，"Charitable Giving，Income，and Taxes：An Analysis of Panel Data"，*The American Economic Review*，Vol.92，No.1（2002），pp.371-382.

优化中国慈善捐赠税收优惠政策[①]；王锐认为中国政府对慈善捐赠制度环境的影响、激励捐赠的税收政策、对慈善组织的监管制度等初步形成了中国慈善捐赠制度发展的正式法规政策约束环境[②]，且邓国胜指出中国自愿性捐赠严重欠缺的原因包括国内捐赠文化和捐赠制度缺位、民间慈善组织公信度不高[③]。除了上述研究外，还有类似研究探讨环境政策会对居民捐赠产生影响，如杨依晴（2018）在研究中指出温州居民慈善行为受信任、文化、经济、制度因素的影响[④]；再如张进美（2011）利用计划行为理论分析居民慈善捐赠行为影响因素[⑤]。同时，非营利组织的品牌个性可能会影响潜在捐赠者的行为（BT Venable，GM Rose，VD Bush，FW Gilbert，2005)[⑥]；且有学者从社会层面上展开研究，发现社会保险覆盖面、社会组织发展状况、教育状况以及自然灾害受灾情况等都能够对慈善捐赠产生显著影响（张奇林，宋心璐，2018)。[⑦]

其次，研究人口统计学因素对慈善行为的影响。刘艳明（2008）调查长沙市某社区居民慈善捐赠情况，发现捐赠行为除受外部因素影响外，还受社区居民自身因素（如社区居民收入、文化程度等）影响[⑧]；

---

① 冯俊资：《慈善捐赠的税收优惠政策研究》，硕士学位论文，暨南大学，2010年，第28—39页。

② 王锐：《论中国慈善捐赠的制度环境》，硕士学位论文，中国政法大学，2008年，第20—34页。

③ 邓国胜：《非营利组织评估》，社会科学文献出版社2001年版，第67—76页。

④ 杨依晴、邱桂贤：《温州居民慈善行为影响因素的实证研究》，《温州职业技术学院学报》2019年第1期。

⑤ 张进美、刘天翠、刘武：《基于计划行为理论的公民慈善捐赠行为影响因素分析——以辽宁省数据为例》，《软科学》2011年第8期。

⑥ Beverly T. Venable, Gregory M. Rose, Victoria D. Bush, Faye W. Gilbert, "The role of brand personality in charitable giving: An assessment and validation", *Journal of the Academy of Marketing Science*, Vol.33, No.3 (2005), pp.295-312.

⑦ 张奇林、宋心璐：《中国政府社会救助支出对民间慈善捐赠的挤出效应》，《社会保障评论》2018年第4期。

⑧ 刘艳明：《居民慈善捐赠行为研究——以长沙市P社区为例》，硕士学位论文，中南大学，2008年，第28—30页。

迈克尔·奥尼尔（Michael O'Neill, 2001）调查发现：个人慈善行为与其文化程度、宗教信仰等有很大关系[1]；凯瑟琳 S. 斯坦伯格（Kathryn S.Steinberg）和帕特里克 M. 鲁尼（Patrick M. Rooney）研究发现，收入、教育、宗教信仰是影响捐赠的决定因素[2]；且拥有更广泛社交网络和高等教育的人更慷慨（Pamala Wiepking, Ineke Maas, 2009）[3]。

此外，慈善捐赠行为还受决策人、社会信息、收入水平等众多因素的影响。如 J Andreoni 等研究了慈善捐赠如何受到家庭中主要负责捐赠决策的人的影响。研究发现，单亲家庭中的男性和女性在给予方面有着显著不同的品位，这给已婚夫妇带来了潜在的冲突。就总体捐赠而言，已婚家庭在很大程度上倾向于以有利于丈夫偏好的方式解决这些冲突。然而，当女性成为决策者时，她仍然会对这些慈善资金进行显著不同的分配，更愿意向更多的慈善机构捐款，但对每个慈善机构捐款较少（J Andreoni, E Brown, IC Rischall, 2003）。[4] PamalaWiepking 和 MerijnHeijnen 还研究了在挨家挨户捐赠的情况下，社会信息会影响捐赠的感知社会规范，并通过这种感知影响实际捐赠的水平。该研究发现，不同收入类别的人在不同的情况下捐赠的金额大致相同（他们使用相同的社会信息），而且低收入家庭的人向慈善组织捐赠的收入比例更高（PamalaWiepking, MerijnHeijnen, 2011）。[5]

---

[1] Michael O'Neil, "Research on Giving and Volunteering：Methodological Considerations", *Nonprofit and Voluntary Sector Quarterly*, Vol.30, No.3, September 2001, pp.505-514.

[2] Kathryn S. Steinberg, Patrick M. Rooney, "America Gives：A Survey of Americans' Generosity after September 11", *Nonprofit and Voluntary Sector Quarterly*, Vol.34, No.1, March 2005, pp.110-135.

[3] Wiepking P, Maas I., "Resources That Make You Generous：Effects of Social and Human Resources on Charitable Giving", Social Forces., Vol.87, No.4 (2009), pp.1973-1995.

[4] Andreoni J, Brown E, Rischall I C., "Charitable Giving by Married Couples：Who Decides and Why Does it Matter?", Working papers, 1999.

[5] Wiepking, P., and M. Heijnen, "The giving standard：conditional cooperation in the case of charitable giving", *International Journal of Nonprofit & Voluntary Sector Marketing*, Vol.16, No.1 2011, pp.13-22.

综上所述，国内外有关居民慈善捐赠问题的研究取得了丰富成果，现有学者已经在个体慈善、个人捐赠、居民网络慈善等相关方面作出了不少努力，为研究者的后续研究奠定了理论基础；有的文献研究角度较好，有的文献研究主题确定大小得当，有的文献研究的研究方法有效且科学，还有的文献研究结果具有较强的可操作性及实践应用性、创新性。可以说，它们这些研究或多或少为我们研究个体慈善捐赠行为问题提供了借鉴与启示。

三、国内外关于居民慈善捐赠行为的研究评述

国内外学者对捐赠问题的研究涉及社会学、心理学、经济学，为以后的研究奠定了基础。一方面，虽然学者关于慈善捐赠等内涵界定未达成一致，对慈善及捐赠行为内涵的界定略有差异，但已从本质上揭示出慈善捐赠所蕴含的助人本质，或许这种差异是源于社会传统及文化背景不同。《中华人民共和国慈善法》对慈善捐赠从法律层面给出界定，为广大学者开展研究和各慈善机构开展慈善募捐活动提供了理论和实践指导。同时，随着慈善事业逐渐发展及慈善热点事件出现，广大民众和各相关学科的研究者越发关注慈善相关问题，研究者的研究热情和社会大众的参与热情被大大激发，尤其关注网络为载体的慈善捐赠与慈善募捐等各类问题。另一方面，虽然现有学者的研究或多或少揭示出中国人的慈善捐赠现状及影响捐赠行为发生的重要因素，但是他们对居民捐赠行为状况的研究多注重定性角度，缺乏一手资料作辅证，而且关于捐赠行为影响因素问题的探讨往往局限于现象分析，缺乏有力理论指导，也未深刻揭示影响居民捐赠行为发生或改变的主要原因，且现有研究多从某一较狭窄的侧面入手，难免管中窥豹。当然，最大问题在于上述研究没有探讨广大居民慈善捐赠行为为何会发生以及具体发生过程，而这正是本研究的最大研究目标。

从研究角度与所涉及的学科看，学者对个人慈善捐赠问题的研究

既有从管理学角度开展，也有从社会学角度涉入，还有从心理学角度方面入手，可以说，涉及学科角度较广；从研究深度和广度看，有的研究非常细致，有的研究则还需要加大研究深度。因此，如何选定个人慈善捐赠的研究角度和研究广度，并最大可能增强该问题研究深度，是研究者接下来要努力实现的目标。

纵观上述学者已经取得的研究成果和主要观点，有一系列问题虽有提及但还需要加深研究，如，究竟什么原因会促使广大民众愿意参与慈善捐赠？是出于他们的善心？还是我国慈善事业已经发展到广大民众将其作为日常生活的一部分？换言之，广大民众每次捐赠是如何发生的？是一时冲动还是他们在每个阶段都已经做好捐赠准备？同时，中国人的慈善捐赠行为是否具有一些中国特色？其行为是自愿情况下的自主捐赠行为还是受外部环境影响下的被动捐赠？

为此，本研究将主要集中解答如下问题：一是当前不同省份或者不同城市中广大民众慈善捐赠行为发生过程中不同环节的准备状况如何？这直接关系到他们接下来是否会捐赠。二是广大民众整个捐赠行为发生过程是怎样的？是一个分阶段呈现的过程还是无规律可言？三是在捐赠行为发生时，每个阶段的准备状况是互相影响进而往后推动进行吗？四是如何抓住那些促使捐赠行为向前发生的因素进而推动更多捐赠行为发生？

第三节　研究目的和研究意义

本研究的总体思路在于：以居民对各地促进捐赠措施的了解为切入点，将社区准备模型在评估居民慈善捐赠行为中应用起来，构建城市居民慈善捐赠行为发生机制理论模型，分析各地居民捐赠行为发生过程中各环节的差异，提出促使更多人投入到慈善捐赠中的对策措施。

一、研究目的

第一，通过访谈调查，获得中国城市居民慈善捐赠行为发生过程中不同阶段的准备状况，揭示捐赠行为发生过程中的不同准备阶段。

第二，通过构建中国城市居民慈善捐赠行为发生机制模型，用社区准备模型来解释居民捐赠行为发生过程中的行为准备及行为转变情况，对中国城市居民的慈善捐赠行为发生问题提出理论解释。

第三，通过分析居民捐赠行为发生机制，为慈善组织和相关机构开展慈善捐赠募捐和推动当地更多人捐赠提供理论依据，使其更有针对性地开展慈善捐赠动员工作。

第四，通过在全国不同省份和不同城市中调研慈善捐赠关键者，理清影响捐赠行为发生过程的关键阶段，评估这些不同阶段的准备状况以提出促进各个城市中民众慈善捐赠行为发生的建议。

第五，通过本研究对社区准备模型理论进行丰富和发展，扩展其应用范围和应用思路。

二、研究意义

这是个探究我国城市居民慈善捐赠行为发生机制的问题，对慈善理论、居民慈善捐赠行为发生机制模型、捐赠行为发生过程中不同阶段的准备状况以及如何促使更多居民捐赠行为发生等方面进行创新性研究，并从研究方法上打破以往单一采用定量或定性研究的弊端，采用"以定性访谈为主、将定性资料转化为数据资料"的方式对课题进行研究，旨在回答"如何引导更多人的捐赠行为发生"，以使其成为真正的慈善捐赠者。因此，不论是理论层面还是社会实践层面，本研究都具有一定的研究意义。

（一）理论价值

本研究以社区准备模型理论为基础，通过深度访谈并对访谈材料进行定量和定性化分析，构建中国城市居民慈善捐赠行为发生机制模型,为后续研究提供借鉴:首先,它可以探索社区准备模型理论是否适合应用于慈善捐赠行为发生过程中不同环节的准备水平评估,以揭示捐赠行为发生过程,进而扩展捐赠行为研究空间。其次,它可以突破现有学者单纯研究居民捐赠行为影响因素而很少对行为发生进行定量化分析和比较的弊端,依据社区准备模型理论构建起居民捐赠行为发生机制模型,并探讨出如何促使居民捐赠行为发生转变(由未准备发展到准备阶段,由准备处于低水平阶段发展到充分准备阶段),从而扩展慈善捐赠行为发生的理论研究思路。再者,借助定量化分析来探讨行为发生过程,可以动态呈现出捐赠行为发生,从而为其他学者探究行为发生问题提供理论借鉴。

(二)应用价值

研究中国城市居民慈善捐赠行为发生机制问题,实践方面的价值在于促使更多居民捐赠行为发生,进而推动个人慈善发展。具体而言:第一,借助"中国城市居民慈善捐赠行为发生机制模型",有助于把握居民捐赠行为发生过程中各环节的行为"准备情况",促使捐赠行为最终发生;第二,找出与慈善捐赠有关的关键者,通过对其深度访谈来发现各个城市开展居民慈善捐赠活动的基本状况,并从慈善捐赠氛围、捐赠认知、领导者关注等不同层面来反映当地居民慈善捐赠行为发生过程的不同阶段,进而提出推动个人慈善捐赠行为发生的策略,为制定慈善动员、慈善募捐的一般政策和对策提供方向指引;第三,通过定量和定性化分析调研材料,有助于分析各地居民慈善捐赠行为发生过程中不同环节的行为准备水平,厘清各个城市/省份中居民慈善捐赠行为发生各环节的准备水平差异化,找准该城市慈善发展定位,为提出适合当地提高慈善捐赠水平的策略提供参考。

第四节　研究方法和创新点

本研究以社区准备模型理论为基础，将开放性访谈资料和定量化分析方法结合起来，共同了解居民慈善捐赠情况及特点，并通过构建中国居民慈善捐赠行为发生机制模型来分析居民捐赠行为。同时，根据分析结果有针对性提出促进居民慈善捐赠的措施，提出适合各城市提高慈善捐赠水平的策略。

一、研究方法

（一）文献法

通过搜集期刊、书籍、网络信息、报纸等国内外文献资料，对本研究的国内外研究现状有更清晰、更全面的把握，明确研究思路与研究方向并为当前研究提供支撑。

（二）多元统计分析方法

对访谈资料进行整理后，应用社区准备模型理论中关于各变量维度打分规则对每个维度进行打分，定量化描述出各地居民慈善捐赠行为发生不同阶段的行为准备水平；同时，借助 Mplus5.2 构建起捐赠行为发生机制模型对定量化后的各维度进行分析，通过分析捐赠行为发生过程中不同维度间的前后影响过程来呈现出整个捐赠行为发生过程。

（三）深度访谈法

在本研究中，研究者首先根据社区准备模型理论要求去设定一份概括性访谈提纲，然后灵活地调整谈话内容和访问程序，逐步提出较为具体的问题，以了解事件的意义和解释。它有助于弥补调查问卷法难以获得深入详细资料、无法了解具体个人捐赠行为过程、资料准备受多种因素影响等缺陷，从而推动本研究深度透析行为背后的原因。

二、创新点

第一，从研究方法上看，本研究在深度访谈大量慈善捐赠关键者的基础上结合社区准备模型理论有关变量维度打分规则，定量化描述出各地居民慈善捐赠行为发生过程中各环节的准备水平和捐赠行为发生机制模型，从而打破了单纯定性研究很难做到定量化分析的困局，使二者有机结合起来，充分发挥了定量和定性研究的各自所长，既提高了本研究的深度与说服力，又拉近了理论与现实的距离，并结合各个城市中居民慈善捐赠实际状况提出了针对性策略。

第二，从研究内容看，本研究立足点更细致，打破了以往多以捐赠金额和捐赠次数等定量化数据来呈现静态捐赠行为的状况，采用社区准备模型理论构建起捐赠行为发生机制模型，动态化呈现出居民慈善捐赠行为发生过程中各环节的准备水平。

第三，从研究结果看，本研究的理论性和应用性较强。本研究打破以往仅关注理论研究的弊端，结合访谈资料和数据分析结果为我国13个城市分别提出促进居民慈善捐赠的发展策略。正因为如此，此研究成果可以呈交当地政府相关部门及慈善机构参阅、应用。

第二章　理论基础及研究思路

正如一个人的行为发生和行为改变均需要提前做些准备，社区也需要不同程度的准备水平去解决社区中存在的问题。一方面，当前各个城市乃至各社会层级、各个社区中的广大居民对慈善捐赠这个问题有所关注，也有所了解，但他们有时又不认可相关努力和措施，并且自己也不愿意去捐赠，即他们意识到居民慈善捐赠是个问题并且存在着，但有时并不愿意去解决它；另一方面，有些已经开展过的慈善捐赠活动未得到推广，或者说现有推动广大居民捐赠的相关努力和措施有所欠缺，即使做了相关努力，也没有发挥应有的作用，且社会各界和相关领导对慈善捐赠的关注与资源投入也仍需加大。正因为如此，本研究以社区准备理论为基础探讨如何促进居民慈善捐赠行为发生有极大必要性。

第一节　社区准备模型理论的基本内容及其应用

社区准备是一个社区对一个问题准备采取行动并且愿意的程度。这里的社区并非单指地理区域上的社区，它的概念范围较为广泛。通常情况下，社区主要包括以下几类：一是一个地理区域；二是一个地理区域中的一个子群体，如一个种群、一个年龄组等；三是一个职业群体，如执法群体、医疗界、环保主义者等；四是一个制度体系，如精神健康制度；五是一个组织或者一个组织的一个部门。

在本研究中，研究者所指的"社区"主要借鉴上述概念中关于"一个地理区域中的一个子群体，如一个种群、一个年龄组等"的界定，主要是指广大城市居民这个群体。因此，在本研究中，社区准备主要是指广大居民群体对慈善捐赠行为发生过程中不同环节的准备水平，以及愿意采取措施来促进更多人捐赠的程度。

一、社区准备模型理论的基本内容

（一）社区准备模型理论的提出

社区准备模型（The Community Readiness Model，简称 CRM）是在多民族预防研究中心研究者（Oetting et al.，1995）[①] 的帮助下发展的，它是为了帮助社区努力解决各种问题以获得更大成功，例如使用毒品和酒精、预防艾滋病、促进捐赠等。它基于个人准备变化的原则，旨在准确识别社会行动过程中社区所处的水平阶段，为集体行动奠定基础，也为促使个人行为发生改变奠定基础。

（二）社区准备模型理论的基本内容及应用

社区准备模型理论有助于衡量一个社区对于解决一个特定问题的准备情况，尤其是评估出该行为发生过程中各环节的准备水平。它包括五个维度：社区（研究群体）对当地为推动某行为而做出努力的了解、领导者关注、社区氛围、社区（即被研究群体）对问题的认知、社区资源等。要衡量所研究群体在行为发生过程中各环节所处的准备阶段，需要遵循七个步骤来逐步了解当地的具体状况，然后结合社区准备模型理论所提到的"九个阶段准备水平"在每个维度上进行评估。

社区准备模型理论可以帮助引导社区（即慈善捐赠群体或者潜在

---

① Donnermeyer, J. F., Oetting, E. R., Plested, B. A., Edwards, R. W., Jumper-Thurman, P., & Littlethunder，L.，"Community readiness and prevention programs"，*Journal of Community Development*，Vol.28，No.1（1997），pp. 65-83.

捐赠者）移动他们行为发生过程中各环节的准备水平前进，以推动更高阶段行为发生。运用社区准备模型理论需要遵循七个步骤[1]：第一步，确定并明确界定研究问题；第二步，确定并明确界定或者划定"社区"；第三步，准备采访的问题；第四步，选择关键受访者；第五步，采访并转录采访录音；第六步，对采访获得的内容进行评分；第七步，计算每个维度的平均得分和综合维度的得分。

　　要使用社区准备模型评估居民慈善捐赠行为发生过程中各环节的准备状况，需要使用社区准备模型所规定的九个准备阶段特征来具体衡量：即无意识阶段、否认/抵抗阶段、模糊意识阶段、规划阶段、准备阶段、开始阶段、稳定阶段、认可/扩张阶段、高层次的社区归属阶段。[2] 具体来说：

　　第一阶段是无意识阶段。这一阶段的主要特点是：社区成员既不了解这个问题，也不了解当地为解决这个问题而做的努力，而且社区成员认为这个问题不是一个顾虑。同时，领导层认为该问题并不是一个顾虑，且当时没有资源可以用来处理这个问题。换言之，如果该社区在处理该问题时符合这一个阶段的特征，那么应该为其评分为1分。

　　第二阶段是否认/抵抗阶段。这一阶段的主要特点是：领导者和社区成员认为这个问题在他们的社区中不是一个顾虑，或者他们认为它不可能或者不应该被解决；社区成员对最近的努力有误解或者有错误的认识；仅仅很少的社区成员对这个问题有认识，并且社区成员对这个问题

---

[1]　E. R. Oetting, B. A. Plested, R. W. Edwards, P. J. Thurman, K. J. Kelly, and F. Beauvais (Modified and expanded by：Linda R. Stanley)，"Community Readiness for Community Change"（Tri-Ethnic Center Community Readiness Handbook 2nd），2014，Available at（https：//www.TriEthnicCenter.colostate.edu）

[2]　E. R. Oetting, B. A. Plested, R. W. Edwards, P. J. Thurman, K. J. Kelly, and F. Beauvais (Modified and expanded by：Linda R. Stanley)，"Community Readiness for Community Change"（Tri-Ethnic Center Community Readiness Handbook 2nd），2014，Available at（https：//www.TriEthnicCenter.colostate.edu）

可能有很多误解；社区成员和／或者领导者并不支持使用有效的资源去解决这个问题。换言之，如果该社区在处理该问题时符合这一个阶段的特征，那么应该为其评分为 2 分。

第三阶段是模糊意识阶段。这一阶段的主要特点是：一些社区成员至少听说过当地的努力，但对它们了解甚少；领导和社区成员认为这个问题在社区中可能会是一个顾虑，但是他们没有动机立即采取行动；社区成员对这个问题仅仅有模糊的意识（例如，他们可能会意识到这些问题可能是一个难题）；支持使用有限的资源（例如一个房间）用于进一步努力解决这个问题。换言之，如果该社区在处理该问题时符合这一个阶段的特征，那么应该为其评分为 3 分。

第四阶段是规划阶段。这一阶段的主要特点是：许多社区成员至少听过当地的努力，但是对它们了解甚少；领导者和社区成员承认这个问题在社区中是一个顾虑，并且做了一些事情去解决它；社区成员对这一问题的认识有限，而且只有一些有限资源可以被用来进一步解决问题。换言之，如果该社区在处理该问题时符合这一个阶段的特征，那么应该为其评分为 4 分。

第五阶段是准备阶段。这一阶段的主要特点是：大多数社区成员至少听说过当地的努力；领导者积极地支持继续作出相关努力，或者提高当前努力的水平，又或者开始进行新的努力；社区成员的态度是"我们很关心这件事，我们想做点什么"；社区成员对该问题出现的原因、结果、标志和征兆有基本的认识；现有一些资源可以用于进一步解决问题：社区成员或者领导者正在积极地工作，以确保有这些资源。换言之，如果该社区在处理该问题时符合这一个阶段的特征，那么应该为其评分为 5 分。

第六阶段是开始阶段。在这一阶段，大多数社区成员至少对当地的努力有基本的认识；领导者在规划、开发和／或者进行新的修改措施、增加努力中起着关键作用；社区成员的态度表现为"这是我们的责任"，并且一些社区成员参与解决这一问题；社区成员对这个问题有基本的了解，并且注意到这个问题发生在本地；当地获得并且 / 或者被分配一些资源用来支持进一步努力去解决这个问题。换言之，如果该社区在处理该问题时符合这一个阶段的特征，那么应该为其评分为 6 分。

　　第七阶段是稳定阶段。这一阶段的主要特点是：大多数社区成员对当地的努力有了更多的基本认识，包括具体努力的名称和目的、目标受众和其他具体信息；领导者积极地参与保障或者促进解决这个问题；社区的态度是"我们负责"，这是社区应继续参与解决的问题；社区成员对这一问题有更多的基本认识；期望能持续性支持分配一部分资源来进一步努力去解决现有问题。换言之，如果该社区在处理该问题时符合这一个阶段的特征，那么应该为其评分为 7 分。

　　第八阶段是认可 / 扩张阶段。这一阶段的主要特点是：大多数社区成员对当地努力有相当多的认识，包括现有措施的实施程序过程是否有效等；关于如何解决该问题，领导者在扩大或者增加努力方面起着关键作用；大多数社区成员强烈支持采取相关努力措施或者做更多努力，且他们努力程度很高；社区成员对问题已经超出基本的认识，并且对该问题在当地的流行程度和它对当地产生的后果有显著的认知；希望能持续性提供相当大的一部分资源来努力解决问题，并且社区成员正在寻找更多的支持来实施新的努力措施。换言之，如果该社区在处理该问题时符合这一个阶段的特征，那么应该为其评分为 8 分。

　　第九阶段是高层次的社区归属阶段。这一阶段的主要特点是：大多数社区成员对当地的努力情况都有相当多且详细的认识；领导者们不断地对该问题的解决结果进行审查评估，并且相应地修改财政支持；大部分社区成员都高度支持和积极地参与到该问题的解决中；社区成员对这个问题有详细的认知，并且对该问题在当地的流行程度和它对当地产生的后果有显著认知；有多样化的资源和资金用来解决该问题，而且预期将来还会持续进行相关努力用以解决该问题。换言之，如果该社区在处理该问题时符合这一个阶段的特征，那么应该为其评分为 9 分。

因此，按照上述流程，各城市中的居民慈善捐赠行为发生过程中不同环节的准备水平都会得到一个社区准备分数，即每个维度都可能处于不同的准备状态，而五个维度所呈现的社区准备总分数则可以说明当地居民慈善捐赠行为发生过程中不同环节的总体准备水平。

通过社区准备模型理论来对居民慈善捐赠行为发生过程不同环节的准备水平进行评估，既可以分析居民对促进慈善捐赠已采取努力的了解程度，又可以分析出他们对慈善捐赠问题认知到何种程度，还可以分析出促进居民慈善捐赠行为发生的现有慈善氛围。同时，我们可以了解当地领导者对慈善捐赠的关注和已采取的努力措施，也可以了解当地有哪些资源来促进居民慈善捐赠。

二、社区准备模型理论的应用价值

社区准备模型（The Community Readiness Model，即 CRM）可以帮助一个社区前进，并且可以通过使用多种方式来努力使社区发生的改变变得更加成功。在本研究中，最重要的研究主题就是探索如何促进更多居民能发生慈善捐赠行为以提高当地的慈善捐赠水平，这与社区准备模型可以促进当地社区发展的初衷相符合。更重要的是，慈善捐赠行为发生是一个过程，社区准备模型理论恰好可以评估居民捐赠行为过程中各环节的准备水平。同时，社区准备模型理论指出，社区准备可以有不同水平阶段，如何推动准备水平从一个阶段到另一个阶段便是发生机制问题，而本研究最重要的研究目标就是探讨如何使城市居民慈善捐赠行为从一个发展阶段过渡到另一个高准备水平阶段。

使用社区准备模型理论作为本研究的理论基础是必要且可行的。第一，本研究试图评估各个城市和各个省份内的居民慈善捐赠行为发生过程中不同环节的准备水平高低，这是一个比较复杂且不容易操作的问题，而社区准备模型理论可以从多个维度衡量它，从而判断出我们以后应在哪些方面努力。第二，本研究尝试介绍不同地区在促进居民捐赠方面存在的问题与已做出的努力，这与"社区准备模型理论可以帮助我们明确当地在促进居民慈善捐赠方面的优势和劣势"的功能相契合，而且它可以为我们指出下一步努力前进时可能会遇到的障碍。第三，各地居民慈善捐赠离不开当地经济发展、人文社会发展等情况，鼓励居民慈善捐赠行为发生的各种政策措施只有符合当地慈善文化氛围和慈善价值观，才能更有效发挥出效应，而这种实践要求与社区准备模型理论对其应用者的要求正好相通，因为该理论包括"社区氛围"维度，即本研究设定的"慈善氛围"维度。第四，如何提高当地慈善捐赠水平，如何更好地营造慈善氛围，这些都需要一系列政策和资源，而社区准备模型理论恰好可以帮助我们探索如何获取更多资源或者帮助来推动当地居民捐赠。总而言之，本研究使用社区准备模型理论作为理论基础来研究城市居民慈善捐赠行为，具有较强的应用价值和可行性，而且通过该理论探索"今后应采取哪些努力来促使居民捐赠"这个研究成果使该研究的社会应用价值更强，实践性和可操作性更强。

第二节　利他主义理论及应用

谈及利他主义，利他行为是一个不可回避的话题。早在古希腊时期，亚里士多德就在其著作里提及利他行为，他在其思想中最早提出"利他行为或共享美德"（sharing virtuous），认为利他行为跟道德一样，它不仅仅是个体快乐或传统利益的束缚，更是人性中的发展。[①] 在 1853 年，法国社会学家、哲学家 A.Comte（常被译为奥古斯都·孔德）在其著作《实证政治体系》（即 *system of positive polity*）中提出 "altuisme"，

---

① Joseph Losco，"Understanding Altruism：A critique and Proposal for Integrating Various Approaches"，*Political Psychology*，Vol.No.7（1986），p.324.

第一次明晰地把"利他行为/利他主义"作为一种道德原则引进伦理学体系，并使用这个词语来表达他和赫起逊（Francis Hutcheson）等思想家所倡导的伦理学说。孔德认为，人既有利己动机，也有利他动机，人类道德就是用利他主义来控制利己主义和自私的本能。利他主义强调他人利益，提倡为他人做出牺牲。在孔德的观点里，他认为有的人之所以会抑制个人私欲，是由于他们要关心他人，因此，利他行为恰代表了个人利他感，是为了增进他人福祉而做出的个人牺牲和奉献。

　　长期以来，利他主义备受伦理学界推崇。自从19世纪被提出后，利他主义便成为一个热议话题。依照词源，Post（2002）将利他主义界定为："某人为了他人的利益而牺牲自我，而非基于个人的自我提升或内在的幸福感……"①伦理学将利他主义界定为"为他人利益而牺牲自己利益或者以利己为目的、以利他为手段的道德原则"②。至于利他行为，伦理学界将其作为一个重要课题展开研究。姚芬（2010）在其研究中提到，"人作为一个道德物种在他者包围的圈层中生存，人类社会的发展是文化进化的过程，人类之间的利他行为也必然通过文化进化得以传承与发展"③。那么，什么是利他行为呢？王玉珍（2003）从伦理学的角度引入概念"道德人"，对各种利他行为④作出统一解释⑤；王海明（2004）在其研究中明确提出，利他主义是我国现行伦理观中占统治地位的主要观点，而且现行伦理观是"对墨家的否定、儒家的否定之否定而成为一种新的爱有差等的利他主义，它主张爱民多于爱亲、先民后

---

① Post S, The tradition of agape. In：Post S, Underwood L, Schloss J, Hurlbut W, editors. Altruism and altruistic love：Science, philosophy and religion in dialogue. New York：Oxford University Press, 2002, pp.51-64.

② 宋希仁、陈劳志、赵任光：《伦理学大词典》，吉林人民出版社1989年版。

③ 姚芬：《浅议人类的利他性行为》，《中共郑州市委党校学报》2010年第2期。

④ 研究者认为，不管动机上是利己还是利他，只要最终行为结果是利他的，就属于利他行为。

⑤ 王玉珍：《利他行为的"道德人"分析》，《当代经济研究》2003年第12期。

亲、全心全意为人民"①。

除了上述研究中对利他行为和利他动机的肯定，还有学者从利他与利己关系上阐述利他行为的重要性。赵铭、谢萍在其研究中既肯定利己价值观存在的必然性，指出利己心是人求生存的一种本能需求，遵从利己心也无所谓道德或者不道德，要处理好利己与利他间的关系。坚持善的利己观可以遵循两个境界：一是广泛性境界"利己不损他"，二是先进性境界"互利"②。与此研究相类似，滕宇（2007）在其研究中也赞同地认为，"无论是利他还是自利，都不是道德判断的永恒标准，它们是道德的两个方而，既对立又统一"③。

在日常生活和工作中，利他行为是常常受到普遍赞扬的行为，也是常常会遭受争议的行为，还是社会心理学中一个非常重要的概念。利他行为是指"一个人所做出的行为对他人是有利的，而对自己并没有明显的利益，或者是一种无私的行为，只是为了他人的利益。利他行为一般具有四个特征：一是自觉自愿的行为，二是以有益于他人为目的，三是不带有任何日后得到他人报答的期望；四是利他者本身有所损失"（林章俊，2009）④。在已有研究中，李梅（1996）认为，当人们面临紧急危机情景时，是否会采取利他行为是一个复杂的认知过程。作为一种亲社会行为，它会受到多种因素共同影响：既受个人所持有亲社会价值取向、不断内化的行为规范以及移情作用等内部驱动因素影响，也受到助人者个人身份特征、人格特征、已有利他经验、当下心境以及其他特定情境因素影响。⑤

---

① 王海明：《利他主义新探》，《齐鲁学刊》2004 年第 5 期。

② 赵铭、谢萍：《从道德主体出发来理解利己与利他的关系》，《山西高等学校社会科学学报》2005 年第 9 期。

③ 滕宇：《道德行为：利他和自利的统一》，《中国德育》2007 年第 10 期。

④ 林章俊：《论利他行为的几种理论及其决定因素》，《安徽电子信息职业技术学院学报》2009 年第 1 期。

⑤ 李梅：《利他行为的社会认知分析》，《冀东学刊》1996 年第 4 期。

在社会学领域，利他行为也是广受关注的一个问题。正如王燕飞（1998）强调，利他行为是比较常见的一种行为，是我们社会生活中不可或缺的，如同情、捐赠、帮助别人、舍己为人等①，且移情效应是一个人对他人进行利他行为的根源之一，虽然人有时会利己，但是也会有同情心，会因别人的不幸而打动，也就是说，利己和利他常会共存于个体中（郑也夫，2009）。②简言之，社会学视角下的利他行为是一个人社会化过程的表现，是其社会化行为。

在经济学领域，研究者对利他行为的研究常常将利己与利他并行起来进行讨论。亚当·斯密（Adam Smith）在《国富论》中主张利己主义，认为人的利己心是其发生一切行为的动机，人之所以会做出一些对社会有益的行为，主要是由于受其利己心驱动；而在《道情操论》中，他则主张利他主义，认为同情心是人发生一切道德行为的动机，且这种同情心是人与人之间的交往纽带。亚当·斯密认为，利他有三种不同表现形式：自然形态的"亲缘性利他"、普通状态的"互惠性利他"和信仰状态的"纯粹性利他"。③与此相类似，基于利己与利他理论的这些争论中，经济学界的一些研究者也进行了激烈讨论。例如，林莎和邓春玲利用多学科理论知识分析"经济人"行为，认为利己是"经济人"行为的根本目的，利他是"经济人"实现目的的有效手段，而为己利他是"经济人"的普遍持久行为。④同时，叶航（2005）对利他行为类型进行了划分，将其分为亲缘利他、互惠利他与纯粹利他三种形式：关于前两种类型的利他行为，生物学界曾作出解释；不管哪种类型的利他行

① 王燕飞：《略论对青少年实施利他教育的社会意义》，《广州师范学院学报》（社会科学版）1998 年第 2 期。
② 郑也夫：《利他行为的根源》，《首都师范大学学报》（社会科学版）2009 年第 4 期。
③ 转引自徐涛《亚当·斯密〈道德情操论〉中人性思想研究》，河北大学硕士学位论文，2010 年。
④ 林莎、邓存玲：《"经济人"利己与利他行为的理论分析》，《社会科学战线》2005 年第 6 期。

为，都在人类发展进化中发挥着必要作用，而感激、同情、愧疚等内在亲社会情感等又是个人发生纯粹利他行为的关键。[①] 其实，在我们的社会生活和经济生活中，合作是维护秩序的一种有效方式，贯穿其中的利他主义则在其中发挥着重要作用。

与叶航研究相类似，张旭昆也认为利他行为可以划分为不同类型，而且每种行为产生的原因各有不同。一方面，他将利他行为分为软利他行为与硬利他行为，其中硬利他行为又分为有限硬利他和无限硬利他。一般而言，有限硬利他行为会服从边际效用递减率，而无限硬利他行为则并非如此。无限硬利他行为的形成与进化不能仅仅使用个体竞争来作出解释，它是人类在进化与发展中为应对个体竞争和群体竞争而做出的适应性行为。[②] 另一方面，张旭昆认为人的利他行为包含四个维度[③]：第一个维度是纯度，即纯粹利他还是有利己动机；第二个维度是程度，即倾囊相助还是有所保留；第三个维度是广度，即普度众生还是只施惠于特定人群；第四个维度是频度，即经常为之还是偶尔为之。一般来说，利他行为的广度主要是取决于一个人的认同感，而这种认同感主要表现为其认同范围和对象。这种认同范围常常会有一个核心，随着范围不断扩大，认同感逐步递减——有的人把亲属、朋友放在认同的核心位置，由内往外依次扩展为乡邻、阶层、阶级、民族、国家、种族等等，但是也有一些特殊情况，例如，大义灭亲就意味着非亲缘关系置于亲缘关系之上。同时，利他行为程度则主要取决于利他行为主体对客体的认同程度，二者呈正相关关系。其实，个人认同感的范围和对象、认同感递减的排列次序及利他程度等，都可能与其所处文化环境有关。在现实社会

[①] 叶航：《利他行为的经济学解释》，《经济学家》2005 年第 3 期。

[②] 张旭昆：《试析利他行为的不同类型及其原因》，《浙江大学学报》（人文社会科学版）2005 年第 7 期。

[③] 张旭昆：《试析利他行为的不同类型及其原因》，《浙江大学学报》（人文社会科学版）2005 年第 4 期。

中，从广度来看，比较常见的利他行为首先是亲缘利他行为，然后是特惠性（施惠于特定对象）的非亲缘利他行为，最后才是普惠性利他行为。

不过，在已有研究中，仍有很多声音在讨论"利他主义是否存在"。大多数的经济学家普遍认为，自我利益是人类发生交换行为的根本动机（Martin L. Hoff man，1981）。[①] 但是，与经济学界相关观点不同，社会学研究者多数承认利他主义是人性的一部分（Jane Allyn Piliavin，Hong-Wen Charng，1992）。[②] 不可否认，人们可以通过社会规则变得利他，即通过特定社会价值观的内在化建构行为的意图，把自私的性情转变为利他，避免自私成为行为的主导动机（Tineke Fokkema，et al.，2013）。[③] 可以说，正是因为利他主义是否存在都是一个争论，因此，利他主义如何会产生也是学界普遍关注的一个问题，如，有的学者认为同理心—利他主义假说是很多人捐赠的动机（Batson，C. D.，2014）[④]，指出同理心和内疚感会增强个体的亲社会行为，两者间存在紧密关系（Batson，C. D，et al.，1989）。[⑤] 同时，三分法是对利他主义进行分类时最常采用的一种方法，如，拉姆齐将利他主义分为生物利他

[①] Jerome C. Wakefield.，"Is Altruism a Part of Human Nature? Toward a Theoretical Foundation for the Helping Professions"，*Social Service Review*，Vol.67，No.3（1993），pp.406-458.

[②] Charng，Phw. "Altruism：A Review Of Recent Theory And Research." *Annual Review of Sociology*，Vol.16，No.1（1990），pp.27-65.

[③] Tineke Fokkema. Eralba Cela. Elena Ambrosetti，"Giving from the Heart or from the Ego? Motives behind Remittances of the Second Generation in Europe"，*International Migration Review*，Vol.47，No.3（2013），pp. 539-572.

[④] Batson，C. D. "The altruism question：Toward a social-psychological answer"，New York，NY：Psychology Press，2014.

[⑤] Batson，C. D.，Batson，J. G.，Griffitt，C. A.，Barrientos，S.，Brandt，J. R.，Sprengelmeyer，P.，& Bayly，M. J.，"Negative-state relief and the empathy-altruism hypothesis"，*Journal of Personality and Social Psychology*，Vol.56，No.6（1989），pp.922-933.

主义、心理利他主义和帮助利他主义（Grant Ramsey，Robert Brandon，2011）[1]；卡里尔则将利他主义分为自私主义者的互惠利他、以自我为中心的亲属利他、以他人为中心的道德义务利他（Kerr B，Godfrey-Smith P，Feldman MW. 2004）。[2] 其实，人们对人性的认识是多元的，有时还有争议，甚至有的民众做慈善时持有的动机也常常在"利己—利他"中徘徊。一般而言，利他因素越多，个人行善的动力可能会更大。

综上所述，利他主义和利他行为被广大学者关注以来，被广泛应用于经济学、社会学、伦理学、心理学等学科的研究，且有学者[3] 使用它来研究公共品捐赠问题[4]，可以说，众多研究已证明了利他主义理论对个人利他行为的解释力[5]。慈善捐赠作为典型利他行为之一，若从进化论的角度来考察，我们很容易就能理解个人对家人的利他主义，以及对那些接受帮助后可能回馈我们的人的利他主义；那么，对于纯粹利他捐赠行为，我们应该如何去认识和理解呢？为此，在本研究中，将引入利他主义行为，分析居民慈善捐赠这种典型利他行为。

第三节 城市居民慈善捐赠行为发生机制模型构建

一、模型构建的基本思路

行为发生既需要事先做好准备，又需要在行为发生过程的不同阶

---

① Grant Ramsey，Robert Brandon，"Why Reciprocal Altruism is not a Kind of Group Selection"，*Biology & Philosophy*，Vol.26，No.3（2011），pp.385-400.

② Kerr B，Godfrey-Smith P，Feldman MW.，"What is altruism?"，*Trends in Ecology & Evolution*，Vol.19，No.3（2004），pp.135-40.

③ Andreoni，J.，"Giving with Impure Altruism.Applications to Charity and Ricardian Equivalence"，*The Journal of Political Economy*，Vol.97，No.6（1989），pp.1447-1458.

④ Andreoni，J.，"Impure Altruism and Donations to Public Goods：A Theory of Warm-Glow Giving"，*The Economic Journal*，Vol.100，No.401（1990），pp.464-477.

⑤ David C.Ribar，Mark O.Wilhelm.，"Altruistic and Joy-of-Giving Motivations in Charitable Behavior"，*Journal of Political Economy*，Vol.110，No.2（2002），pp.425-457.

段中根据实际情况作出相应行为改变，所以，要呈现我国城市居民慈善捐赠行为发生的完整过程，就需要探究城市居民慈善捐赠行为发生后其行为所处阶段的准备水平问题。由于本研究访谈时是让受访者一次性地回顾以前做的事、以前的捐赠过程，这是回溯性的，是通过对以往经历的回忆来回答问题。这种回溯性的访谈所获取的信息代表的是当事人/受访者对过去一段时间内自己的、他人的行为的回忆，而不是本人在当前或者未来对某事的态度的倾向、表达。本研究访谈时首先询问了受访者对"当地为了促进居民捐赠而采取的努力措施有哪些"，以此采访"他们对这些努力措施的了解"；接下来，虽然他们对努力措施有了一定了解，但是他们不一定对"什么是慈善捐赠"有清晰的认知，或许他们只是模糊地说着自己所认为的慈善捐赠努力措施和慈善认知，或许已采取的慈善促进措施恰恰有助于当地居民增强其慈善捐赠认知水平，因此，研究者询问了受访者"对慈善捐赠的认知"变量所包含的一些问题；然后，研究者又依次询问了受访者当地"慈善捐赠氛围"、整个捐赠活动相关的慈善组织管理机构重视等变量所包含的一系列问题，并最终访问了"慈善资源"问题。之所以采用这样的访谈顺序，是因为这些变量间的关系就反映了行为的顺序，而且前一个行为变量所表达的准备状态对下一个行为变量所表达的准备状态会产生影响。尽管我们采访时获取的资料也是截面数据和文字资料，但是当时访谈时研究者所问的问题是有时间顺序的，而且是有先后的。将变量反过来是不行的，只能是先发生的行为影响后发生的行为变量。所以，所谓的行为发生机制就是指社区准备模型中的五个变量间的先后发生/呈现出的过程，是一种在整个发生过程中都不断呈现的持续性的准备状态，从而呈现一个行为持续进行的过程。

基于此，本研究所构建的城市居民慈善捐赠行为发生机制模型包含五个变量，即居民对促进慈善捐赠所做努力的了解、居民对慈善捐赠认知、慈善捐赠氛围、慈善组织管理机构重视、慈善资源。通过分析各个变量间的前后影响关系，尤其是前一个行为变量对后一个行为变量的影响来探究捐赠行为发生过程。同时，在分析城市居民慈善捐赠行为发生过程中各个维度变量的不同准备状况时，通过推动某一个或几个维度变量的准备水平提高，进而推动捐赠行为向前发生改变。

二、研究假设及模型构建

（一）主要变量的概念界定

居民慈善捐赠行为发生机制模型由 5 个维度组成，它们可以帮助引导居民移动他们的准备水平前进，以推动更高阶段捐赠行为发生。这些维度是：

一是居民对现有促进捐赠所做努力的了解，简称"居民对捐赠努力的了解"。在社区准备模型理论中，社区对问题解决所做努力的了解（Community Knowledge of Efforts）是指社区成员对社区为促进问题解决而所做项目、活动等了解多少状况，即他们对当前项目和活动了解多少。在本研究中，它主要是指当地城市居民对促进居民慈善捐赠等所做努力的了解和认知情况。

二是慈善组织管理机构重视。在社区准备模型理论中，有一个变量名称为"社区领导者关注"，社区领导关注（Leadership）是指领导者对解决这个问题的态度和关注度是什么。在本研究中，它主要是指当地慈善组织管理机构对促进慈善捐赠的态度和重视。

三是慈善捐赠氛围。在社区准备模型理论中，社区氛围（Community Climate）是指社区对解决这个问题的态度是什么。在本研究中，社区慈善氛围是指当地居民对解决慈善捐赠问题的态度和氛围状况是什么，如，社区居民认为慈善捐赠在当地是一个值得关注并应优先解决的问题，并且他们会参与、提高或者实施相关措施努力推动其发展。

四是城市居民对慈善捐赠问题的认知。在社区准备模型理论中，社区对问题认知（Community Knowledge of the Issue）是指社区成员对这个问题了解多少以及了解到什么程度。在本研究中，它主要是指当地居民是否意识到居民捐赠问题出现在当地，并了解一些促使捐赠发生的原因、结果、标志和特征。

五是慈善资源。在社区准备模型理论中，社区资源（Resources）是指在社区中什么资源被用来或者可以被用来解决这个问题。在本研究中，它主要是指当地慈善组织、政府相关部门和居民个人在促进广大居民慈善捐赠过程中已经／将来会使用的资源。

（二）研究假设的提出及模型构建

社区准备模型在测量行为发生过程中各环节的准备水平时，每一个环节都可以用九种准备水平来进行对应性测量，包括九个阶段的模型，每个准备状态都明确了要研究问题所存在的正反两方面状况，并且在一定程度上既可以考虑切实可行的问题解决方案，也可以实施或者组织解决问题。同时，社区准备模型除了测量社区在解决某个问题时所面临的社区氛围状况，还包括社区中的不同个人状况、参与者状况和组织状况等，这些状况被称为"行动的催化剂"。当然，我们使用社区准备模型理论来探究城市居民慈善捐赠行为发生机制问题，也恰是源于该理论既可以分析居民捐赠行为发生的催化剂（影响因素），也可以描述整个捐赠行为发生过程中各环节的不同准备状态。

为了更好地探讨城市居民慈善捐赠行为发生机制问题，研究者借助社区准备模型理论，通过分析该理论中所涉及五个维度变量间的前后影响关系，揭示出居民慈善捐赠行为发生过程。为此，研究者构建了"城市居民慈善捐赠行为发生机制模型"（见图 2-1）。这个理论模型属于因果关系模型，研究者主要通过结构方程模型来检验模型中各个变量间因果关系假设。具体而言，模型中所包括的主要变量有：城市居民对促进捐赠所采取努力的了解（变量 x1）、慈善组织管理机构重视（x2）、慈善氛围（y1）、城市居民对慈善捐赠的认知（y2）、慈善资源（y3）等变量。按照社区准备模型理论要求的评分方法，对受访者在每个变量维度上的回答内容进行评分，以获取每个变量的评分分数，而且这些变量可能是 1—9 之间的数字分数，也可能是带有小数点的数字。

城市居民对慈善捐赠已采取努力的了解状况可以直接呈现当地已经开展了哪些促进慈善捐赠的活动，也可以直接呈现出这些捐赠活动被当地广大居民的了解程度，还可以呈现这些努力措施究竟发挥了怎样的慈善效果，更可以揭示出现有努力是否引起一些居民对慈善捐赠产生了误解。所以，我们有必要了解各个慈善组织、慈善相关政府部门、慈善捐赠者、普通居民等不同人群是否了解当地已经采取的促进居民捐赠的活动，因为这既是对当地居民慈善捐赠行为发生状况的一种检验，也有助于我们发现当地所开展的促进捐赠措施是否存在问题，还可以发现广大居民更愿意参加哪些慈善项目，以便于采取更合适、更受认可的慈善捐赠促进措施。正是由于广大居民对当地慈善捐赠所采取努力有了一定的了解，所以，他们可能会对慈善捐赠有了更多认知——例如，他们可能会懂得什么是慈善捐赠，他们也可能会了解到当地为何要动员广大居民参加慈善捐赠，而不会只单纯地把它们叫作"献爱心"。据此，研究者提出研究假设 1：居民对捐赠努力的了解越多，会正向影响他们对慈善捐赠问题的认知。

当广大居民对慈善捐赠问题有了一定认知，他们可能会更关注慈善捐赠，例如，他们会关注每次慈善活动的目的，关注每次慈善捐赠的结果。从此以后，他们可能至少会在口头上支持慈善捐赠，也可能会在行动上直接参与慈善捐赠，乃至他们会通过参与正在进行的慈善项目小组会议来组织慈善募捐活动，或者以领导者 / 推动者角色在慈善项目规划、发展、执行中发挥关键作用，与此同时，也会有更多居民愿意拿出钱来捐赠。于是，越来越多的居民成为一名捐赠者，其工作生活所在的周围环境也组织了更多慈善活动，孕育了更多慈善组织，从而使得当地慈善氛围更加浓厚。正因为如此，研究者提出研究假设 2：居民对慈善捐赠问题认知越多会正向影响当地慈善氛围越好。

随着社会各地慈善氛围越发浓厚，更多居民、企业和社会组织愿意捐赠出自己的财物，或者以组织者身份来组织慈善募捐，从而有可能会募捐更多慈善资源。有时这种资源是办公室，有时这种资源是善款、爱心物资，有时这种资源是一些志愿者个人，或者是专门的慈善研究专家等。正是因为这种良性循环，研究者提出研究假设3：广大城市居民周围的慈善氛围越好，会正向影响其获取更多的慈善资源。

同时，各地慈善资源的获取离不开领导者支持。这种支持可能会来源于当地政府相关部门或领导，也可能会源于慈善组织本身，还可能是由于当地慈善事业的发展已经成为一个急不可待必须优先解决的问题。于是，越来越多的领导者成为了慈善发展的支持者，他们要么在口头上以个体身份来支持捐赠，要么在行动上以组织领导者身份来参与，例如，他们参与到慈善项目的组织和实施中，为慈善工作分配一些资金和人才资源。正是领导者对慈善工作的不断支持，相关组织和个人能获取到的慈善资源会越来越多，基于二者间存在这种良性循环，研究者提出研究假设4：慈善组织管理机构对慈善捐赠的关注程度越高，会正向影响获取更多的慈善资源来推动居民捐赠。

与此同时，正因为当地慈善资源的获取离不开浓厚的慈善氛围，所以我们需要从各方面培育慈善氛围，其中措施之一就是通过让广大居民越来越多了解当地促进捐赠所采取的努力，拉近更多居民与慈善捐赠间的距离，据此，研究者提出研究假设5：广大居民对慈善捐赠已采取努力的了解越多，会促使当地慈善捐赠氛围越来越浓厚，前者对后者存在间接正向影响。

除此之外，各地慈善资源的获取可能会受当地广大居民对慈善捐赠问题认知的影响，还可能会受当地所采取措施影响，尤其是广大居民对当地所采取措施的了解程度，因此，研究者提出研究假设6：广大居民对慈善捐赠已采取努力的了解，会间接影响当地筹集更多慈善资源，并且提出研究假设7：居民对慈善捐赠问题的认知会间接正向影响慈善资源筹集。

为了验证假设 1—7，充分探讨城市居民慈善捐赠行为发生过程机制，研究者构建了城市居民慈善捐赠行为发生机制模型，见图 2-1。

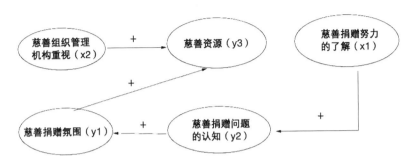

图 2-1　城市居民慈善捐赠行为发生机制模型

第四节　研究过程

一、样本基本概况

在本次研究中，研究者从辽宁省、山东省和江苏省共选取了 70 个关键受访者，通过结构式一对一访谈法开展深入访谈。为何会选择这三个省份？一是源于它们分别处于中国地理版图中的偏北方位置、中间位置和偏南方位置，从地理位置上看具有一定代表性；二是这三个省份中均有数量不等的公益慈善指数星级城市，而且这些城市基本能囊括公益慈善指数中的五星级、八星级和七星级级别，尤其是江苏省内的 13 个地级城市都曾经一次或者多次被评为公益慈善指数星级城市，这在中国所有省份来说都是极为难得的，甚至在一定程度上代表了中国慈善发展的较高水平，因此，研究这些典型星级城市并选择数量不等的非星级城市作为调研城市具有典型性和代表性；三是这三个省份既便于抽样，也具有一定了解，便于联系到典型城市和关键受访者。

接下来，研究者从上述三个省份中选取 13 个城市作为调研城市，选择时主要基于以下原则：首先，按照"三分之一原则"从各省份确定选取调研城市的数量，其中辽宁省共有 14 个城市，故选取 5 个城市；山东省共有 16 个城市，故选取 5 个城市；江苏省共有 13 个城市，应该选取 4 个城市调研，但由于某些原因，研究者仅选取了 3 个城市。其次，按照公益慈善指数星级排名、GDP 总量排名、人均 GDP 排名等状况对每个省份中的各个城市分别进行排名，将城市划分为不同等级段。最后，在每个等级段中分别选取一个城市作为调研城市（见表 2-1）。为了提高所选城市样本的代表性，研究者在各个城市选取 6 个受访对象①作为关键受访者，但是有的城市没达到 6 个样本，有的城市则可能超过了 6 个样本。借助此种调研方式，笔者掌握了大量一手资料，为本次研究奠定了基础。具体而言，本研究主要采用如下步骤来选取调研城市。

在辽宁省，研究者选取沈阳市、大连市、锦州市、葫芦岛市和辽阳市 5 个城市中共计 25 个关键受访者，其中大连市和锦州市选取了 6 个受访者，辽阳市和沈阳市选取了 5 个受访者，葫芦岛市则仅选择了 3 个受访者。具体而言，大连市在第一、二、三届中连续三届都是公益慈善指数七星级城市，沈阳市在第一、二、三届中连续三届均为六星级城市，锦州市在第二届和第三届分别被评为六星级和五星级城市，葫芦岛市在第二和第三届评比中上榜成为五星级城市，只有辽阳市在评比中未上榜。同时，在各个城市 GDP 排名中，大连市排名第一，沈阳市排名第二，锦州市排名第五，辽阳市排名在第十，葫芦岛市排名第十三。可以说，在辽宁省内，无论从经济发展水平还是从公益慈善指数来衡

---

① 根据社区准备模型理论要求，我们选取最好的关键受访者时，我们可以用自己的经验和知识以及周围的人的经验，或者使用头脑风暴法来讨论选出最好的受访者。另外，也可以使用"滚雪球"的方法——最先被选定的关键受访者可能会向研究人员介绍在社区中"谁是知识渊博的以及谁愿意接受采访"。同时，受访者应该是对社区了解的人，而不一定是对你所研究问题了解的人。通常情况下，在采访 6—10 个关键受访者后，可能不会获得更多的信息。所以，按照以往的经验，6—12 个采访通常是最有效的；如果这个社区非常小或者非常类似，甚至 4 个采访是最有效的。

量，这五个城市均有其自身特色。所以，选取这五个城市具有一定的代表性。

在山东省，我们从公益慈善指数评比中发现：临沂市在第一届公益慈善指数评比中被评为四星级城市，第二和第三届公益指数评比时均被评为七星级城市，第四届则是第 25 名，属于山东省内公益慈善指数排名较靠前的城市；烟台市在第二届公益慈善指数评比中被评为六星级城市，在第四届时获得第 40 名；滨州市在第二届评选中被评为六星级城市，第四届时是第 71 名；威海市仅在第四届被评为第 60 名；淄博市在前四届评选中均未取得任何名次。其次，当我们比较 16 个城市时发现：烟台 GDP 总量连续多年排第二名，淄博市为第四名，临沂市为第七名，威海市为第 10 名，滨州市为第 13 名。可以说，不管从 GDP 总量还是公益慈善指数排名看，这 5 个城市入选调研城市都有其代表性和典型性。

在江苏省内，当我们比较各个城市的公益慈善指数时，发现所有地级及以上城市均曾经被评为公益慈善指数星级城市，只是所处年份和评比级别不同。南京市是一个非常典型的城市，它在第一至第三届公益慈善指数评比中均被评为七星级城市，在第四届评比中更是位居全国第三位，而且它的 GDP 总量在江苏省也位列前茅，可以说它是江苏慈善发展的最高水平表现，因此，抽取南京作为调研城市势在必行。其次，研究者发现徐州市在第二届公益慈善指数评比中被评为五星级城市，在第四届位列全国第 16 名，慈善发展进步较大，且其 GDP 总量在江苏省居第五名，可以说，徐州市的慈善发展和经济发展在省内均属于中等水平，有入选调研城市的必要性。最后，与徐州市相类似，淮安市也曾在第二届公益慈善指数评比中被评为五星级城市，只是在第四届评比中位居第 97 名，但它的 GDP 总量位居全省第 11 位左右，可以说，淮安市的公益慈善发展和经济发展在江苏省内排名处于末尾。因此，综合公益慈善经济发展、人口数量等方面状况，本研究选取南京市、徐州市和淮安市作为被调研城市。

表 2–1　各个调研城市基本概况

省份	城市	公益慈善指数星级城市级别				GDP 总量省内排名	选取关键受访者数量
		第一届	第二届	第三届	第四届		
辽宁省	大连市	七	七	七	无	1	6
	沈阳市	六	六	六	第 61 名	2	5
	锦州市	无	六	五	无	5	6
	辽阳市	无	无	无	无	10	5
	葫芦岛市	无	五	五	无	13	3
山东省	烟台市	无	六		第 40 名	2	7
	淄博市	无	无	无	无	5	4
	临沂市	四	七	七	第 25 名	7	6
	威海市	无	无	无	第 60 名	10	6
	滨州市	无	六	无	第 71 名	13	6
江苏省	南京市	七	七	七	第 3 名	2	6
	徐州市	无	五	无	第 16 名	5	5
	淮安市	无	五	无	第 97 名	11	5

说明: 在表 2–1 中, 各个地级城市的 GDP 总量排名名次在不同年份略有变化, 但是城市排名的位次差别并不大, 故抽取各调研城市时仅把 GDP 总量作为参考指标之一。

《第四届（2014—2015 年度）中国城市公益慈善指数报告》指出: 中国捐赠总额的地域差异明显, 且捐赠总额与城市 GDP 呈显著正相关。[①] 那么, 是否可以根据山东省和辽宁省城市经济发展状况来推测山东省慈善发展比辽宁省水平高? 因为山东省和辽宁省由于受地理区位、经济政策、劳动力等因素的影响, 其经济发展水平出现了显著差异——1978 年, 辽宁省和山东省的 GDP 差距不大, 但是到 2012 年, 辽宁省

[①] 《第四届（2014—2015 年度）中国城市公益慈善指数报告》, 选自网址: http://www.charityalliance.org.cn/news/8261.jhtml。

GDP 为 2.48 万亿元，而山东省 GDP 为 5 万亿元以上，远远超过辽宁省。但事实却值得我们深思和探讨——山东省各个城市的慈善发展状况并未远超辽宁省各个城市，为什么呢？针对此问题，有必要在后续研究中进行深入探讨。

接下来，研究者对每个城市中选取的若干关键受访者进行访谈，最终成功获得 70 个有效样本，各个关键受访者样本情况见表 2-2。

表 2-2 各城市中关键受访者样本情况

样本编号	受访者	性别	年龄	慈善工龄	所在组织简称	成立时间	调研时间
大连编号 1	孙某某	男	48	5	DLQSCS	2014	2017.10.17
大连编号 2	祝某某	男	51	14	DLWLAXXH	2000	2017.10.17
大连编号 3	唐某某	男	67	11	DLHBXH	2002	2017.10.18
大连编号 4	于某某	男	48	8	DLQSNFZJJH	1994	2017.10.18
大连编号 5	龚某某	男	58	15	DLCSZH	2002	2017.10.19
大连编号 6	专职者	男	48	10	DLSZH	2007	2017.10.7
葫芦岛编号 1	杜某某	男	43	11	HLDCSZH	2004	2017.10.21
葫芦岛编号 2	专职者	女	38	7	HLDAXXH	2000	2017.10.21
葫芦岛编号 3	高某某	男	38	7	HLDAXZXLHH	2010	2017.10.21
锦州编号 1	付某某	男	44	8	JZCFAXXH	2012	2017.10.19
锦州编号 2	孙某某	男	41	22	JZYYAXXH	1996	2017.10.19
锦州编号 3	曹某某	男	46	8	JZYBYGAXXH	2012	2017.10.9
锦州编号 4	刘某某	男	52	14	JZCSZII	2005	2017.10.20
锦州编号 5	王某某	男	43	9	JZAXGZZ	2010	2017.10.20
锦州编号 6	潘某某	男	39	8	JZXLXAXTD	2012	2017.10.20
辽阳编号 1	专职者	男	35	10	LYTSWXSB	2010	2017.10.14
辽阳编号 2	洪某某	男	71	8	LYCSZH	2007	2017.10.14
辽阳编号 3	燕某某	女	32	8	SZHLYXDFWD	2012	2017.10.14
辽阳编号 4	赵某某	男	58	24	LYAXZXKC	2003	2017.10.14

样本编号	受访者	性别	年龄	慈善工龄	所在组织简称	成立时间	调研时间
辽阳编号5	刘某某	女	37	9	LYAXQYLM	2010	2017.10.14
沈阳编号1	张某某	男	43	5	SYHBZYZXH	2015	2017.10.13
沈阳编号2	李某某	女	57	23	SYCSZH	1996	2017.10.13
沈阳编号3	艾某某	女	39	5	LNFNETJJH	2005	2017.10.13
沈阳编号4	林某某	女	34	7	LNFNLHH	1954	2017.10.13
沈阳编号5	王某某	男	39	9	SYJYW	2010	2017.10.16
滨州编号1	安某某	男	53	12	BZXHGYSYFZZX	2007	2018.3.22
滨州编号2	崔某某	男	48	5	BZFRGY	2015	2018.3.23
滨州编号3	王某某	女	31	7	BZZYZXH	2014	2018.3.23
滨州编号4	刘某某	男	68	5	BZHHWHJJ	2005	2018.3.24
滨州编号5	王某某	男	43	6	BZPGYGYPT	2013	2018.3.24
滨州编号6	牟某某	女	58	13	BZXHGYSYFZZX	2007	2018.3.22
临沂编号1	韩某某	男	44	5	LYSHZZFWZX	2015	2017.9.29
临沂编号2	候某某	男	46	7	LYAXLJLGY	2015	2017.9.29
临沂编号3	董某某	男	53	24	LYAXSJD	2014	2017.9.29
临沂编号4	李某某	男	33	8	LYSZHD	2010	2017.9.30
临沂编号5	刘某某	女	53	7	LYCSSYFZFWZX	2007	2017.9.30
临沂编号6	张某某	男	42	10	LYYMZYZLHH	2014	2017.9.30
威海编号1	于某某	男	33	8	WHSHZZFWZX	2012	2017.8.24
威海编号2	居民	男	32	7	WHETFLYYG	——	2017.8.25
威海编号3	袁某某	男	27	5	WHCHAXDBY	2008	2017.8.25
威海编号4	刘某某	男	43	12	WHCSZH	2006	2017.8.25
威海编号5	李某某	男	45	7	WHYYGY	2014	2017.8.25
威海编号6	戚某某	女	49	8	WHRDGY	2012	2017.8.26
烟台编号1	薛某某	女	53	11	WHYFZX	2008	2017.8.22
烟台编号2	专职者	男	32	7	YTXWQGCJJHBGS	1994	2017.8.22
烟台编号3	单某某	男	43	7	YTCSZH	2005	2017.8.22

样本编号	受访者	性别	年龄	慈善工龄	所在组织简称	成立时间	调研时间
烟台编号 4	姜某某	男	35	7	YTGASM	2013	2017.8.23
烟台编号 5	居民	女	26	5	LDDXBYS	—	2017.8.23
烟台编号 6	刘某某	男	23	4	YTXWQGYZZ	2009	2017.8.23
烟台编号 7	邹某某	男	28	4	YTSDCSF	2015	2017.8.24
淄博编号 1	黄某某	女	45	5	ZBCSCS	2006	2017.8.17
淄博编号 2	秦某某	女	53	8	ZBMDCS	2012	2017.8.17
淄博编号 3	高老师	女	51	9	ZBMTGYZXZZ	2005	2017.8.18
淄博编号 4	张某某	女	37	11	ZBJM	2008	2017.8.18
淮安编号 1	李某某	男	54	33	HACSZH	1999	2018.4.1
淮安编号 2	许某某	男	43	9	HAXCDAZYZXH	2012	2018.4.1
淮安编号 3	邓某某	女	38	8	HAMXTXWGY	2011	2018.4.2
淮安编号 4	高某某	男	53	6	HAAXGR	—	2018.4.2
淮安编号 5	王某某	男	58	11	HAWYGD	2008	2018.4.3
徐州编号 1	孔某某	男	55	13	XZXLXZYGYFWZX	1998	2018.4.4
徐州编号 2	孟某某	女	43	14	XZSXTXZKZYZXH	2005	2018.4.4
徐州编号 3	武某某	男	45	13	XZYHZGYFZZX	2014	2018.4.5
徐州编号 4	耿某某	男	43	11	XZEDGYFZZX	2008	2018.4.5
徐州编号 5	刘主任	男	53	8	XZCSZH	1995	2018.4.5
南京编号 1	代某某	男	35	11	NJAZGGYFZZX	2008	2018.3.30
南京编号 2	张某某	男	48	9	NJDAZJGYFZZX	2012	2018.3.30
南京编号 3	杜某某	女	23	4	NJDXYAGYXH	2010	2018.3.30
南京编号 4	专职者	男	51	6	JSTXBZXJJH	1997	2018.3.31
南京编号 5	苏老师	男	32	8	NJCSZH	1997	2018.3.31
南京编号 6	岳某某	男	37	7	NJYFMCSJJH	2014	2018.3.31

说明：本表格中所涉及到的所有数据，来自于研究者调研所获得的资料整理。其中，"受访者年龄"和"慈善工龄"都是截止到 2019 年 12 月 12 日。

由表 2-2 可见，本研究以辽宁省、山东省和江苏省三个省份下辖

13个城市中的若干人员为受访对象，这些受访对象包括慈善捐赠普通市民、公益慈善组织负责人和公益慈善组织工作人员等，且上述关键受访者的具体情况各有不同，具体而言：

首先，本次研究所获取的70个关键受访者以男性为主，女性较少，男性达到50个，占总有效样本量71.4%；虽然女性作为公益组织负责人较少，但在公益慈善活动参与者中，女性并不少；其次，在慈善负责人或者参与者中，19—24岁年龄段的人数仅2人，25—34岁年龄段人数为11人，35—44岁受访者有25人，45—54岁年龄段者有23人，55—64岁年龄段者有6人，65岁以上年龄段者有3人，可见多数受访者年龄在35岁以上，并且集中在35—54岁年龄段内，这也反映了当前慈善领域从业者的现实状况——一方面，慈善领域缺少专业从业者，尤其是缺少年轻从业者；另一方面，慈善领域留不住人才，尤其是其福利待遇并不能吸引年轻从业者加入，毕竟大多数年轻人还要面对经济压力。事实上，在本次调研中接触到的这些关键受访者，他们大多已经处于中年阶段，要么是具有一定的经济能力和经济基础，对经济需求已经不太强烈；要么是具有较高的奉献精神和利他倾向，具有一腔热血且愿意从事慈善工作，不在乎慈善工作的福利待遇。即使有年轻从业者加入，也大多是因为他们所在公益慈善组织是政府某部门下属的事业编制机构，工作较稳定，或者他们仍为学生社团组织的负责人，正处于大学求学期间。

其次，在本研究所调研的68个公益慈善组织中，有16个组织虽然经常开展慈善活动，但它们实际上并没有注册，且2000年前成立的较少，仅有10个；2001—2010年间成立的慈善组织有33个，2011—2015年4年间成立的慈善组织有23个。可见，公益慈善组织发展的社会环境越来越好。

再者，在这70个关键受访者中，从事慈善工作在10年及以上期限的人达到23个，从事慈善工作在5—9年期限的也有43人，而且慈善工作期限最短的也有 4 年。可见，这些公益人一旦加入慈善圈，其工作热情一直在激励着他们，促使他们不会轻易"跳槽"。

总的说来，本次调研选取的省份、城市、公益慈善组织类型以及关键受访者均符合研究要求，能在一定程度上反映当前慈善领域中各类型人员的基本情况，奠定了研究代表性和研究基础。

二、量表质量分析

定性访谈资料转录结束后，研究者根据社区准备模型理论所规定的 9 个准备阶段特征，给居民慈善捐赠行为发生过程中各环节的准备水平进行评分，这就相当于采用问卷评分法获得一份份问卷数据，每份问卷包含 5 个变量维度。因此，研究者有必要分析"问卷"中各维度所构成量表的信度。据此，研究者通过克朗巴哈 α 系数来说明"问卷量表"信度，以此对调研所获取的数据质量进行分析。克朗巴哈 α 系数是当前较为常用的信度系数。通常情况下，如果调研中所使用量表的克朗巴哈 α 系数在 0.7 以上，则可以说明该问卷的可靠性较高。当然，如果进行量表分析时发现 α 系数过小，我们也可以结合因子分析的结果来改善量表信度系数。在本研究中，研究者采用 SPSS22.0 来分析总量表信度时，所得信度系数为 0.701，仅仅略高于统计要求。由于本量表是在访谈文字资料基础上，结合社区准备模型理论对文字资料进行打分后获得数据，每个变量只有一个指标来衡量，而且每个变量仅有 70 条数据，整个研究量表也仅仅包含 5 个变量，换言之，当使用统计学中的定量分析方法来分析本研究所使用量表质量时，样本数量略少。因此，在仅有 70 条有效数据的情况下，本量表的克朗巴哈 α 系数能达到 0.701，一定意义上就可以说明我们使用该量表具有较好的可信性。

第三章 城市居民慈善捐赠行为发生机制模型分析

每个人的行为发生都可以表现为一个过程，在这个过程中，每个环节都会呈现出不同的准备状态。只有一个环节准备好了，才会过渡到下一个环节，依次往前推进。居民捐赠行为的发生也需要不同环节的准备状态不断提高，以促使行为改变或前进。为此，他们经常要努力尝试各种方案和活动，以期改善推动城市居民捐赠行为发生的各种条件，并且采取相应措施和技术来改变城市居民在行为发生不同环节面临的问题。如果周围的人不配合你推进居民慈善捐赠的努力，那么，你很有可能会失败，例如，由于有的居民否认捐赠，因此，你的努力将会遭到抵抗；广大居民可能会不理解捐赠问题，从而使你的努力遭到漠视或者不重视；当地的慈善工作相关领导人可能会不愿意提供有效的、可实施的新计划或者活动所需要的资源。简单来说，这种挫折和失败的一个原因可能是城市居民和领导者缺乏解决问题的准备，从而使得居民慈善捐赠行为发生过程不能继续前进。因此，本部分着重探讨城市居民慈善捐赠行为发生机制如何，推动捐赠行为发生过程中不同环节的准备水平前进到更高层次，从而动态描述城市居民捐赠群体的捐赠行为发生过程。

为此，通过社区准备模型理论构建结构方程模型，揭露5个变量间的关系来反映慈善捐赠行为发生过程所呈现出的阶段性顺序，即前一个行为环节所处的准备状态对下一个行为环节所处准备状态的具体影响。所以，在本研究中，捐赠行为发生机制是指：在捐赠行为发生过程中，各个环节先后发生／呈现出的过程，是一种在整个行为发生过程中不断呈现的持续性的准备状态，从而呈现一个行为持续进行的过程。

第一节　城市居民慈善捐赠行为发生过程中各环节的准备状况分析

行为发生是一个持续推进的过程，从发生既定行为到新行为发生，再到出现另一个行为状态，这个过程中是一种准备状态前进到另一种准备状态的过程。想要继续推进行为前行，就需要继续推进准备状态前进。所以说，行为发生和行为准备是一种密不可分的关系。当我们探究行为发生时，每一个行为环节的准备状态可以揭示出该行为发生到了哪个过程阶段，二者相生相伴。探究居民捐赠行为发生问题时亦如此。我们可以用大量时间和多样化的方式，将慈善捐赠行为发生过程中不同环节的准备状况移动到一个更高的准备水平，从而推动捐赠行为不断前进，如提高居民对问题的认知、增强社区努力的强度等，或者改变外部条件以改善社区氛围等。在这个过程中，捐赠行为可能会处于不同准备状态，如规划阶段、准备阶段等，因此，如何把握发生过程中每个环节所处准备状态的特征，推动捐赠行为不断前进至关重要。

社区准备模型（CRM）可以帮助一个社区（在本研究指城市居民）前进，并且使用多种方式来使改变变得更加成功，因此，使用该理论来研究城市居民慈善捐赠行为，借助 5 个维度对捐赠行为发生过程进行分析。通常情况下，我们会依据社区准备模型规定的 9 阶段来衡量该社区究竟当前处于哪个阶段，这 9 个准备阶段从低到高分别是：无意识阶段、否认／抵抗阶段、模糊意识阶段、规划阶段、准备阶段、开始阶段、稳定阶段、扩张／认可阶段、高层次社区归属阶段，并使用 1—9 分来对应表达这 9 个阶段。在本研究中，为了衡量捐赠行为发生过程中各环节的准备状态，研究者依据这 9 个准备阶段的特征描述，对 5 个环节分别进行评分，具体评分见下表 3–1。

表 3–1　我国城市居民慈善捐赠行为发生中各环节的总体评分状况

名称	对捐赠努力的了解	慈善组织管理机构重视	慈善捐赠氛围	对捐赠问题的认知	慈善资源
13 个城市平均分	5.49	5.2	4.91	4.69	4.84

每个阶段呈现出的准备水平各不相同，受访者所给出的不同评分代表了其捐赠行为所处环节的不同准备阶段。为了更好地衡量当前城市居民慈善捐赠行为发生过程中所处不同环节的各自准备状况，研究者从以下五个方面来阐述。

一、城市居民对促进慈善捐赠努力或活动的了解

从前文文献综述中我们可以看出，有不少研究者曾探讨现有慈善捐赠存在的问题、促进个体慈善捐赠措施等，即他们都很重视慈善捐赠问题。与此同时，在社会发展中，慈善组织及慈善活动越来越多，公益慈善城市星级指数① 评比也如火如荼地进行，公益慈善指数俨然成为一个城市爱心 GDP 发展的代表。可见，慈善捐赠在社会发展和公众心

---

① "中国城市公益慈善指数"是自 2007 年起组织研发的一套对城市慈善事业发展水平进行综合监测和科学评价的指标体系，被业界形象地称为城市爱心 GDP。2011 年 8 月 26 日，首届"中国城市公益慈善指数"在安徽芜湖发布。2012 年 8 月 27 日，第二届"中国城市公益慈善指数"发布典礼 8 月 27 日在宁夏回族自治区吴忠市举行，典礼发布了中国 321 个城市的"城市公益慈善指数"，其中排名前五位的城市依次为北京、上海、深圳、无锡、南京。2014 年 8 月 16 日，中民慈善捐助信息中心在北京发布第三届"中国城市公益慈善指数"。2016 年 12 月 26 日上午，中国慈善联合会在北京发布第四届"中国城市公益慈善指数"。2018 年 11 月 5 日中国慈善联合会在广州发布第五届中国城市公益慈善指数。

中的分量已经越来越重。那么，如何推动更多捐赠行为发生成为当务
之急。

　　在本研究中，通过整理 70 个受访者访谈资料发现：在城市居民对
现有慈善捐赠促进工作或活动所采取努力的了解方面，受访者将其评分
为 5.49 分（见表 3–1）。由于该评分所代表的社区准备水平已超过 5 分
但远远低于 6 分，故研究者根据社区准备模型理论中的评分规则将其评
定为 5 分，即社区准备水平中的第五阶段——"准备阶段"。在社区准
备模型理论中，若该维度进行评估时处于"准备阶段"中，则意味着大
多数成员至少已经听说过当地已做过的努力，也就是说大多数城市居民
对当前促进慈善捐赠所采取的努力工作有了一定的了解，他们至少已经
听说过一些努力措施，例如，组织一些慈善活动（募捐）来动员广大居
民捐赠，诸如"慈心一日捐"等，又或者雨后春笋般出现了越来越多的
公益慈善组织，为慈善捐赠活动开展打通了更多"路子"。具体而言，
一方面，由于所有受访者至少能说出一个慈善活动，所以，当研究者询
问他们"我们当地有多少居民听说过当地已经组织的慈善活动"时，在
"没有一个""少数人""一些人""许多人"和"大多数人"等选项中，
没有受访者选择"没有一个"这个选项，即当地居民或多或少都已经听
说过当地努力，而且在有的城市中很多居民听说了当地各类慈善活动或
慈善工作。当然，在有的城市中虽有不少人听说过当地组织的慈善活
动，但是，他们并不能说出慈善活动的具体名字。另一方面，至于组织
公益慈善活动目的、活动对象，当地大多数居民都会知道一些。但是，
对于怎样才能努力做好这些慈善活动工作，没几个受访者知道，且只有
少数居民知道现有慈善捐赠活动效果，而且他们大多只是猜想活动效果
会怎样。其实，关于如何做好慈善捐赠活动，不同组织、不同城市、不
同地域中居民看法可能存在差异，这与当地慈活动发展情况有关。

　　当广大居民对当地促进慈善捐赠所做努力的了解状态处于"准备
阶段"时，很可能意味着他们正在讨论解决问题的过程和一些实际细

节，而且他们周围的氛围仅仅能为促进居民捐赠提供适当的支持，因此，要想推动居民对捐赠努力的了解状态由"准备阶段"前进到"开始阶段"，我们首先就要收集一些真实信息以开展适合的行动计划，例如，让居民对慈善捐赠有更多认知。事实上，加强慈善捐赠认知也恰恰是推动捐赠行为由第一环节（对慈善捐赠努力的了解）前进到第二环节（对慈善捐赠问题的认知）的必然趋势。为此，需要开展一些更适合当地居民情况的慈善捐赠促进行动，如，加入对现有慈善捐赠的宣传，让更多居民了解慈善、了解慈善工作所采取的努力措施、了解慈善活动的目的和效果，拉近居民和慈善捐赠间的距离，让更多人参与慈善、认清慈善捐赠。

二、居民对慈善捐赠问题的认知

城市居民对慈善捐赠问题的认知主要是指居民对慈善捐赠这个问题了解多少以及了解到何种程度而呈现出来的状况。对于慈善捐赠，当前居民对其都有一定的认知，例如关注慈善捐赠主体、慈善捐赠客体、慈善捐赠作用等方面的问题。居民对这一问题的认知水平高低，在一定程度上直接影响其是否会发生慈善捐赠这一行为，因此，有必要厘清广大居民是否对慈善捐赠存在误解，分析当地是否采取多种措施来消除误解，因为这些误解可能会影响广大居民的慈善捐赠认知水平。

在本研究中，通过整理 70 个受访者访谈资料发现：在城市居民对慈善捐赠问题的认知方面，受访者将其评分为 4.69 分（见表 3–1）。由于该评分所代表的社区准备水平超过 4 分而未达到 5 分，故研究者根据社区准备模型理论中的评分规则将其评定为 4 分，即社区准备阶段中的第四阶段——"规划阶段"。在社区准备模型理论中，若该维度进行评估时处于"规划阶段"，则意味着社区成员对这一问题（即所要探究问题）的认识有限，也就是说当前广大城市居民对慈善捐赠这一问题的认识仍然有限，他们对这一问题的认识主要停留在浅层表面：首先，在

"什么是慈善捐赠"这个问题的三个回答选项中，有不少居民对这一问题的回答选项是"什么都不知道"或者"知道一点点"，很少有人回答"知道一些"。其次，关于"慈善捐赠有什么特点"和"不搞捐赠活动会有什么不好结果"，大多数居民也是"什么都不知道"或者"知道一点点"，只不过他们对"为什么要去慈善捐赠"这一问题的回答内容较为丰富，并且认为居民捐赠时可能会持有不同的动机。但是，对于"本地已经组织多少次促进居民捐赠的活动，以及采取什么措施能促进广大居民捐赠"这个问题，广大受访者了解的并不多，仅有少数公益慈善组织负责人能说清楚。同时，对于促进慈善捐赠会对捐赠者的家庭、朋友有什么影响，广大受访者基本都未回答，因为他们没考虑过这个问题。

在整个捐赠行为过程中，当广大居民对慈善捐赠问题认知处于规划阶段时，他们能意识到应该做些什么以改善当前居民捐赠认知状况，但是没有促进更多人捐赠的明确计划。因此，急需提高当地居民的问题意识和计划意识，让他们懂得当地慈善捐赠存在哪些问题、慈善捐赠有何意义、有哪些措施可以促进捐赠等，而做好这些事项的前提是制定有关慈善捐赠各方面的计划，例如慈善捐赠活动宣传计划、募捐计划等。换言之，要想推动居民对慈善捐赠问题认知的准备状态由"规划阶段"前进到"准备阶段"，我们首先就要增强解决问题的意识和计划性，即我们要有计划地推动居民提高慈善捐赠认知，让更多人加深对慈善捐赠的认知来吸引更多人乐于捐赠、快乐捐赠，进而推动"慈善捐赠认知"环节前进到"慈善氛围"环节，使得广大居民的慈善捐赠认知由浅到深进而激发出更浓厚的慈善氛围。

三、城市居民慈善捐赠氛围

慈善氛围状况既是当地慈善事业发展的一种体现，也是当地居民慈善捐赠所处的一种大环境。在中国，慈善事业发展历经几次大的变化，整个慈善发展环境越来越有利——不管是"十一五"时期我国慈善事业发展取得重大进展，尤其是"5.12"汶川大地震后进一步推动了我国个人捐赠激情，还是"十二五"时期我国慈善事业发展获得重大机遇①，它们都为中国慈善事业发展构建了较好的氛围。更重要的是，《国民经济和社会发展第十三个五年规划纲要（2016—2020)》更是明确提出"大力支持专业社会工作和慈善事业发展，健全经常性社会捐助机制。广泛动员社会力量开展社会救济和社会互助、志愿服务活动。"可以说，社会发展的不断前进为我国慈善事业发展打造了越来越好的氛围。那么，当前慈善捐赠氛围的具体情况怎样呢？

在本研究中，通过整理 70 个受访者访谈资料发现：在当前城市居民慈善捐赠所处的慈善氛围方面，受访者将其评分为 4.91 分，远远高于 4 分但仍未达到 5 分（见表 3–1），故研究者根据社区准备模型理论中的评分规则将其评定为 4 分，即社区准备阶段中的第四阶段——"规划阶段"。在社区准备模型理论中，若该维度进行评估时处于"规划阶段"，则意味着社区成员承认这个问题在社区中是一个顾虑，并且做了一些事情去解决它，也就是说，当地的城市居民承认"如何促进慈善捐赠在当地是一件值得考虑的事"，并且他们已经做了一些事项去推动问题解决。事实上，研究者调研当地居民从事慈善捐赠所处的氛围状况时，在访谈时提出问题"当地广大居民是否把如何促进捐赠看作是一个需要优先解决的问题"，仅有少数受访者回答"是"。不过，在当前特有的捐赠氛围下，广大居民参与积极性还是比较高的。首先，在居民支持慈善捐赠方面，在"没有人""少数人""一些人""许多人"和"大多数人"五个选项中，没有受访者选择"没有人"和"少数人"，且他们

---

① 这里的重大机遇主要有：一是党的十七届五中全会提出"大力发展慈善事业"的要求，促进了我国慈善发展的基调；二是《中华人民共和国国民经济和社会发展第十二个五年规划纲要》明确指出"加快发展慈善事业，增强全社会慈善意识，积极培育公益慈善组织，落实并完善公益性捐赠的税收优惠政策"，为进一步发展慈善事业指明了方向；三是《中国慈善事业发展指导纲要（2011—2015 年)》也推动了中国慈善事业发展。

均从后三个选项中作出了各自选择。虽然有的居民仅在口头上支持慈善捐赠，但是还有不少居民既口头支持也在行动上支持慈善捐赠（如参与捐赠或者从事与捐赠相关的工作）。其次，是否有居民参与到慈善项目的组织和实施过程中呢？问题的答案是"至少一些人"乃至"许多人"都曾参与过，而且这种情况在慈善圈中更普遍；至于这些居民是否会以领导者或者推动者的身份在慈善捐赠项目规划、发展或者项目执行中发挥关键作用？他们给出的答案是只有"少数人"。再者，虽然不少居民不能全程参与到慈善捐赠项目开展过程中，但是他们对慈善捐赠支持较高，很多居民愿意拿钱出来捐赠。甚至有的受访者认为"在当地 100 个居民中会有 1 个居民愿意捐赠"，这个比例相对较高。当然，有的受访者也指出：若在当地慈善圈中，这个比例可能会更高。正如不少受访者表示，"我不是慈善捐赠的组织者，但是拿钱出来捐赠还是比较容易做的，也是尽点心意"。

在整个捐赠行为过程中，当地慈善氛围可能会影响居民是否捐赠、捐赠多少，可以说，慈善氛围是否浓厚直接影响会有多少人参与慈善捐赠中。当前，从总体来看，居民捐赠氛围处于"规划阶段"状态，他们刚刚开始意识到需要解决慈善捐赠这个问题，但是，他们对慈善捐赠的流程、措施等没有想法，也没有行动。也就是说，现有慈善捐赠活动没有得到民众的支持，他们对慈善的支持更多是出于口头上或者心底里"默默地支持"，行动方面的支持较少，至于亲身支持且能积极动员别人参与捐赠的情况更少。同时，即使有时慈善氛围相对浓厚，也多是体现在"慈善圈内"，圈外普通公众参与度较少。可以说，这种状况和慈善事业最广泛参与主体应源于广大民众的初衷并不相符。因此，增强慈善氛围，引导社会各层次力量开展慈善活动，是"补"社会建设与社会发展中存在的"短板"，弘扬社会道德与社会文明，促进社会和谐发展的重要举措。要实现此宏观发展目标，首要便是增强解决问题的计划意识，在全面践行《慈善法》的基础上制定更多符合当地发展情形的慈善发展规划，加大慈善政策宣传，加强慈善文化建设，让我们生活的各个城市角落充满"爱"，让更多人宣传爱、感受爱、参与爱。

为了推动捐赠行为发生过程能由"浓厚慈善氛围"环节进展到乐意筹集更多"慈善资源"环节，需要抓住各地慈善发展存在的最主要问题，针对性地开展公众愿意参加的各种慈善活动，化解公众对慈善捐赠的误解，借助更多途径宣传慈善捐赠相关信息，如报纸文章、宣传小册了、海报、电视、网络等。随着各地的慈善氛围越发浓厚，捐赠就可能成为民众日常生活的一部分，于是，越来越多的公众愿意拿出钱捐赠，越来越多的企业和社会组织愿意成为捐赠者，越来越多的政府相关部门愿意支持慈善发展。

四、慈善组织管理机构对居民慈善捐赠的重视

在中国，很多救灾、扶贫等工作都是由民政部门在做，即很多慈善工作都是以政府行为表现出来，而且慈善机构组织的募捐活动也多数是突击性、应激式、甚至有时带有任务摊派性质，表现出浓厚的行政色彩。① 可以说，在中国，慈善发展常常需要政府推动、支持。因此，当我们探究推动慈善捐赠的"领导者"时，不能漏掉政府相关部门这个领导主体。

在本研究中，通过整理 70 个受访者访谈资料发现：在慈善组织管理机构对居民慈善捐赠的重视方面，受访者将其评分为 5.2 分，略高于5 分而远远低于 6 分（见表 3-1），故研究者根据社区准备模型理论中的评分规则将其评定为 5 分，即社区准备阶段中的第五阶段——"准备阶段"。在社区准备模型理论中，若该维度进行评估时处于"准备阶段"中，则意味着慈善组织管理机构积极地支持继续进行当前的努力，或者

---

① 张进美：《中国式慈善研究——基于城市居民慈善捐款行为的调查》，中国社会科学出版社 2015 年版，第 84 页。

提高当前努力程度，或者开展新的努力。也就是说，他们支持当地慈善组织和政府相关部门继续积极地进行当前有关慈善捐赠的努力，或者支持提高当前慈善捐赠的努力程度，或者支持开展新的努力工作方式。例如，有的政府部门领导人员积极支持慈善组织注册、开展慈善活动、筹集慈善资金等；有的城市则干脆委派政府"一把手"分管当地慈善工作，以此来推动当地开展更多慈善捐赠活动，如慈心一日捐等；还有的慈善组织负责人不但支持慈善捐赠工作开展，积极参与到慈善项目的组织、实施中，还在具体的慈善项目规划和实施中发挥着推动性的关键作用，而且有不少领导为了确保慈善捐赠项目长期运行而努力工作，如，寻找开展慈善项目的长期资助。除此之外，还有相关领导会以非领导者身份切实支持慈善捐赠活动开展，例如，他们会以自己名义参与捐赠活动。

当然，至于有多少相关领导会关注慈善圈与居民慈善捐赠这个问题，其人数占比并不是很乐观，而且他们中大多数人都不认为"如何促进广大居民捐赠"是其工作范畴内需要优先解决的问题。其实，这也无可厚非，毕竟一个城市的发展并不是仅以慈善 GDP 为主要标志，但有一点需要注意，慈善发展与当地经济、文化等全面发展离不开，而且只有后者发展进步了才更有助于慈善发展。

在整个捐赠过程中，当广大居民对当地促进慈善捐赠所采取努力的了解越多，民众对慈善捐赠问题认知越深，慈善氛围越浓厚，则民众可能会更愿意参与慈善捐赠，而且慈善组织管理机构对慈善捐赠的关注与支持也可能会越多，从而更可能促进慈善资源越丰富。因此，增强相关部门领导对慈善捐赠的重视和关注对我国慈善发展有较大推动作用，需要出台并执行有利于慈善发展的政策，需要增强各位领导在口头和行动上对捐赠的支持，也需要他们切实参与到慈善项目中，尤其是支持多种途径分配慈善资源，并且可以开发、培育更多的慈善项目，推动这种重视程度由"准备阶段"前进到"开始阶段"。因为步入开始阶段后，慈善组织管理机构在规划、开发和／或者实施新的努力中将会起到关键作用。

五、促进居民慈善捐赠的资源

如何促进更多人参与慈善捐赠，这是个具有积极现实意义的问题。但是，现有促使居民慈善捐赠的一些物质资源、政策条件等准备状况如何，居民自身为慈善发展投入的资源状况如何，这些都是亟须解决的问题。

在本研究中，通过整理 70 个受访者访谈资料发现：在慈善氛围方面，受访者将其评分为 4.84 分，远远高于 4 分而未达到 5 分（见表 3–1），故研究者根据社区准备模型理论中的评分规则将其评定为 4 分，即社区准备阶段中的第四阶段——"规划阶段"。在社区准备模型理论中，若该维度进行评估时处于"规划阶段"，则意味着有一些资源在进一步努力后便可获得，而且一些社区成员、领导者已经在调查或者正在调查如何使用现有资源来解决问题。也就是说，他们可能会借助慈善方面的已有资源来努力推动慈善捐赠开展，如一间办公室、一些志愿者、当地专家参与或提供帮助、为慈善项目提供补助金或者其他资金来源；他们也可能会动员更多慈善群体、领导者来积极参与到慈善项目中，乃至开拓一些新的慈善募捐项目、慈善捐赠活动，促进慈善捐赠行为发生。

一方面，研究者从志愿者、资助来源、专家参与、活动场所等多个角度来分析促进居民捐赠的慈善资源情况：首先，关于"有多少志愿者能帮助开展居民慈善捐赠活动"，受访者要么回答"一些人"，要么回答"许多人"[①]，这有力地说明了当前开展各种类型慈善捐赠活动时，越来越多的人加入慈善活动中成为志愿者，而且也说明志愿者在其中发挥了很大作用。其次，在研究者所采访的慈善组织中，每一个组织都能通

———————

① 此问题的回答选项只有四个：没有人、一点人、一些人、许多人。

过某一种方式获取一些资助，例如，有的慈善组织和其他组织合作来组织慈善捐赠活动，有的慈善组织以慈善赞助的方式争取企业各种资源。再者，有些慈善捐赠活动的开展离不开相关专家（如专门研究慈善捐赠问题的研究者、专门从事慈善捐赠项目的团队等）参与、帮助策划。调研发现，有的城市中仅"有几个"促进居民慈善捐赠的专家，有的城市"有一些"专家帮忙，而有的城市中则"没有"专家参与其中，这种种状况与当地慈善发展及慈善氛围离不开。同时，还有一种状况我们不可回避，即慈善捐赠需要相关部门进一步提供政策支持，或者通过某种方式提供资金资助，例如有些城市中的大多数公益慈善组织都已经注册，因此，它们有相对固定的慈善活动场所和办公场所；而有些城市中的慈善组织则很难注册，常常处于"黑户"状态，没有合法的活动场所，也没有固定的办公场所。

另一方面，研究者还调研广大居民和 / 或相关领导者具体投入多少努力来促进居民捐赠发生。首先，在广大居民（和 / 或相关领导者）为了进一步促进捐赠而努力寻求志愿者这个问题上，受访者认为"不需要太多努力"，因为开展慈善捐赠活动时，大多数情况下需要的志愿者数量都是足够的，或者仅在慈善圈中进行小范围宣传就可以召集到很多志愿者，所谓"一呼百应"。其次，鉴于开展慈善活动需要一定的资金资助，所以需要广大民众、领导者积极从各种途径募集资助，但调研发现：他们在这方面的努力程度不够——很多受访者都认为"领导努力就好，我们个人找不到什么资助"，而不少慈善组织的负责人则称"我们找一些企业赞助活动，但是他们需要的我们给不了，所以很多情况下都是他们企业负责人出于善心而以个人名义赞助"。这也提醒我们，通过慈善政策进一步优化慈善环境是一项重任。再者，关于"广大居民（和 / 或相关领导者）会用多大努力来编写募捐方案以促进更多人捐赠"这个问题，有几个慈善组织负责人表态会努力去做，但是，他们也提到现实运行中会遇到一些"无奈"。

与此同时，在现有促进居民慈善捐赠而采取的努力中，很少会努力培训更多"慈善专职人员"，也很少会动员相关专家来帮助开展慈善捐赠活动。这也充分反映了当前开展慈善捐赠时专家资源和专职人员严重缺乏，不能借助他们的专业优势从理论和实践上进一步推动如何让更多人参与捐赠。

慈善活动的开展离不开各种类型慈善资源。所以，作为支撑慈善捐赠行为的一个必要环节，慈善资源的准备状态直接会影响居民捐赠行为顺利发生，例如，有的公众想参加捐赠，若没有个人或者组织来开展慈善活动，则捐赠行为会受到阻碍；同样的，若当地慈善资源丰富，则利于更多公众轻而易举地找到慈善组织去捐赠财物，乃至于有更多人成为慈善活动志愿者。反过来，慈善资源也会伴随着捐赠行为的发生而愈加丰富。换言之，这是慈善发展的良性循环过程。在本研究中，鉴于捐赠行为发生过程中的"慈善资源"环节主要处于"规划阶段"，反映了当地慈善资源较少，大多数情况下只是使用了有限的资源来努力促进居民捐赠。因此，这样的状况急需改善，至少应该将慈善资源由"规划阶段"状态提升到"准备阶段"——即在捐赠行为发生过程中，能够有一些慈善资源可以用于进一步解决如何促进慈善捐赠的问题，通过增加慈善资源来推动居民捐赠行为发生的可能性，推动慈善捐赠行为逐步往前发展。

第二节　城市居民慈善捐赠行为发生机制模型分析

社区准备是一个社区为解决某个问题而准备采取行动并且愿意行动的程度。社区的改变需要每个阶段都准备好才会发生，正如一个人行为改变也需要在每个阶段都事先做好准备一样。当我们探讨参加慈善捐赠的城市居民这个群体时，他们的捐赠行为是否已经做好准备，或者是否已经准备好要前进到下一个阶段，这是一个首先需要思考的问题。那么，在确定好捐赠者的慈善捐赠行为处于哪种准备阶段后，探讨捐赠行为紧接着会前行到哪个维度是一个需要重视的问题，这直接关系着他们是否会发生更多的慈善捐赠行为。

为了更好地探讨城市居民慈善捐赠行为发生机制问题，研究者借助社区准备模型理论来构建了城市居民慈善捐赠行为发生机制模型。由于这个模型中所涉及的五个维度变量间存在因果关系，为此，研究者需要通过结构方程模型来分析这个模型，检验各个研究假设。SEM（Structure Equation Modeling）是一种通用的、重要的线性统计建模技术，广泛应用于心理学、经济学、社会学、行为科学等领域。实际上，它是计量经济学、计量社会学与计量心理学等领域的统计分析方法的综合。多元回归、因子分析和路径分析只是结构方程模型的特例。

在本研究中，城市居民慈善捐赠行为发生机制模型（即图 2-1）主要包括"对捐赠努力的了解、慈善组织管理机构重视、慈善氛围、对捐赠问题认知、慈善资源"等五个变量。本研究采用 Mplus5.2 对理论模型进行检验，并选用 MLM 法进行参数估计和模型拟合度检验。该模型的拟合指标见表 3-2。

表 3-2　模型拟合度指标分布表

Loglikelihood H0 值	Loglikelihood H1 值	信息标准			
		自由参数个数	AIC	BIC	调整 BIC
−529.615	−523.970	10	1079.230	1101.715	1070.216
模型拟合 χ^2 检验				基准模型拟合 χ^2 检验	
χ^2	自由度	P 值	量表修正因子	χ^2	自由度	P 值
11.309	5	0.0456	0.998	69.475	9	0.0000
RMSEA	CFI	TLI	SRMR			
0.134	0.896	0.812	0.089			

资料来源：本表数据为笔者借助软件 Mplus5.2 对问卷数据进行模型运算的结果。

在表 3-2 中，Loglikelihood H0 Value 是虚无假设 H0：$\Sigma = \Sigma(\theta)$，即

变量在总体中的真实但未知的协方差矩阵等于假设模型隐含的总体协方差矩阵成立条件下的对数似然函数值。

AIC（Akaike Information Criterion）指标是 Akaike 发展的一种基于信息理论的模型适配指标，适用于不同模型的适配优劣的比较。AIC 最小者，表示模型适配情形最好。AIC 的计算公式为：AIC＝－2logL＋2r，式中 L 为卡方值，r 为需估计的自由参数的个数。

由于 AIC 指标并没有考虑样本数的影响，因此当样本数越大时，AIC 的概率推导的渐进性缺乏，是 AIC 的一个缺点。BIC（Bayesian Information Criterion）是 Schwarz 基于贝叶斯先验概率理论提出，将样本数的影响纳入考虑范畴，当样本数达到数千人以上或是模型的参数数目较少时，可采取 BIC 指标，否则使用 AIC 指标是较佳的决策指标。BIC 计算公式：BIC＝－2logL＋2rln n。

调整 BIC（Sample-Size Adjusted BIC）是 Sclove 提出的另一调整样本系数的 BIC，将 n 用 n* 来代替，其中 n*＝（n＋2）/24）。调整 BIC＝－2logL＋2rln n*。

AIC、BIC 和调整 BIC 都属于相对拟合指标，适合用于模型间的比较，AIC、BIC 和调整 BIC 数值小表明拟合情况更好。

最小拟合函数卡方（χ^2），大部分研究报告中报告的是卡方（χ^2）与自由度（df）的比值，可以用来说明模型正确性的概率，是直接检验样本协方差矩阵和估计协方差矩阵之间的相似程度的统计量。一般情况下，若 $\chi^2/df < 1$，表示模型拟合良好；样本量大时，若 $2 < \chi^2/df < 5$ 则模型也可以接受。

均方根残差（RMR）取值在 0—1 之间，值越小越好，小于 0.05 拟合较好；增值拟合指数（TLI）大于 0.90 拟合好；比较拟合指数（CFI）大多介于 0 与 1 之间，越接近 1 表示模型拟合度越佳，越小表示模型拟合度越差，所以若该指标大于 0.90，则表明拟合很好好。

近似误差均方根（RMSEA）是用来评价模型拟合的程度，数值小于 0.05 则表明拟合好，0.08—0.10 则拟合一般，数值若大于 0.10 拟合不好。

近似误差均方根估计（RMSEA）和残差均方根（SRMR）是近似误差指数，两个指标越接近 0 表明拟合越好。一般情况下，SRMR 是直接对残差进行评价的指标，其取值范围在 0—1 之间，若数值大于 0.10 则表明模型是很弱的拟合，若数值在 0.08—0.10 间则表明模型是适当的拟合，数值在 0.05—0.08 之间则表明模型是可以接受的拟合，数值在 0.01—0.05 之间则表明模型是很接近的拟合，数值为 0 则表明模型是准确拟合。所以，我们常用模型拟合取值若小于 0.08 时，就可以表示模型拟合理想。

从表 3–2 可以看出：在该模型中：$\chi^2 = 11.309$，df＝5，卡方值与自由度比值为 2.2618，2＜2.2618＜5，表明模型拟合也可以接受，但是它也受样本量大小的影响，因此不能仅看这个指标。RMSEA＝0.134，虽然它大于 0.10，说明模型拟合不算好，但是，这与本次研究所涉及的样本量太小有关。TLI＝0.812，CFI＝0.896，这两个指标虽然并未大于 0.90，但是它们已经很接近 0.90 了。当值标准化残差均方根（Standardized root means square residual，SRMR）＝0.089，该值在 0.08—0.10 间，因此也可以表明模型是适当的拟合。综合各个评价指标看来，虽然有的指标拟合并不是很好，但由于这些指标与样本量大小有关，因此本研究认为该模型拟合还是可以接受的，即研究者所提出的城市居民慈善捐赠行为发生机制模型是叫以接受的。

虽然上述指标说明"城市居民慈善捐赠行为发生机制模型"的整体拟合度一般，但对其进行路径分析发现，各变量间标准化路径系数均不能忽视。为了检验路径系数是否显著，通常使用 P 值。p 值可以反映各变量之间的显著性水平，p 值以 0.05 为界：P＜0.05 则显著性水平可以接受（*），P＜0.01 则具有较好的显著性水平（**），P＜0.001 则具有极高的显著性水平（***）。在本次研究所构建的城市居民慈善捐赠行为发生机制模型中，有三条路径系数对应的 P 值都为 0.000＜0.001，即该路径系数具有极高的显著性水平；另有一条路径系数对应的 P 值为 0.012＜0.05，即该路径系数的显著性水平可以接受。总的说来，这个结构方程模型中标准化路径系数的显著性都还是不错的，见图 3–1。

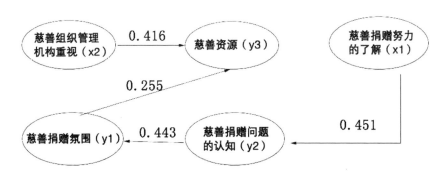

图 3–1 城市居民慈善捐赠行为发生机制模型

资料来源：本图为笔者运用 EDraw 对 Mplus5.2 运作结果所绘制的模型运算结果图。

图 3–1 是验证后的模型及标准化路径系数，其中数字表示路径系数，即一个变量到另一个变量的直接效应：数字越大，表明一个变量对另一个变量的影响越大。

接下来，为了研究捐赠行为发生机制模型中各个变量间的前后因果关系，进而揭示出捐赠行为发生过程中前一个行为状态对后一个行为状态的影响，研究者考察了模型中各个变量间的直接效应、间接效应和总效应。影响效应所展示的数字越大，说明前者对后者的影响越大，见表 3–3。

表 3–3 模型中各变量之间的直接效应、间接效应以及总效应（标准化后）

变量		慈善组织管理机构重视	慈善捐赠氛围	慈善捐赠问题认知	对慈善捐赠努力方面的了解
慈善资源	直接效应	0.416	0.255	—	—
	间接效应	—	—	0.113	0.051
	总效应	0.416	0.255	0.113	0.051

续表

变量		慈善组织管理机构重视	慈善捐赠氛围	慈善捐赠问题认知	对慈善捐赠努力方面的了解
慈善氛围	直接效应			0.443	—
	间接效应			—	0.200
	总效应			0.443	0.200
慈善捐赠问题认知	直接效应				0.451
	间接效应				—
	总效应				0.451

资料来源：本表数据为笔者根据图 3-1 中各变量间路径系数整理计算所得。

由图 3-1 和表 3-3 可知，居民"对慈善捐赠努力的了解"会对"慈善捐赠问题认知"产生正向影响，其影响的直接效应系数为 0.451①（P＝0.000）。这个影响效应直接验证了研究假设 1，即居民对慈善捐赠努力的了解越多，会正向影响他们对慈善捐赠问题的认知。

由图 3-1 可知，居民对"慈善捐赠问题的认知"这个变量会对"慈善氛围"存在正向影响，其影响的总效应为 0.443②（P＝0.000）。这个影响效应恰好验证了研究假设 2，即居民对慈善捐赠问题认知越多，会正向影响慈善捐赠氛围越好。

由图 3-1 可知，慈善捐赠氛围会对慈善资源筹集存在正向影响，其影响的总效应为 0.255（P＝0.012＜0.05），这个影响效应验证了研究假设 3，即广大城市居民周围的慈善氛围越好，会正向影响获取更多慈善资源来推动居民捐赠。

由图 3-1 可知，慈善组织管理机构对当地慈善捐赠的重视会正向影响获取慈善资源，其影响总效应为 0.416（P＝0.000），这个影响效应验

---

① 由于二者间只有直接影响效应，所以直接效应＝总效应，即总效应也是 0.451。在此处，笔者用总效应表示。

② 由于二者间只有间接影响效应，所以间接效应＝总效应，即总效应也是 0.443。在此处，笔者用总效应表示。

证了研究假设 4，即相关机构对慈善捐赠的关注程度越高会正向影响获取更多的慈善资源来推动居民捐赠。

由图 3-1 可知，居民"对慈善捐赠努力的了解"会对"对慈善捐赠氛围"产生正向影响，其影响的间接效应系数为 0.200，这个影响效应的存在恰好验证了研究假设 5，即广大居民对慈善捐赠努力的了解越多，会促使慈善捐赠氛围越来越浓厚。

同时，由于居民"对慈善捐赠努力的了解"会对"慈善资源"还存在间接影响效应，这种间接影响效应为 0.051，所以，这个影响效应的存在验证了研究假设 6，即广大居民对慈善捐赠努力的了解越多，会利于当地筹集更多慈善资源。

除此之外，当地居民"对慈善捐赠问题的认知"对"慈善资源"存在间接影响效应 0.113，所以，这验证了研究假设 7，即居民对慈善捐赠问题的认知会利于当地筹集更多慈善资源。

综上所述，本研究所提出的各个研究假设均得到了验证，见表 3-4。

表 3-4　居民慈善捐赠行为发生机制模型的假设检验结果

研究假设	验证方式	模型 5-1（总效应）	验证结果
假设 1：居民对慈善捐赠努力的了解会正向影响他们对慈善捐赠问题的认知。	>0	0.451	支持
假设 2：居民对慈善捐赠问题认知会正向影响慈善氛围。	>0	0.443	支持
假设 3：广大城市居民周围的慈善氛围会正向影响获取更多的慈善资源。	>0	0.255	支持
假设 4：慈善组织管理机构对慈善捐赠的重视程度会正向影响获取更多的慈善资源。	>0	0.461	支持
假设 5：广大居民对慈善捐赠努力的了解会正向影响慈善捐赠氛围。	>0	0.200	支持

续表

研究假设	验证方式	模型 5–1（总效应）	验证结果
假设 6：广大居民对慈善捐赠努力的了解正向影响获取更多慈善资源。	>0	0.051	支持
假设 7：居民对慈善捐赠问题的认知会正向影响当地筹集更多慈善资源。	>0	0.113	支持

由表 3–4 可见，在社区准备模型理论所包括五个变量中，第一个变量"居民对捐赠努力的了解"对第二个变量"慈善捐赠问题认知"存在正向影响效应，而第二个变量又对第三个变量"慈善氛围"存在正向影响，且第三个变量对第四个变量"慈善资源"存在正向影响，这种影响效应的存在恰恰说明捐赠行为发生过程中的前后步伐，每个环节紧密相扣。

第三节　小　结

人类活动范围离不开生物圈、技术圈和社会圈三部分。技术圈指的是生物圈空间内由人类建造的结构，如，农业系统、工业系统等；社会圈指的是由政治—经济—文化所组成的社会系统。人类在生物圈、技术圈和社会圈这三个系统中生存并与之相互作用。[1] 在这三个系统中，社会圈是我们日常生活和工作中的"主阵地"，也是居民慈善捐赠行为发生的主要场所之一。

正如上文所述，在城市居民慈善捐赠行为发生过程中，很多因素都会影响行为进展。因为广大居民对推动慈善捐赠所采取的努力有了更多了解，才会加深对慈善捐赠问题的认知，即捐赠行为从"了解行为"这个第一个阶段进行到"认知行为"第二个阶段；接下来，正是由于越

---

[1]　朱伯玉：《低碳发展立法研究》，人民出版社 2020 年版，第 74 页。

来越多的居民对慈善捐赠问题有了更多认知，所以，有越来越多的人愿意捐赠且当地慈善捐赠氛围会越来越好，即捐赠行为从"认知行为"环节的准备阶段进行到"行为发生"环节的准备阶段；然后，由于慈善氛围较好的情况下会有越来越多的人愿意做慈善，这就会推动更多的人拿出更多慈善资源来推动慈善发展，即捐赠行为从"发生行为"的准备阶段进行到更多资源推动"更多行为发生"阶段。同时，正因为当地与慈善活动有关的领导者付出更多慈善关注，他们会募集更多慈善资源来推动慈善发展，也就是说捐赠行为也会因为"慈善组织管理机构重视"环节发展到"更多行为发生"环节。一个行为的发展是一个逐步前进的过程，它可能会呈现事先思考、思考、准备、行动、维护等不同阶段。因此，借助社区准备模型理论，可以将居民个人捐赠行为发生过程中不同环节的准备状态呈现出来，而且应用社区准备模型可以探讨如何引导更多居民投入到捐赠中。

第四章 居民慈善捐赠行为发生的整体准备水平分析

2018年11月5日，中国慈善联合会在广州发布第五届中国城市公益慈善指数报告。该报告中的数据显示，2016—2017年间，我国城市社会捐赠稳步增长，社会组织数量持续增加，政府支持力度不断加大，我国慈善事业呈现出健康、快速发展的态势。其中，北京、广州、深圳、上海、苏州、南京、无锡、宁波、成都、长沙等城市的综合指数位居全国前列。但是，该报告也指出，当前各个区域慈善发展不够均衡，而且我国各地区慈善事业发展水平仍然存在较大差异。那么，这种地区差异性是表现为各个城市间慈善发展的差异还是省份间的差异？抑或是不同地域慈善发展水平的差异呢？当然，这种差异可以用定量化的数据来表示，但有的差异则更多凭借定性化的研究来呈现。因此，若使用这两种方法共同衡量一个地区的慈善发展水平，可能更能揭示当地实际状况。为此，本研究使用社区准备模型理论中的评分规则，衡量不同城市中居民慈善捐赠行为发生的整体准备水平高低，以及其是否存在差异。

第一节　十三个城市居民慈善捐赠行为
发生的整体准备水平分析

居民慈善捐赠行为发生中各环节的准备水平越高，则行为发生过程中各环节向前推进或者改变的可能性更高，因此，有必要探讨不同城市中居民慈善捐赠行为发生的整体准备水平。调研时，为了提高样本城市代表性，研究者既参照了现有中国城市公益慈善指数排名情况，也根据各城市现有社会发展综合情况，有针对性选择了 13 个城市展开调研，这些城市中居民慈善捐赠行为发生的整体准备水平评分见下表 4–1。

表 4–1　不同城市中居民慈善捐赠行为发生的整体准备水平评分

城市	"对慈善捐赠努力的了解"维度平均分	"慈善组织管理机构重视"维度平均分	"慈善捐赠氛围"维度平均分	"对捐赠问题的认知"维度平均分	"慈善资源"维度平均分	五个维度整体平均分
大连市	5.67	6.29	5.13	4.38	6	5.492
葫芦岛市	5	4.92	5.17	4.67	4.5	4.85
锦州市	4.92	4.1	4.83	4.08	4.08	4.466
辽阳市	5.4	5.7	5.2	5.4	4.8	5.3
沈阳市	4.9	4.8	4.5	4.55	4.85	4.7
滨州市	5.17	4.67	4.67	4.83	4.5	4.766
临沂市	5.42	5.42	4.67	4.33	4.75	4.916
威海市	5.17	5.25	4.42	4.92	4.25	4.8
烟台市	5.5	4.68	4.36	4.06	3.93	4.5
淄博市	5.63	5.13	4.63	3.88	3.5	4.55
淮安市	6.15	5.2	5	5.85	4.45	5.33
南京市	6.33	6.33	5.67	5.5	7.67	6.3
徐州市	6	4.6	5.9	4.6	5.1	5.24

从表 4–1 中，我们可以发现：对这 13 个城市中居民慈善捐赠行为

发生的整体准备水平进行评估时，各个城市的评分分数有较大差距，具体而言：

第一，对这 13 个城市中的居民捐赠行为准备水平进行评分时，各个城市的评分分数差距较大：评分分数最低的是锦州市，仅为 4.466 分，按照社区准备模型可将准备水平评定为"规划阶段"，这意味着当地居民慈善捐赠行为发生的整体准备水平处于"规划阶段"，即已有相当多的城市居民至少听说过当地关于促进慈善捐赠的努力措施，但是对一些具体细节了解甚少；在当地，广大普通居民和慈善工作负责人都认为"促进居民慈善捐赠是个需要优先解决的问题"，是一件值得考虑的事，并且他们为此做了一些工作、努力；对于促进慈善捐赠的原因、标志、结果、特征等，当地居民对它们的认识非常有限——有的居民可能懂得什么是慈善捐赠，有的居民可能懂得为何捐赠，但有关慈善捐赠其他方面的情况，大多数居民都表示"不清楚"；为了促进当地居民捐赠，当地有一些配套资源来推动开展工作，只是投入的资源相当有限。

第二，对这 13 个城市进行评估时，评分分数最高的是南京市，被评分为 6.3 分，按照社区准备模型可将其水平评定为"开始"，这意味着当地居民慈善捐赠行为准备水平整体处于"开始阶段"，即大多数城市居民对当地已采取的慈善捐赠努力措施至少有了基本的认识，如现有努力措施的具体名称、目的、目标受众等；慈善组织负责人和慈善组织管理机构在规划、开发和 / 或实施相关努力中起着关键作用，甚至他们在增加更多努力措施中也发挥着关键作用；当地广大居民对慈善捐赠的态度是"这是我们的责任，我们会注意相关问题来促进当地捐赠"；很多居民对慈善捐赠问题有了基本认知，如捐赠原因、结果、特征等，不再单纯处于"听说过慈善，其他就不太清楚了"这个阶段；为了促进更多居民捐赠，当地已经投入了一些资源用来开展慈善工作，以后会支持或者分配更多资源支持当地慈善捐赠发展。同时，当把南京市置于江苏省所辖的 13 个城市中进行对此时发现：南京市居民慈善捐赠行为发生的整体准备水平被评分数与徐州市评分相差 1 分多，即南京市比徐州市的慈善捐赠准备水平高出一个等级。在表 4–3 中，我们可以发现南京市在"对慈善捐赠努力的了解""慈善组织管理机构重视""对捐赠问题的认知""慈善资源"等四个维度的评分比徐州市在这些维度的评分都高，可以说，这是他们通过各种措施来推动南京市慈善发展的体现，这也是南京市建设"博爱之都"的成果之一和动力之一。

第二节　三个省份城市居民慈善捐赠行为发生的整体准备水平分析

在辽宁省内，大连市居民慈善捐赠行为发生的总体准备水平被评分数最高，为 5.492 分，处于社区准备模型评估中的"准备阶段"，而锦州市被评分数最低，仅为 4.466 分，处于社区准备模型评估中的"规划阶段"，两个城市的评分相差 1 分多，意味着大连市比锦州市高一个等级。具体而言，对五个维度的评分进行比较发现，大连市在"慈善组织管理机构重视"和"慈善资源"两个维度上的评分相对较高，例如在"慈善资源"这个维度，大连市六位受访者中的编号 1、编号 3、编号 4 和编号 6 等四位受访者对其评分在 7 分及以上，也就是说，大连在慈善捐赠资源方面至少可以被评定为"稳定阶段"以上，即已经分配了相当一部分资源，而且期望以后能获得持续的资源支持。同时，访谈过程中的一些个案更是说明了当地政府对慈善捐赠问题的重视与支持。例如，在采访大连市编号 4 受访者时，受访者提到相关部门和领导对慈善捐赠非常关注：

　　相关部门和领导关注程度越来越高，他们会参与到你的活动中来，比如说当我们需要募款的时候，（他们）会积极参与，我们领导（包括机关小楼里的领导）对我们的助学（主要是"一加一助学"）活动非常关注，而且每一个领导干部都会"认领"一个学生。这个事真不是强制要求，领导做到了，下面的人（下属）自然而然就会照着去做。时间长了之后，就把这件事作为自己的（事），我们组织每年都会这样做。咱们现在初七上班，初七上班的时候市民、我们机关干部都会在这一天集中捐款。（大连市编号4，于某）

不仅是在本调研中，更有数据表明政府部门对城市慈善事业发展有着至关重要的作用。2016 年，广州市提出创建"慈善之城"，并纳入市委、市政府工作部署；北京市提出创建"首善之都"，上海市打造"公益之城"，南京市建设"博爱之都"，成都市推出"尚善之都"等，全国范围内有十几个城市开始从市级层面全方位打造"慈善城市"，这些城市的各项指标均名列前茅，显示出政府部门在政策引导、资金扶持、组织培育、资源对接、氛围营造等方面的不懈努力和显著成效。①

在山东省内，临沂市居民慈善捐赠行为发生的整体准备水平被评分数最高，为 4.916 分，处于社区准备水平评估中的"规划阶段"，而烟台市居民慈善捐赠行为发生的整体准备水平被评分数最低，仅为 4.5 分，处于社区准备水平评估中的"规划阶段"，两个城市的评分相差很小，而且纵观整个山东省内这五个城市发现，评分不高，均在 4—5 分之间，且都被评为"规划阶段"。从积极角度看，我们可以说这是体现了山东省内各个城市的居民慈善捐赠比较均衡，但是从另一个角度看，我们可能会问——为什么有些公益指数星级城市并没有展现出较高的慈

---

① 文梅：《第五届中国城市公益慈善指数发布　2017 年 221 个城市捐赠总量增长 4.86%》，《公益时报》2018 年 11 月 13 日（http://www.gongyishibao.com/html/gongyizixun/15294.html）

善捐赠行为发生的整体准备水平呢？① 是本研究不够科学还是公益指数评选方法还需更进一步优化？为何两种测量结果不能更好地相契合？当然，在这种不断发展中，有的城市也展现出了强势发展劲头，例如，滨州市辖区内10个县区慈善总会、91个乡镇（街道）慈善分会、4103个村（居）慈善工作站全部成立，在30多个市直单位及规模以上企业设立慈善工作站，隶属于市、县两级慈善总会的工作站共计881个，将组织机构建设到群众身边，让慈善事业更接地气。② 这或许就是滨州市慈善发展的"秘诀"。

综上所述，在所调研的13个城市中，按照各个城市居民慈善捐赠行为发生的整体准备水平评分从高到低可以排列为：南京市、大连市、淮安市、辽阳市、徐州市、临沂市、葫芦岛市、威海市、滨州市、沈阳市、淄博市、烟台市、锦州市。这个排名序列和已经连续举行四届的中国城市公益慈善指数排名基本相符合③——在连续四届的中国城市公益慈善指数排名中，南京市连续三届被评为七星级城市，且南京市在第四届评比中位居全国第三位、第五届评比中是第六名，因此，南京市在上

---

① 例如，临沂市在第一届指数评比中分别被评为四星级城市，在第二三届中均被评选为七星级城市，而在第四届中更是处于全国第25名的好名次，故推测其在本研究中应该获得较高的评分，处于较靠前的位次。但事实并非如此。正如本研究中表4-3所展示，它的分数并不高，仅为4.916分。

② 《中国善城大会在广州召开 第五届中国城市公益慈善指数揭晓》2018-11-09（http：//www.charityalliance.org.cn/news/11868.jhtml）。

③ 沈阳市连续三届均为六星级城市，锦州市在第二届和第三届分别被评为六星级和五星级城市，葫芦岛市在第二和第三届评比中上榜成为五星级城市，只有辽阳市在评比中未上榜；临沂市在第一届公益慈善指数评比中被评为四星级城市，第二和第三届被评为七星级城市，第四届则是第25名，属于山东省内公益慈善指数排名较靠前的城市；烟台市在第二届公益慈善指数评比中被评为六星级城市，在第四届时获得第40名；滨州市在第二届平常中被评为六星级城市，第四届时则是第71名；威海市仅在第四届被评为第60名；淄博市在这四届评选中均未取得任何名次。南京市非常典型，它在第一至第三届公益慈善指数评比中均被评为七星级城市，且徐州市在第二届公益慈善指数评比中被评为五星级城市，在第四届也位列全国第16名，淮安市也曾在第二届公益慈善指数评比中被评为五星级城市，只是在第四届评比中位居第97名。

述 13 个城市中慈善发展水平是最高的，排名第一。当然，这一切与南京市广大居民、公益组织、政府部门的积极参与和大力支持离不开。据材料显示①，南京市通过企业"留本捐息"冠名基金、"个人慈善冠名基金"、慈善信托、互联网募捐、公益商店、手机 APP 等慈善募集渠道，建立了以企事业单位为支撑、社会各界广泛参与的慈善捐赠体系，并成立全额拨款事业单位——南京市慈善事业发展中心，受南京市民政局委托承担培育和认定慈善组织、制订慈善标准、监督慈善活动、违规行为查处、宣传慈善文化、发展慈善信托等工作。但是，纵观这 13 个城市的排名状况，只有南京市保持住了较高位次，沈阳市则掉落到了第十名的位次。不过，我们也能看到一些令人欣喜的现象，即淮安市和辽阳市两个城市的居民慈善捐赠发生的总体准备水平排名位次进步较快，尤其是辽阳市，它在连续四届的公益慈善指数评比中都未曾入榜，而在本研究所调研的 13 个城市中却位于第五名，超过了临沂市、沈阳市等城市。

当然，临沂市慈善发展一直处于进步过程中，在第一届指数评比中被评为四星级城市，在第二三届中均被评选为七星级城市，且在第四届中更是处于全国第 25 名的好名次。但是，在本研究结果中，临沂市并没有保住这个位次，仅处于第六名。不过，不管是调研所见，还是文献资料所示，临沂市近几年慈善发展表现出独有的路径特色——临沂市慈善总会在产业扶贫、健康扶贫、教育扶贫等领域精准发力，先后组织举办了"兰陵王杯"临沂慈善助学行动、"关爱老年人，欢庆十九大"大型慈善助老孝老活动、"三阳杯"临沂市慈善助学晚会、"慈善重阳·亮康助老"等多场大型慈善救助活动，积极探索慈善助老、助学、助医、助困、助孤、助残等六大救助体系。② 在山东省临沂市，很多民

---

① 《中国善城大会在广州召开　第五届中国城市公益慈善指数揭晓》2018-11-09（http：//www.charityalliance.org.cn/news/11868.jhtml）。

② 《中国善城大会在广州召开　第五届中国城市公益慈善指数揭晓》2018-11-09（http：//www.charityalliance.org.cn/news/11868.jhtml）。

众都提及当地非常认可的一种观念："我们临沂市在战时具有优良的革命传统，互帮互助的革命传统早已深深植入了人们心中。既然打仗时我们团结互助可以取得胜利，那么，在当今这个好社会中，我们民众怎么会忘了传统。只要大家心中有爱，什么困难过不去？"①

同时，慈善发展需要各种各样的资源储备，也需要各方积极努力投入相关资源，更需要政府相关部门大力支持。正如中国公益慈善指数报告中指出②：慈善发展得益于政府支持。在政府支持方面，2016 年和 2017 年，样本城市通过财政资金购买社会组织服务的总金额分别为126.50 亿元和 139.93 亿元，通过彩票公益金购买社会组织服务总金额分别为 25.41 亿元和 28.33 亿元，同比分别增长 10.62%、11.48%。同时，根据 221 个城市的数据统计③：截至 2017 年，有 112 个城市具备慈善信息公开的官方网站渠道，占样本城市总数的 50.68%，仍有半数城市需要进一步加强慈善信息的披露和宣传工作。此外，有 66 个城市专门制定了与慈善事业相关的法规政策，有 60 个城市的政府部门举办过慈善表彰活动，还有 57 个城市编制了慈善事业发展规划或相关研究报告。总的说来，政府部门都在持续加大对社会组织的资金支持力度，并通过政策、项目、场地、培训等多方面扶持，为社会组织发展创造良好环境，引导更多社会力量投入到公益慈善事业中，促进慈善事业健康持续发展。可以说，现在有不少城市越来越重视慈善事业，将慈善事业纳入政府顶层设计的城市越来越多，但还有部分城市尚未制定慈善事业发展政策和措施。④

---

① 笔者根据受访者回答整理所得。

② 《第五届中国城市公益慈善指数发布》，https：//baijiahao.baidu.com/s？id＝1616278887191860247&wfr＝spider&for＝pc。

③ 《第五届中国城市公益慈善指数发布 2017 年 221 个城市捐赠总量增长 4.86%》http：//www.gongyishibao.com/html/gongyizixun/15294.html。

④ 《第五届中国公益慈善指数报告》，http：//www.gongyishibao.com/html/gongyizixun/15294.html。

在调研中，研究者更是感受到江苏民众的慈善热情和慈善发展受到的巨大推动——既有政府部门巨大推力，也有当地政策助推慈善发展产生内在活力。一方面，在研究者于当地所调研的 16 个受访者（其中 15 个公益组织工作人员，1 个热心公益人士）中，2008 年之前成立的公益慈善组织有 9 家，其成立时间相对而言要早于另外两个省份中的公益慈善组织，而且 15 个公益慈善组织中有 13 个组织已经顺利注册①，而在另外两家组织中：一个组织是校级学生团体，另一个组织是不想注册的公益群体，后者主要是以"妈妈＋孩子"为主的卖报纸群体，缺乏组织管理。在另外两个省份中，虽然很多慈善组织已经成立运行多年，但其注册之路缓慢而艰难，由表 2-1 可知这些慈善组织的成立时间及注册情况。另一方面，江苏省内政府相关部门和慈善政策助推了慈善氛围，从根本上激发了慈善发展的内在活力。正如研究者采访受访者（即南京编号 1）所言：

> 在很大程度上，我们这个公益组织的发展初期和很多商业组织"下海"初期时一样，都是初级阶段，都是处于社会组织慢慢成长的阶段。这个阶段属于政府政策支持和社会组织培育阶段。目前，从南京的情况来看，大部分还是属于政府购买（项目服务）以获取资金为主。前期资金主要是政府投入一部分，相当于公益招投标，也就是说，政府要扶持一些公益社会组织。比如，目前我们承接的政府项目比较多，一年可能会承接 8 个到 10 个项目，每个项目的金额在 10 万元到 15 万元之间。每个组织都缺钱，不

---

① 在江苏省所采访的公益组织有 15 个（共采访 16 个样本，但有一个为居民个体，应排除在公益组织数量中），有 2 个组织未注册，13 组织已经注册，注册率为 86.66%；在山东省所采访的公益组织有 27 个（实际采访 29 个样本，有两个为居民个体，应排除在公益组织数量中），有 8 个组织未注册，有 19 个组织已经注册，注册率为 65.5%；在辽宁省所采访的公益组织有 25 个，有 8 个组织未注册，17 个组织已经注册，注册率为 68%。

过，就目前运作的项目来说，（我们的项目）其实不缺钱，因为我们运作的项目是有资金支持的。我是专职人员，工资是从这个项目里面"走"（即支出）的。按照政府的相关规定，公益组织在这个过程中人力经费支出可以提取管理费。在这个过程中，招投标的项目在提取管理费时，比例还要受到限制，就是百分之十。目前，在南京做公益项目有一个很大共识，即专职人员的工资也可以发绩效，这种绩效和其所做的项目有关系。（南京市编号1，2018.3.30）

可见，由于政府在公益组织发展中以公益招投标形式进行资金扶持，公益组织领域灵活采用绩效工资制来管理专职人员，使其福利待遇可保障、工作稳定，且公益人员专业化强，慈善项目管理理念先进，这一切都有利于慈善捐赠项目开展，极大地促使更多人参与到慈善捐赠中。

事实上，研究者在进行"慈善资源"这部分内容的访谈过程中，很多受访者在话语间表达出对慈善资源的"渴望"——不管是公益慈善指数评比中的七星级城市，还是慈善发展仍处于低水平层次的城市，都在渴望越来越多的居民、慈善组织、政府相关部门投入更多的人、财、物等资源，慈善发展离不开广大居民和相关领导者的关注，更离不开慈善资源的切实投入。

其实，在从北到南的调研行程中，研究者发现各地慈善氛围也在不断变化，变得越来越浓厚，"慈善之风"越吹越暖，越吹越大——随着被调研城市往南推移，我们所能感受到的居民慈善捐赠热情越来越高，当地政府部门及慈善圈相关领导对慈善捐赠的重视程度越来越高，所采取的捐赠措施越来越多，与居民捐赠活动相配套的资源越来越丰富。或许正是由于广大居民热情参与，当地领导者高度重视与支持，以及公益慈善组织积极努力，才为公益慈善打造出有利的发展氛围，从而进一步推动了当地居民参与慈善捐赠，进而形成了一个良性循环。在辽宁省调研时，大连市的做法令人印象深刻——不论是在公交站点，还是在一些公共宣传栏，随处可见慈善方面的各种公益宣传。不管你是否愿意看到它们，它们就是"随时随地跳入你的眼帘"。同时，与慈善领域相关的各级领导对慈善的关注与支持也较大，正如研究者采访一位慈善组织负责人所说：

> 咱们现在大部分单位都是初七上班，上班的时候市民包括我们机关干部都会在这一天集中捐款。普通市民就是觉得要赶一个好日子。其实，大连这个城市的人是挺有爱的，这个城市中做慈善的人特别多，整个城市有慈善氛围。比如元旦、大年初一啊，就是在这种特殊日子里，很多人愿意捐。（大连编号6，2017.10.7）

可以说，大连这种浓浓的慈善氛围在整个辽宁省内都是一股暖人的"清流"，其开展慈善捐赠活动的方法值得很多城市学习。毕竟，我们中国是一个重视节日的国度，而且节日里传递这种爱心祝福会让我们的爱流淌更远，在我们自己快乐的同时也会传递更多快乐。

第五章 促进城市居民慈善捐赠行为发生的策略

第一节 城市居民慈善捐赠行为发生机制模型的应用

如前文所述，本研究提出了"城市居民慈善捐赠行为发生机制模型"，一方面，它不但验证了关于慈善捐赠行为的各个研究假设，而且揭示出捐赠行为发生过程中的不同准备阶段；另一方面，通过引入社区准备模型理论来分析居民捐赠行为发生机制，不但验证了该理论适用性与科学性，还尝试对该理论进行扩展研究。可以说，本研究具有一定的创新性。因此，针对捐赠行为发生各个环节存在的问题，提出促进慈善捐赠策略是必要的。

在本研究中，研究者对不同城市的居民慈善捐赠行为发生过程中不同环节的准备水平进行了评分排序（见表5-1），根据此表可以看到：每个城市中的居民慈善捐赠行为发生过程中各环节的准备状态高低不同，有的维度的评分较高，有的维度的评分则较低，而且即使在同一维度下，不同城市中居民捐赠行为准备状态也有差别，这为我们进一步探讨推动居民慈善捐赠行为策略提供了前提和动力。

表 5-1 不同城市中居民慈善捐赠行为发生过程中各环节的准备水平评分排序

城市	"对捐赠努力的了解"维度平均分	"领导者关注"维度平均分	"社区慈善氛围"维度平均分	"对问题认知"维度平均分	"慈善资源"维度平均分	五个维度总体平均分	名次
大连市	5.67	6.29	5.13	4.38	6	5.492	2
葫芦岛市	5	4.92	5.17	4.67	4.5	4.85	7
锦州市	4.92	4.1	4.83	4.08	4.08	4.466	11
辽阳市	5.4	5.7	5.2	5.4	4.8	5.3	4
沈阳市	4.9	4.8	4.5	4.55	4.85	4.7	10
滨州市	5.17	4.67	4.67	4.83	4.5	4.766	9
临沂市	5.42	5.42	4.67	4.33	4.75	4.916	6
威海市	5.17	5.25	4.42	4.92	4.25	4.8	8
烟台市	5.5	4.68	4.36	4.06	3.93	4.5	13
淄博市	5.63	5.13	4.63	3.88	3.5	4.55	12
淮安市	6.15	5.2	5	5.85	4.45	5.33	3
南京市	6.33	6.33	5.67	5.5	7.67	6.3	1
徐州市	6	4.6	5.9	4.6	5.1	5.24	5

虽然党的十九大报告、十九届四中全会公报以及《中华人民共和国慈善法》等均为慈善事业发展带来了全要素、全方位的历史机遇，但是，当前居民慈善捐赠在发展中也遇到了一些困境，如何推动个体慈善捐赠发展仍是一个亟须解决的问题，这些突出问题表现在：

一是有一些人对慈善捐赠认知不足，很多民众对慈善捐赠概念认知含糊，理解片面化。关于慈善，有的居民并不了解其内涵，甚至不少居民对慈善存在深深的误解，因此，需要打破其固有误解。如，有人坦言"当前有的人已经不知道什么是善什么是恶"，还有的人认为"做慈善就是在作秀，搞募捐就是在骗钱，做慈善就是在骗钱"。但是，他们对"志愿者、公益活动、献爱心"等词汇并不陌生，还有人认为"我拿东西出去捐"也是慈善。更准确地说，民众对慈善捐赠不但处于概念模糊化的困境，认为慈善就是做好事、捐钱捐物、送物资，甚至根本"没在意"。即使有的人关注它了，他们大多只是把公益和慈善看作是等同概念。事实上，慈善不仅是献爱心，慈善和公益并不等同。

二是有人认为慈善捐赠是为了"功利性炒作"。有人认为，"某些人捐赠是为了炒作自己，是为了谋自身利益"，甚至有的居民问"你是不是打着助学的旗号来做自己的事情"。这样的"声音"使得有些捐赠者低调从善，既不愿意宣传自己，也尽量避免被宣传，甚至拒绝"被宣传"，这在一定程度上弱化了慈善的"带动效应"。

三是有些慈善捐赠项目仅被慈善组织内部成员了解，广大百姓对其了解甚少。由于某种原因，很多城市中广大居民对慈善捐赠项目、捐赠活动乃至慈善组织的了解程度很低，有的居民"不能说出当地慈善组织或慈善项目名字"。因此，举行慈善捐赠项目募捐时，公布捐赠项目信息是必要的，这样可以便于在最大层面上争取百姓参与捐赠，而不是仅限于"可能少数人知道"。

四是有的城市中慈善捐赠受到关注度不高，尤其是慈善部门相关领导对居民慈善捐赠问题的关注度还需增强。在慈善发展过程中，有的城市中的相关慈善部门领导对慈善捐赠的关注度主要处于"规划阶段"水平，相比而言是属于较低水平的准备状态，有的受访者干脆给领导者关注作出低于 5 分（此处该题目的总分值为 10 分）的评价，但不可忽视的是，当地慈善部门相关领导也作出了一些努力。同时，当地慈善部门相关领导对慈善的关注与参与，多以个人身份参与慈善捐赠项目为主。

五是有的城市中慈善捐赠氛围较淡，亟须通过多种措施增强捐赠氛围。当前不少人并不认可现有的慈善捐赠大环境，甚至认为有些捐赠氛围已经成为阻碍某些潜在捐赠者参加慈善捐赠的障碍。例如，有的城市中募捐效果并不好，因为有的人"怕被骗了"，尤其是当有"善款发霉"事件被报道出来时，有的民众就不会再捐了。

六是大多数城市中的慈善资源缺乏，影响慈善项目与慈善捐赠活动开展。在本次调研中，很多公众都表达了当地慈善资源缺乏的状况，他们都希望能尽量丰富或者增加慈善资源，如为他们的慈善捐赠活动或者慈善项目开展提供场地、办公室，为慈善组织举办活动和发展提供专家咨询，为慈善组织培训专业化人才等。在有的城市中，有的慈善组织还提出其注册中遇到的困难较多，指出慈善政策贯彻执行力度不够。

可以说，居民捐赠行为发生过程中遇到了各种问题，而且广大居民在捐赠行为发生过程中的五个环节（居民对慈善捐赠努力的了解阶段、居民对慈善捐赠问题的认知、慈善氛围、慈善资源、领导者关注等五个环节）的评分并不高，大多位于 4 分、5 分（见表 5-1），因此，可以从社区准备模型理论所包含的五个维度入手，努力提高居民慈善捐赠行为发生过程中各环节的准备水平，从而加快捐赠行为发生频率。

第一，让居民了解慈善捐赠工作和促进慈善捐赠努力，进而拉近广大居民与慈善捐赠间的距离，提高他们对慈善捐赠的认知：一是我们要向广大居民推行通俗易懂且简单易行的慈善项目，如，继续推广受公众欢迎的助学类捐赠项目，将助学项目更加细化，让公众在捐赠项目选择上更有自主权，并在此基础上选取适合不同公益组织发展的宣传方式；二是借助多层次网络体系发布慈善捐赠信息，提高广大居民对现有慈善捐赠活动的了解程度；三是小型公益组织可以主打特色项目，让民众捐赠有突出、有重点，而实力较强的慈善组织可以在特色化项目基础上开展多种综合项目；四是充分利用"慈善日""慈善月"推动广大居民参与慈善活动，宣传慈善相关知识；五是借助地方媒体"黄金时段"开展宣传，扩大慈善捐赠项目影响力。

第二，在慈善捐赠认知方面，要破解慈善捐赠认知障碍，加深居民捐赠认知，拓宽慈善捐赠认知范畴。比如，针对广大居民慈善捐赠认知状况，辽阳市以"慈善三字经"为纽带，向广大民众推广"其实慈善和我们很近"的捐赠理念。有的慈善组织募捐时，秉持少说学术语言、多说生活语言，如"您来帮帮这个人吧，他……"之类的话语。正是借助这些通俗而简单的话语，拉近了广大居民与慈善捐赠间的距离。或许此时，他们会觉得：原来慈善并不是只有富人才能做。

第三，多途径营造浓厚的慈善捐赠氛围。作为增加个人和组织社会资本的方式之一[①]，一方面，可以借助"慈善月""特殊节日"，形成较好的慈善捐赠氛围，并且可以利用六·一儿童节等重要节日开展助学活动，借此提高居民捐资助学热情；另一方面，利用会员日拉近慈善捐赠与每个会员间的距离，利用"蝴蝶效应"来实现"一传十"，带动周围更多人参加慈善捐赠，最终营造"人人可行善，人人有善行"的捐赠氛围。

第四，增强慈善组织管理机构对慈善捐赠关注与支持，让民众感受到相关领导对慈善捐赠重视。当前，不少与慈善相关的部门对慈善捐赠都有一定关注，尤其是民政部门工作人员。有时，这些领导会参与到具体的慈善项目执行中；有时，他们还会以自己的切实行动来带动周围更多人参加慈善捐赠。可以说，政府支持是方方面面的：有的是资金支持，有的是物质支持，有的是政策支持（如政府给予它们帮助以推动社会组织发展，比方说社会组织等级评估），有的是宣传方面的媒介支持，比如市委宣传部（因为市委宣传部层面有很多电视台、广播台、报纸等等）。当然，鉴于有的城市中单个地方性媒体对慈善捐赠的报道力度不够，政府可以出面协调使其"抱团"。同时，若当地有孵化园类的组织中心，可以加大孵化园对各个公益组织的扶持力度，充分发挥其在慈善捐赠项目中资源募集和项目指导中的作用。同时，要发挥各层次慈善工作领导对慈善项目的号召力和动员力，发挥领导自身魅力和领导力在慈善工作中的推动作用，增强领导在慈善项目中的参与度。

---

① 牛喜霞：《当前农村社会资本的现状、结构及影响因素》，山东人民出版社 2021 年版，第 126—135 页。

第五，多渠道丰富慈善发展资源，助推居民捐赠发展。首先，政府相关部门应积极协助慈善捐赠项目开展，助推公益组织合法注册，打造公众捐赠的合法化平台。其次，慈善部门相关领导应从"仅出席场面性活动"转到"切身参与慈善捐赠项目活动开展"，如为慈善捐赠项目提建议、做策划、争取各界支持等。再者，政府相关部门应切实执行中央和地方所颁布的慈善捐赠相关法律法规与政策文件，为个人参与慈善捐赠活动营造积极的"大环境"。否则，政策不但成了"花哨摆设"，还可能成为影响居民参与慈善捐赠的障碍。同时，慈善部门相关领导为居民慈善捐赠颁发荣誉证书，对居民捐赠实行认可与奖励支持，推动更多人参与慈善捐赠。最后，可以借助多元化善款募捐方式来推行可供广大民众选择的捐赠渠道，比如，继续推行"一日捐""一元捐""万元捐""亿元捐"等。

第六，借助网络平台开展网络慈善项目，吸引广大居民充分利用网络便利参加捐赠活动，发展多元化网络慈善活动。随着网络发展，其便利性和普及性被更多慈善组织和个人认可，尤其是更多年轻人参与到网络捐赠中。网络捐赠成为一种便捷的捐赠渠道，居民参与网络捐赠活动不仅局限于捐钱，还可以采取运动等其他多种形式，可以说，不管是在网上关注某个求助者，还是想表达自己的爱心，动动手指就可以轻而易举地实现。在南京市调研时，不管是普通民众还是公益组织负责人，都对这一新型捐赠方式表达出浓厚的兴趣。

第七，不断完善慈善捐赠政策，利用慈善法律法规政策为居民慈善捐赠发展"保驾护航"，助推我国慈善事业发展。不管是组织捐赠还是个人捐赠，其发展都离不开慈善相关政策和法律法规推动，如《中华人民共和国慈善法》《公益事业捐赠法》《财政部、国家税务总局关于公益慈善事业捐赠个人所得税政策的公告》《关于公益性捐赠税前扣除有关事项的公告》《中华人民共和国红十字会法》《中华人民共和国个人所得税法》等。《中华人民共和国慈善法》实施五年来，对我国慈善事业的发展起到了直接的推动作用。一方面，公众的慈善意识和参与慈善的积极性明显提升，而且慈善事业已经从过去少数人的利他行为走向大众化、平民化，从而为我国慈善事业的持续健康发展奠定了良好的民众基础；另一方面，可以增强慈善组织的法治意识，推动慈善组织在内部治理、依法运行、信息公开等方面日益走向规范化。因此，要创造有利于慈善事业发展的政策与社会环境，修订和充实慈善法规，制定相关慈善法规，进一步明确政府和各个慈善组织间关系，增强慈善组织自身实力，真正营造能有助于释放民众爱心和公益慈善组织活力的社会政策与环境氛围。同时，加大对慈善事业的支持力度，将慈善事业与法制社会保障制度有机结合，让强制性共享机制与自愿性共享机制相得益彰。

第二节　促进各个城市中居民慈善捐赠的针对性策略

根据前文研究结果可知，本研究所调研的 13 个城市中居民慈善捐赠行为存在差异，各地慈善捐赠氛围不同，慈善发展水平也存在较大差异，因此，应该针对当前各个城市中居民慈善捐赠存在的不同问题，采取差异化措施，因地制宜推动当地慈善发展。

一、沈阳市促进居民慈善捐赠建议

在本研究中，沈阳市居民慈善捐赠行为发生过程中各个环节的总体准备水平为"规划阶段"（研究中对其评分为 4.7 分），而且广大居民在捐赠行为发生过程中的五个环节（居民对慈善捐赠努力的了解、居民对慈善捐赠问题的认知、慈善氛围、慈善资源、领导者关注等五个环节）的评分都低于 5 分（详见表 5-1），因此，需要采取具体措施来大力提高该市居民慈善捐赠行为发生中各环节的准备水平，从而提高捐赠行为发生频率。

1. 推广受欢迎的助学捐赠项目，选取适合不同公益组织发展的宣

传方式

在沈阳市，有的慈善公益组织已经努力采取很多措施来推动居民参与慈善捐赠，它们开展的捐赠项目主要集中于市儿童福利院、敬老院、环保类公益组织等组织内，具体包括助学、助医、助困、助老等，其中各种助学项目是广大民众最愿意参与的捐赠项目。在研究者所选取的五个沈阳市受访者中，他们都提到其所在公益组织开展过助学项目，只是由于各个组织自身经济实力强弱和慈善募捐专职工作人员多少等存在差距，不同公益组织面向广大居民募捐到的助学善款数量有所不同，例如，沈阳市万达广场曾搞过一个名为"童心童德"的公益活动，该活动设定的主题就是救助贫困地区的儿童——捐赠者捐钱数目不限，可以捐5块钱，也可以捐1块钱，还可以捐100元，这些钱主要用来给孩子们买字典或者爱心午餐等。

既然有不少慈善项目受到广大百姓欢迎，是否应该进一步扩大这些项目带来的积极影响效应，在更大范围内宣传动员广大民众参与捐赠呢？关于宣传问题，当前一部分慈善组织及公众不愿意开展慈善宣传，而且尽力规避宣传。

我们开展的活动，他（老百姓）想了解的时候，随时都可以了解到，因为我们有网站，在网上搜一搜就找到我们了，但是我（们）不去推广，现在我们不愿意宣传。除非是你（志愿者或者爱心人士）自己想去做了，想去看看（福利院）孩了，或者想去帮一帮孩子。我们不会说"你来吧，跟我们一起参加活动吧"。我们又不盈利，每年还常常"搭钱"。我最反感的事情是有人到福利院以后只顾着拍照片、发朋友圈。我最反感这种炫耀的义工，因为我觉得一个人真想做一件事的时候，踏实地做就行，（我）想做的事情不求任何回报。所以，我规定他们不能给孩子拍照，因为孩子也有他（自己）的警觉和自尊——即使他是孤儿，他也是一个生命，我们要平等对待，尊重生命的形式（来看孩子）。现在，我们开展福利院捐赠活动就是靠着大家口口相传。还有，我们可以通过朋友圈转发，因为现在网络的影响力还是比较大的，通过公众号发布，加上大家转发，转发之后就有人去看孩子，奉献一下爱心。（沈阳市编号5，2017.10.16）

当然，还有不少公益慈善组织倡导慈善要积极宣传，提出不少慈善宣传策略，宣传慈善捐赠活动。

我们自己有网站，现在主要是通过县区渠道和社区，社区是老百姓经常关注的地方。社区有低保干事，他在做低保工作的同时就可以将我们慈善工作宣传出去了，比如，他说："张大爷，慈善总会现在有个活动，你去看一看，问一问啊。"然后他就给对方留个电话。我认为，光靠电视广播来宣传的话，它会一闪而过，效果不好。同时，有的民众对部分渠道可能存在怀疑。所以，我认为必须通过民政局从上而下的网络渠道（进行宣传）。

至于是否还有其他宣传手段，受访者说道：

现在我们搞活动时，愿意与媒体合作，最近这几期活动我们都是和比较有名气的沈阳交通台FM98.6合作。因为这是流动的宣传站，大部分人一上（出租）车就会打开广播。与此同时，如果车里还乘坐了其他人，那他们也会知道此事。现在有多少人天天（有时间）看电视、报纸？还有一个（手段）就是手机这个媒体，这个也（是）挺好的（宣传渠道），因为现在大家都有自己不同的（微信或者QQ）群。我觉得这两个媒介其实比电视效用大。（沈阳编号2，2017.10.13）

2. 破解慈善捐赠认知障碍，加深居民捐赠认知

在慈善捐赠问题的认知方面，沈阳市大部分居民对其认知仅处于社区准备模型理论评分中的"规划阶段"，需要大力推动广大居民对慈善的认知，提升他们的认知水平。因此，破解"什么是慈善？什么是慈善捐赠？"是首要问题。

当前，虽然大多数民众并不知道慈善的深刻内涵，但是，他们对"志愿者、公益活动、献爱心"等词汇并不陌生，因为在他们看来，这些都属于"献爱心"。如果在街访时询问："您知道什么是慈善吗？"他们可能会回答："知道啊，献爱心呗。"事实上，慈善不仅是献爱心，慈善不等于献爱心。同时，还有一些百姓对慈善捐赠认识较少，他们可能会回答"慈善就是红十字会、慈善总会干的那些事呗"，至于公益慈善组织具体会搞什么活动、怎么去捐赠、捐赠给谁，他们不一定了解。

在捐赠过程中，许多捐赠者不再像以前那样仅把钱捐出去，他们会仔细询问："你们为什么搞这次活动？"同时，他们也会咨询"如果我捐赠了，如何知道这笔钱去哪了？"可见，他们对慈善捐赠的关注度更高，而且了解度更深了。随着社会发展，电视、广播、网络等普及率已经非常高，且电视新闻有时会宣传这方面的知识。

3. 增强慈善信任，着力打造熟人慈善氛围

慈善氛围好坏有时会取决于当地居民对公益慈善组织及捐赠活动的信任程度。在沈阳乃至整个中国，慈善发展过程中的信任问题越来越多暴露出来，民众对其关注度越来越高。以前，民众捐赠时可能并不会询问捐赠前后的流程、环节，但是，当"善款发霉"的报道出来时，有的民众在"捐不捐"时出现了犹豫，甚至有的人不会再捐了。当研究者调研时，会听到类似的"声音"：

在一些事件发生后，我再也不给它们捐钱了，我给它们捐了钱，到最后善款都被浪费了。如果民众（现在）仍信任的话，那

捐赠就无坚不摧了。（沈阳编号 5，2017.10.16）

通常情况下，民众是否捐赠还会受其对组织发起者信任程度的影响：

> 对于那种"为身边熟悉的人捐赠"的慈善项目，项目开展得还可以。也就是说，在不少慈善项目中，民众之所以参加我们发起的或者别人发起的慈善捐赠项目，很大可能是（他们）感觉和我（们）近一点、熟悉一点、可信度高一点，于是，便更愿意参与。（慈善捐赠）这个东西就是一传十、十传百。有爱心的人都很积极。（沈阳编号 4，2017.10.13）

可以说，正是由于口口相传或者身边熟人动员，快速拉近了民众与慈善捐赠间的距离，使慈善除去了"仅是富人参与"的外衣，而且这也符合我们日常生活离不开"熟人文化"的状况。

那么，沈阳市广大民众对该地慈善氛围感觉如何呢？

> 我觉得普通老百姓对公益慈善组织和慈善捐赠之类的了解不是很多。即使他们了解了一些，估计也还是靠身边的人，因为身边的人可能会在聊天时聊起捐赠方面的事。沈阳市的总体慈善氛围不浓，大多数（情况）都是通过朋友圈、轻松筹。我们先对慈善活动有关注，然后才可能会参与其中。有的公益组织发起慈善活动，但是它们宣传不够。它们对这个东西不是很关注，也不是很重视，再加上宣传也不到……（沈阳编号 4，2017.10.13）

因此，需要大力培育沈阳市的慈善氛围，打破该市当前仅处于"规划阶段"准备水平的状况。一方面，要加大对慈善募捐项目的筛查与监督力度，让百姓接触一个干干净净的募捐平台，进一步提升居民对慈善组织和慈善活动的信任度；另一方面，做好慈善捐赠宣传，让公众明明白白捐赠，让募捐者清清白白募捐。

4.增强慈善组织管理机构的重视程度，深化领导参与度

在沈阳市慈善发展过程中，慈善组织管理机构对居民捐赠的重视程度主要处于"规划阶段"水平，属于较低水平的准备状态，例如，有的受访者给该维度作出评价低于 5 分（此处该题目的总分值为 10 分）。但是，不得不说，当地慈善部门相关领导也作出了一些努力。

> 现在（辽宁省）团省委有个孵化基地，下一步把办公楼也搬到这边来，志工部的部长还有部员都搬到这边来了，就是想把孵化园办好，真正把这些组织"扶上马，送一程"。（志工部）他们会对接一些部门，看看有哪些好资源，然后就把项目对接给双方（公益组织和政府相关部门），如共青团有关爱农民工子女的项目，如果某个公益组织也有这类项目，那就给双方"牵线"。其实，我们现在组织项目的时候，领导有时会以普通志愿者的身份来我们协会参与活动。（沈阳编号 1，2017.10.13）

其实，纵观大多数公益组织发展历程，它们从注册到开展一系列活动，都需要各级领导关注，而且从中央到地方，从二中、三中、四中、五中、六中全会，每年的报告里都有关于公益发展方面的内容，而且我国越来越重视公益。只是有时可能受限于地方经济和社会发展等情况，公益组织发展水平呈现出多层次化发展状态。所以，随着地方经济发展，政策会逐步完善，公益慈善组织会走向更合理、更科学的发展道路。

当前，沈阳市也筹建了公益组织孵化园，当地慈善相关领导多以个人身份参与慈善捐赠项目，其对慈善的关注与参与水平还需继续加

强。因此，必须加大孵化园对各个公益组织的扶持力度，充分发挥其在慈善捐赠项目中资源募集和项目指导中的作用。同时，要发挥各层级领导对慈善项目的号召力和动员力，发挥领导自身魅力和领导力在慈善工作中的推动力，增强领导在慈善项目中的参与度。

5. 广泛吸引社会各界资源进入慈善领域，做强做大慈善发展的基础

为了推动社会各界广泛加入到慈善事业发展中，我国从 2016 年开始设立"中华慈善日"，且每个慈善日都会设立不同主题来开展慈善活动，如第六个慈善日的主题为"汇聚慈善力量助力乡村振兴"。在该慈善日中，为了营造向上向善的慈善氛围，辽宁省民政厅和沈阳市民政局在沈阳市浑南区桃源社区组织启动"慈善大集"。在此次活动中，38 家慈善组织不但精心设计了展台和展架，而且印刷了组织介绍、慈善项目介绍宣传单，准备了一些公益小礼品。在此次慈善大集中，公益组织为社区居民提供了多样化公益慈善服务，如农产品展卖、义诊、心理咨询、法律咨询、环保宣传、安全知识宣传、禁毒知识宣传、婚俗改革、普法宣传等，并且向民众宣传了众多慈善募捐项目，积极引导公众了解、参与慈善活动。在活动现场，众多居民积极参与，在体验公益、参与公益的氛围中更好地了解了慈善，拉近了他们与慈善间的距离。在本次调研中，研究者感受到沈阳市慈善事业不断发展的步伐，也看到各种措施在推动沈阳市慈善事业发展中的作用。

在新的形势下，大力发展慈善事业对于凝聚社会力量、促进社会和谐发展具有十分重要的意义。因此，各类公益组织更有责任推动沈阳市慈善事业发展，持续打造具有沈阳特色、具有社会影响力的优质慈善项目，持续加大慈善宣传力度，大力传播慈善文化理念，树立正面慈善典型，不断凝聚慈善事业发展的正能量。这就需要慈善组织和社会各界群体一起努力，在最大社会层面上动员民众，让他们都能了解慈善、关心慈善、参与慈善，充分利用慈善资源，推动慈善发展成果更多、更公

平地惠及全体人民，助推共同富裕目标实现。

6. 推动各类公益慈善组织健康持续发展，打通居民参与慈善活动的阵地

开展慈善活动和发展慈善事业都需要公益慈善组织这个重要载体，所以，亟须根据各个公益组织情况来推动其健康持续发展。2017 年 6 月 28 日，沈阳市发布"33 条新政"来促进社会组织健康发展，即中共沈阳市委办公厅、沈阳市人民政府办公厅正式出台的《关于促进社会组织健康有序发展的实施意见》。该《意见》明确指出，重点培育、优先发展行业协会商会类、科技类、公益慈善类、城乡社区服务类社会组织，明确对这四类社会组织稳妥推进直接登记，突出了对社会组织的扶持发展。在沈阳市调研时，研究者能感受到相关部门对发展慈善组织的重视，也看到了社会各界对发展慈善组织的迫切。那么，如何推动各类公益慈善组织发展呢？或许北京市的做法可以为其提供借鉴。

除了借助必要的法律法规政策来保驾护航，北京市每年举办"慈善北京周""公益慈善汇展"等全市性大型慈善主题宣传活动，集中展示全市社会公益和慈善事业发展成果，每年有数百家慈善组织参与，十几万公众参观。在这些活动中，"慈善北京"成果（图片）巡展品牌效应显著，它主要是通过展板讲解、组织慈善楷模讲述慈善故事、慈善文化表演等多种方式进行，以期尽力推动慈善文化进校园、进社区、进企业。同时，推行慈善周期间，会每年推出一批慈善宣传图例、视频，充分利用报纸杂志等传统媒体，借助公交站牌、社区宣传栏等传播载体，开拓"三微一端"等网络新媒体，通过这些渠道展开广泛宣传，普及慈善法规政策，弘扬慈善文化，宣传先进典型，打造"慈善北京"品牌。同时，还组织了京津冀慈善展示会、发展论坛等活动，推动不同区域协同发展。

7. 形成慈善发展共识，共同培育慈善事业发展的"沃土"

当前，沈阳市慈善事业发展面临着不少困境，但是，随着贯彻新

发展格局和发展理念，各类慈善组织应该在慈善募捐、慈善宣传、慈善活动等各方面下大力气，使慈善事业发展的沃土更深厚。因此，一方面，要突破慈善募捐和慈善项目"各成一家"的思维局限，改变募捐能力弱和组织能力弱的困局；另一方面，积极探索和开拓网络募捐渠道，向拍卖、义卖等多元化线上募捐方式转变。同时，创新慈善宣传方式，通过网络宣传矩阵积极联合各种模式、渠道来共同打造慈善宣传重镇，拓展网络渠道。

慈善项目开展和慈善服务提供都需要团队来运作，因此，鉴于当前有的公益组织发展比较成熟，可以借鉴其发展模式和发展路径，不断推进更多民间慈善组织加入到当前大力发展慈善事业的大局中，以充分发挥慈善事业在第三次分配中的重要作用。

二、大连市促进居民慈善捐赠建议

在本研究中，大连市居民慈善捐赠行为发生过程中各个环节总体准备状态为"准备阶段"（研究中对其评分为 5.49 分），而且广大居民在捐赠行为发生过程中五个环节（居民对慈善捐赠努力的了解、慈善氛围、慈善资源、领导者关注等）的评分都高于 5 分，有的维度甚至高于 6 分（见表 5-1），此评分与本调研中其他城市评分相比属于得分较高者，这说明大连市广大居民对慈善捐赠认可度较高，也说明了他们的慈善热情较高，还说明了当地慈善工作相关领导对慈善发展的重视与支持。在调研中，研究者既发现了促进居民慈善捐赠的好做法，也发现了其存在的问题，因此，需要我们进一步探讨。

1. 推行更加细化的助学项目，让公众在捐赠项目选择中更有自主权

作为国际性旅游城市，大连市广大居民热衷于参加环保项目，这催生大连市成立了各种环保类公益组织。同时，为了推动更多居民慈善捐赠，当前大连市主要开展了环保类项目、助学项目、扶贫项目、助老

项目、放生项目等多种多样的慈善项目，而且不同类型公益慈善组织开展项目时会有所侧重，有的侧重于开展助学类慈善项目，有的侧重于开展助老、助残、济困类慈善项目，有的侧重于多类型复合项目。

纵观各个公益组织所推行的这些慈善项目，助学项目趋向于更加细化，更加有针对性。广大居民不再仅仅为了助学而捐钱，他们还希望能看到自己的钱究竟用于助学类项目中的哪些具体事项。例如，大连市希望工程办公室开展了一系列助学项目，常规项目包括两大块：第一块是助学，帮助贫困学生；第二块是援建希望小学。在援建希望小学方面，比较大的项目是帮助他们（被援建小学）建校舍；另一个项目是帮助这些贫困学生，改善农村贫困学校的办学条件。现在有的农村学校从外表看比较好，可以说硬件方面绝大部分（学校）是达标的，但是，在教师、教学条件等方面相对匮乏，比如说图书、电脑室。所以，这两年他们做了几个特别具体的项目：比如阅读项目、希望厨房项目，还重点推出"希望水井项目"——该项目需要 5 万元钱冠名，这跟其希望厨房的冠名钱数是一样的，都是 5 万元钱。这个水井项目不是说打一个井，而是建设一整套饮水系统，还包括捐赠一个净化设备。比如，如果某学校有水井，那安装上这套（净水）设备只是为了让出水量达到学校需求，而且它主要是保障厨房用水、学生日常饮用水、日常打扫卫生等三种水来分开供应。同时，该组织还筹建希望小学。为此，它们通常会先向社会大众呼吁，而且基本上每次都是和《大连晚报》《半岛晨报》合作，在报纸上发布消息，把捐款账户刊登出去，然后大家自愿往里边捐款。有时，还会去友好广场、中山广场这样的地方进行现场募捐，在这些广场上联合一些商家做义卖、义演，进行现场筹款。

与大连市希望工程办公室开展慈善项目相类似，有的公益组织也把助学作为最主要项目，但这种助学模式通常采用"先在义工群体私下募捐，后带领义工群体集体捐赠给学生"（大连编号 2，2017.10.17）模式。具体而言，每次开学前，该组织会组织义工发帖子号召大家捐款，此后，那些自愿的、有时间的、有经济能力的民众可能会主动来报名参加活动。每年助学规模较大，通常在开学季、春节时组织义工走访一些贫困家庭，有时会组织两到三次，有时会组织三到四次。走访后，给予小学生每人每年 300 元资助，高中生每人每年 500 元资助，大学生每人每年 1000 元资助。同时，作为在大连市注册的合法公益组织，有的公益组织除了助学捐赠外还推行助老项目，只是助老项目还处于"以物质助老为主"的初期阶段。

> 拿我们这个小区来说，你能看出这个小区是非常老的一个小区，有很多孤寡老人，所以，我们过年过节时会送去米、面、油，拿出部分爱心款给（老人）他们。在平时，如果他们家里需要换水、换电等，我们也会找义工去帮忙，关心孤寡老人。其实，随着公益组织不断发展壮大，社会整体公益氛围越发浓厚，捐资助老应该和当前社会热点关注的扶贫问题相契合，扩展助老范围。（大连编号 2，2017.10.17）

除了上述慈善捐赠项目，大连市还有公益组织通过网络聊天群来推行"日行一善"式的慈善捐赠活动，广受群内成员认可。其所谓的"日行一善"，可以简单理解为每人每天捐赠一元钱，即一个月推动参与者捐出 30 元或者 28 元钱。该组织推动这个项目时，每个月会公示其收入多少钱、花出多少钱，关键是让捐款的人能看到每一分钱是"怎么进、怎么出"。只不过有的人喜欢每次捐 1 元，而有的人则喜欢一个月 100 元或者 30 元。通常情况下，每个人坚持捐赠的时间并不一样：有的人坚持一年，有的人坚持一个月，如果一个月按 30 天算，捐赠者会捐出 30 多元钱，相当于一年捐赠 300 多元钱。其实，很多情况之下，一年不一定非得捐出多少钱，能够坚持"日行一善"的原则、理念是更重要的，或者说更弥足珍贵。

　　其实，他们能坚持多久完全取决于我们做得好不好。做得不好，大家就会不支持了。当然，到现在为止还没有不坚持的。实行"日行一善"还是一个月一次性捐赠30元，区别不是很大。我们搞慈善活动，主要是希望推动全民慈善，大家共同参与的慈善。（大连编号1，2017.10.17）

　　此外，大连市除了开展八大类常规慈善项目外，还着力打造义工品牌，将大连义工打造成一张名片——在2016年全国开展"四个一百"评选时，大连市义工分会获得首个"四个一百"最佳志愿者组织称号。

　　综上所述，大连市开展的慈善项目种类较多且"粗中有细"，这不但为广大居民参与慈善捐赠提供了可选择的丰富慈善项目，而且也利于满足慈善项目救助对象的需求，从而受到社会大众欢迎和认可。例如，2021年3月辽宁省民政厅表彰第三届"辽宁慈善奖"获得者，大连市慈善总会、大连慈善基金会荣获10个慈善奖项，其中最具影响力慈善项目有3个：大连市慈善总会"紧急救援慈善项目""心"健康快车慈善公益项目，大连慈善基金会"孝亲敬老　助力老人"等。

　　2.借助多层次网络体系发布慈善捐赠信息，提高广大居民对现有慈善捐赠活动的了解

　　研究者在调研大连市公益组织时，发现有的公益组织构建起了层层密网般慈善捐赠信息发布体系，而且专门在报纸上开辟版面来刊登相关信息，面向社会大众发布捐赠信息。在访谈中，有一个公益组织负责人详细阐述了其具体做法：

　　我们要组织一个活动时，会通过很多网络体系（包括我们的电台、广播电台、电视台）来发通知。我们这个组织有自己的网站，有自己的QQ群，每个群有很多志愿者，而志愿者又有他们自己的群。搞活动时，我们都会发通知，发布通知后他们就知道了。

我们每年的活动计划，每个月的活动计划都要报道……大连市有民间组织管理局、民政局，还有文明办等，都会抓这部分的工作，它们会定期向我们索要相关资料信息，比如我们的工作计划、活动计划，它们会有选择地把我们的活动计划刊登在报纸上，报纸上有一个版块专门刊登公益活动，包括这个周有什么公益活动？在哪儿搞活动？什么内容？联系人是谁？这些都要通知，每月都有。（大连编号3，2017.10.18）

无独有偶，大连市另外一个公益组织也注重慈善捐赠项目宣传体系的构建，并建立了自己的微信平台，每次搞活动时都会定期推送。同时，金浦新区电视台和《大连晚报》等也会及时报道相关信息。正是这种"渔网"般努力推动，当地居民对该协会的认识越来越多，认可度也越来越高：

我们是从2012年3月份搬到这个地方来办公，搬到这个小区以后，小区内的老人不知道我们爱心会是干什么的，因为这个小区住的都是动迁过来的老人，他们不太了解，没有这个意识。但是，每次有活动我们就主动叫他们。现在不叫他们来参加活动的话，有一些大爷都会生气。我们出去买菜时有时会遇到他们，他们还说"老朱（即该组织的负责人）特别好啊！"其实，他们可能不认识我，但是一提我们爱心协会，他们都会竖起大拇指。"爱心会"这三个字要成为一张名片了，我们（爱心会）已经发展成为一张名片、一个名牌、一个口碑。比如，今天上午我还收到了从牡丹江邮寄过来的书——我们要在金州建立一个爱心书屋，前几天我们在网上发布一个帖子说我们需要一些书，结果这个网友看到了。昨天突然有一个快递公司给我打电话，我拆开一看全是那个爱心人士捐赠的书。或许不是所有大连人都知道我们组织，但是通过一些正面报道以及网站、微信平台传播，大多数人还是了解我们这个爱心协会的。或许他们了解的并不全面，但是他们知道我们做好事，是个公益性的组织。（大连编号 2，2017.10.17）

虽然大连市在公益慈善指数评比中连续三届被评为星级城市，大连市的公益名片已经打造出来，但是，仍有一部分公益组织并不主张宣传自己，并不重视媒体宣传，不主动联系媒体，更不会借助主流媒体来宣传扩大自己在公众中的知名度。

我们的公益活动一直没有出现在电视上，也没有出现在报纸上，原因之一是我们从来没有联系过媒体，我们去的这些家庭的生活状况很差，或许出现这些画面会帮助更多的人，但是媒体可能会考虑比较多。一些公众可能会觉得看见这些画面会推动他们捐款，但是作为媒体来说，它们可能更倾向于宣传一些正面的东西。所以，我们没有联系过媒体，媒体也没有找我们。（大连编号 1，2017.10.17）

3. 慈善捐赠认知清晰化，打破固有慈善捐赠认知误解

大连市慈善发展在全国处于中上水平，但是，当地居民对慈善捐赠的了解并不多。在本研究中，广大居民对慈善捐赠认知环节的准备状态仅处于 4.38 分（见表 5-1），与其他四个维度相比，大连市亟须提高当地居民的慈善捐赠认知水平，这是其最紧迫的问题之一。

一方面，有些居民对慈善捐赠认知模糊，亟须将慈善捐赠认知清晰化。他们对慈善、公益、扶贫、捐赠等这些词的理解都比较模糊，认为慈善就是做好事、捐钱捐物、送物资等，对这些行为间的关系并无认识。

其实老百姓对慈善、公益、扶贫这些词的理解都比较模糊。但是，这不重要，（大家）知道这是行善就可以。我们去民政局注册的时候，民政局也会为我们讲解慈善。（大连编号1，2017.10.17）

至此，他们把慈善与行善混到一起。不过，还是有一些居民在关注慈善捐赠，他们捐赠时会说明善款用途。

助学（款）主要就是用于助学活动，扶贫物资就是给救助对象送物资，我们（将款项）分的很细。其实，不管是公益还是慈善捐赠，都应该是"处于明面"上。或许没人给他们解释的话，"老百姓永远不知道"，他们不知道什么是慈善、什么是公益，因为他们不曾"拿捏"（仔细思考）过。（大连编号1，2017.10.17）

另一方面，不少居民对慈善存在误解，需要打破固有误解。他们认为现今有的人已经不知道什么是善什么是恶，认为"做慈善就是在作秀，搞募捐就是在骗钱，做慈善是骗钱"。作为捐赠者或者志愿者，他们在参与慈善捐赠的过程中还可能会受到讥讽、嘲笑。其实，这种误解在很大程度上源于民众对公益组织和慈善捐赠的信任度还不够，因此，提高居民的慈善信任度也是一种措施，而且要长期培养这种信任。前些年，有的老百姓因一些恶劣事件丧失了其对慈善的信任。当前，虽然这些事件已经过去这么多年了，但是它对民众的慈善热情所产生的影响是长期的。因此，民众对慈善的信任需要长期培养和维护，需要从善款规范化管理、慈善组织透明化建设、慈善活动举办、慈善制度完善等多个层面入手，充分提高慈善组织透明化和慈善项目规范化，从根本上搭建民众慈善信任基础。

同时，慈善捐赠还要寻求百姓和政府责任间的平衡。慈善捐赠是否需要政府参与进来并为其作出硬性规定？慈善捐赠应淡化政府在社会救助中的责任还是应该加强责任？这些问题都值得我们思考，尤其是在我国慈善事业日益凸显出重要作用的今天，如何发展中国特色慈善事业显得尤为重要。不管何种答案，有一点是明确的——社会救助离不开政府参与，也离不开民众参与。对于那些有长期困难或者具有长期疾病的民众而言，政府责任不可缺，民众也可以积极参与其中贡献自己的爱心。

4. 借助"慈善月""特殊节日"，形成较好的慈善捐赠氛围

大连市公益组织多次利用"特殊节日"或者"特殊情况"发起慈善捐赠活动，既带动更多民众在"结婚纪念日""孩子生日""开学日""新年"等主动参与捐赠，也带动百姓将慈善捐赠与自己的某些重要日子结合起来，让慈善捐赠成为日常生活中的一种仪式。大连市希望工程办公室专注于开展助学方面的慈善活动，充分利用了"慈善月"的浓厚捐赠氛围。大连人"充满爱"，做慈善的人特别多，整个城市具有慈善氛围。在一些特殊日子，比如元旦、大年初一，很多人愿意捐。大连设有"慈善月"，基本上就是每年10月、11月、12月等时间都会举办慈善活动。

这主要是政府在倡导，这么多年以来逐渐形成了这种氛围，感觉挺好的。还有，比如说个人的结婚纪念日、生孩子，都有（人捐）。有一个小孩，在她妈妈怀孕的时候（那都是20多年前的事了），她妈妈就到希望工程（办公室）来捐款。之后她每年生日的时候她妈妈都会来，每年都来。现在，这孩子在美国上学，她每年暑假回来，就直接来捐款。还有一个老大爷，他2014年才去世，他就是一个普通的退休工人。他原来上班的时候，（上世纪八九十年代）工资只有几十元钱，可是每次发了工资，他第二天就来捐10元钱，在那个年代算很难得的。因为他每个月都来

（捐），非常定点定时，大家就都认识他了。后来，岁数大了，他住的地方离我们特别远，每次来要转两次车。他不仅自己捐，他还带着他的子女一起（捐）。等他去世后，他的姑娘、儿子等他们这一家子特意开会，说老爷子的这种传统要继续下去。这个老大爷的三女儿（经济）条件比较好，捐的（钱）比较多，但是她主要是大爷去世后的刚开始那两年来，老爷子的大闺女和儿子虽说条件不好，但是每个月都来，每人（捐）100元。另外还有一个老太太。老太太带着她的孙女和外孙女一起来捐款，（刚开始）那小孩还很矮。现在，当时那个小孙女又有弟弟了。所以，她就带着孙女、孙子、外孙女一起来（捐），而且这3个"小东西"（孩子）他们自己的零花钱不花，每年都比一比看谁攒得多。然后在每年1月1日，这个孙女（最大嘛）就必须得要（收到）第一张捐款收据，所以一定要开给她，哈哈！这小姑娘现在也在美国留学了。可以说，大连整个城市（慈善氛围）都特别好……（大连编号4，2017.10.18）

5. 提高慈善组织管理机构对捐赠的重视

当前，不少部门对慈善捐赠都有一定关注，尤其是民政部门工作人员。有时，这些领导会参与到慈善项目的具体执行中，如大连市各级领导对慈善总会、慈善义工等都非常重视——从2003年开始，每年在固定地方搞慈善表彰活动，市委、市政府、市政协、市文明办等一些领导都来参加义工表彰大会。有时，他们还会以自己的切实行动来带动周围更多人参加慈善捐赠。在一定程度上，这些领导的关注体现了他们对慈善捐赠的重视，利于推动更多居民参与慈善捐赠。

居民慈善和公益组织发展均离不开政府相关部门支持，尤其是政策法规方面的支持，这种支持为慈善捐赠和公益组织募捐提供了法律依据，使其具有合法性。

一方面，公益组织注册需要政府相关部门支持。随着《慈善法》施行，更多公益组织希望能得到认可，根据法定程序注册为合法组织，进而为民众参与慈善捐赠提供更多选择。

我们希望能得到的支持就是将《慈善法》切实执行。既然我们已经符合注册条件，就应该允许我们注册。我们捐赠账号中的善款现在是在个人账号里，没有办法。我们想要对公账号，但这不是我们有意愿就可以拥有的。由于没有注册，现在有些规章制度都执行不了。比如，在财务方面我们想实现当天的收款出款可以全部公布到网上，每一笔款都能打一张对账清单出来，做到财务透明化。然后，对财务实行有效管理、监督，更重要的是有效指导，但是，我们现在没有这个过程。我认为中国慈善做到今天还是缺少这种监督，因此，政府要在我们公益组织注册后第一时间来监督我们，告诉我们需要做什么，既给我们一个标准让我们按照这个标准做，也给我们一个期限。（大连编号1，2017.10.18）

另一方面，广大民众参与慈善捐赠时也需要相关部门领导的关注与引导。一个国家出台社会公益组织发展的利好政策，推动这些组织迅速成长起来，成为社会组织"领头羊"。

比如说，对我们组织来说，我们早在30年前就做这件事，我们的一举一动得到了老百姓认可、社会认可，在这个程度上，地方政府也是全力以赴，给予了大力支持——政府给我们提供一个600平方的办公场所。当地政府部门对我们很支持，每年有慈善项目购买，还有扶持基金的拨款，这两种都有。我们和政府的关系还是挺好的。（大连编号2，2017.10.17）

同时，大连市很多公益组织的发展都证实了政府支持的重要性。在当代社会，公益慈善组织发展和慈善项目开展离不开政府支持。这种政府支持是方方面面的：有的是资金支持，有的是物质支持，有的是政策支持，有的是宣传媒介支持。一般来说，政府直接对公益组织进行资金支持的情况是很少的，无限额资金支持更少。

> 我们现在得到资金支持的大多数情况是1：1配套，而且资金到位较好。不过，这种支持毕竟是少的，更多支持还是靠宣传媒体（支持），尤其是市委宣传部，市委宣传部层面有很多电视台、广播台、报纸等等。在政策支持方面，主要是政府给予我们帮助以推动社会组织发展。比方说，社会组织等级评估，这是政府应该做的事。我们原来是4A级，第一次评估就是4A级，当年没有评上5A级，是因为我们没有活动场所，那时候我们的场所是一个简易房，硬件不行。三年之后，我们到这儿来（办公），经过评比就评上了5A级。被评为5A级之后，政府在信誉度和其他方面都会严格管理我们，这样反而更加有利于（我们）发展。（大连编号3，2017.10.18）

三、葫芦岛市促进居民慈善捐赠建议

在本研究中，葫芦岛市居民慈善捐赠行为发生过程中各环节的总体准备水平处于"规划阶段"（研究中对其评分为4.85分），而且广大居民在捐赠行为发生过程中的"居民对慈善捐赠努力的了解"环节和"慈善捐赠氛围"环节的评分均高于5分，其余三个维度（慈善捐赠认知、慈善资源、领导者关注等）均低于5分（见表5-1），这样的评分与研究者所调研城市的评分相比属于得分中等水平（在13个城市中，葫芦岛市排名第7），这说明葫芦岛市广大居民对慈善捐赠方面的工作有了一定认可但仍需提高，尤其是他们对慈善捐赠的认知还需加强，因

为他们对这一环节的评分仅为 4.67 分，属于较低准备水平，且该城市在"慈善资源"维度的评分仅为 4.5 分，也是非常低。虽然研究者调研葫芦岛市时能感受到不少居民参与捐赠的热情，也能看到他们一直在探寻当地促进广大居民捐赠的措施，但是也有不少问题值得我们深思。

1. 小型公益组织可以主打特色项目

当前，葫芦岛市内分布着众多大大小小的公益组织，但是，民众对助学类慈善捐赠项目的参与热情较高。因此，这可以成为一些小型公益组织和专业型公益组织的发展方向，如开展专业助学类捐赠项目。这样既可以改变"大而全却不专"的"面面铺开"状况，也可以在民众心中建立起专业化形象，使民众选择捐赠时更清晰、更有导向性。

研究者在葫芦岛市曾调研一个助学类公益组织，这个组织是葫芦岛市唯一一个专门从事助学捐赠的公益组织，其资助学生的范围从小学、初中、高中到大学，总共有 100 多个孩子。资助方式就是每个月给孩子们一笔资助，而且这是一种长期助学，如某个受资助学生是在小学开始接受资助，那么，只要这个孩子一直在"好好学习"，则该组织会一直资助他直到大学毕业。同时，该组织拟资助孩子的信息大多是通过民政局、学校或者周围朋友、老师等渠道获取。

他们先把学生们介绍到我们这个组织，我们前去对孩子进行走访。走访之后，如果他们真正符合我们的（资助）条件（我们的条件就是家庭必须是困难的、没有劳动能力，而且学习成绩好，学习成绩不好的学生我们不会资助），我们就会资助。我们每个月给孩子汇款，我们每个月给小学的孩子 200 元，初中学生每个月 300 元（扣除他们放暑假、寒假，一年 10 个月就是 3000 块钱）。我们所需善款数额很大，但是，因为我们联合会将近 3000 人，按每一个人每个月捐出 30 元钱来计算的话，每个人在每个月的压力就不大了，一年中每个人捐出 300 元钱就行，因为有寒暑假两个月

不用交钱。（葫芦岛编号 3，2017.10.21）

其实，在很多城市中进行调研时，不少官办公益组织和民间公益组织工作人员都曾提到：虽然当地倡导慈善捐赠活动，却不一定受到民众支持，其原因之一就是广大民众不知道自己所捐出善款的"去向"，即不知道善款的最终用途。当然，也有一些能坚持较长时间的助学类捐赠，一般能坚持两年以上的人很多，因为他们能清楚知道自己每个月捐出的 30 元善款捐给了哪个学生。这在一定程度上能带动周围更多人加入到捐赠队伍中，并能促使捐赠者将"捐资助学"变为生活中"常见常做"的事。

2. 充分利用慈善日推动广大居民参与慈善活动，宣传慈善相关知识

当前，有不少城市都有"慈善日"，拉近了普通居民与慈善之间的距离，为广大居民参与慈善捐赠活动提供了"契机"。在慈善日里，居民会了解公益组织已经举办过的慈善活动和即将举办的慈善活动，了解慈善活动的名字、活动开展流程、活动效果等；他们会借此了解更多慈善捐赠方面的知识，进而加深他们对慈善捐赠的关注。在葫芦岛市，不少居民对慈善总会有一些了解，为什么呢？因为每年 5 月 12 日属于葫芦岛市的慈善日，而且《慈善法》颁布时又把每年 9 月 5 日设立为全国慈善日，所以，该市在 2016 年开展了两次慈善日，并以慈善日为契机开展了两次"慈善月"。这两次慈善月活动，该市并没针对全民进行募捐，而是以慈善宣传为主，包括发一些宣传材料：

比如我刚才给你们的小红册子就是以宣传为主进行分发，它可以（分发）在一些大型商场、人口密集地方以及一些主要街道等等。比如说，我们从 2008 年开始和何氏眼科联合搞白内障免费做手术的活动，所以，在葫芦岛市的普通市民中，他们有的

时候会说"你有白内障吗？有的话就去找慈善总会，我的（白内障）就是找他们帮忙，做得挺好的"等等。（葫芦岛编号1，2017.10.21）

这样的活动搞完之后，葫芦岛市的普通百姓对慈善总会的认知又多了一些。

设立"中华慈善日"，是国家动员社会各方面力量参与扶贫济困慈善活动的一项重要制度安排。设立慈善日，有利于向全社会营造"全民慈善、人人慈善"的良好社会氛围，有助于动员社会各界积极支持慈善事业发展，并且积极参与慈善活动。2021年，葫芦岛市推出"葫芦岛重症儿童救助""关爱葫芦岛捐献者""葫芦岛第一响应人"等三个项目参加"公益日"活动，并通过印制海报、发布公众号、动员社会力量等多种方式号召社会各界积极参与，以期实现募捐效益最大化。借助此次活动开展，积极策划和培育品牌筹资项目，提升了互联网筹资水平，进一步提升了公益组织战斗力和凝聚力，提高了慈善项目品牌公信力。

3. 倾听慈善捐赠中的"不同声音"，消除慈善捐赠"炒作"误解

有人认为，某些人捐赠是为了炒作自己，是为了谋自身利益。这样的"声音"使得有些捐赠者更愿意低调从善，避免被宣传，甚至拒绝被宣传，这在一定程度上减轻了慈善带动效应。

加入公益队伍后，或许知名度会更高一些，或者认识更多一些人。"人无完人"，或者说，每个人都有自己的想法。虽然你是正常想法，但其他人可能不是。所以，我们这个公益组织搞的活动很少上报纸，因为我们很少和电视台那边去沟通，只是做自己力所能及的事。加强宣传可能会把知名度提高，但是，肯定也会带来一些负面影响。比如，他们可能会觉得你是在故意炒作，甚

至有的居民会问我们"你是不是打着助学的旗号来做自己的事情"等。（葫芦岛编号3，2017.10.21）

同时，一些潜在的求助者也对慈善捐赠产生了"误解"。在他们看来，只要自己有困难，别人就应该来救助自己，"接受慈善捐赠是理所应当的"。在葫芦岛市调研时，受访者描述了一种"被动慈善"的场景：

很多人不管遇到什么事，当他们觉得自己需要帮助的时候就会来找我们，认为我们帮他们是理所当然的事。但是，不是谁来求助我们都要救助，它不像传统时代的救助"没饭吃了，我就给你买饭吃"。我们通常是针对某一个群体进行救助，而不是说"你没钱了，我就给你；他没钱了，我就给他钱"。这种没有任何救助原则、没有任何救助程序的杂乱救助，我们一般很少做。（葫芦岛编号1，2017.10.21）

慈善捐赠活动的开展需要维护慈善组织和慈善项目的"声誉"，赢得广大民众口碑，因此，必要的时候应该加强正面宣传。例如，

葫芦岛市电视台、连山区电视台曾多次对我们公益组织开展的活动进行采访。采访后，每一次活动都是在葫芦岛电视台频道一播出，并在连山区电视台不固定（播），还有《葫芦岛晚报》也可能会刊登。比如，我们协会的一个捐赠者对一个大学生长期捐助四年了，（双方）从来没见过面，但是，他前天去看望孩子，昨天（葫芦岛）晚报就刊登出来了。（葫芦岛编号2，2017.10.21）

4. 慈善捐赠不等于捐钱，慈善捐赠也不等于做好事

什么是慈善捐赠？有些居民知道一点点，将其理解为"做好事，做善事，能帮人，拿富人的钱去给穷人花，劫富济贫"；有的居民认为"慈善捐赠就是跟钱有关系的爱心活动"。正因为他们对慈善捐赠的理解并不全面，因此，各个公益组织有必要抓住一切机会大力宣传，比如，利用一些重要的节日（如儿童节、重阳节，元旦、春节）去做宣传、做寻访，让他们了解我们的慈善组织和慈善活动，动员和吸引他们参与到我们的慈善活动中。其实，总体来说，葫芦岛市广大居民对慈善捐赠还是有一定关注度的。

> 老百姓（对慈善捐赠）的关注程度应该在6分到7分吧。因此，民众对慈善捐赠有口头支持，也会拿钱出来用行动支持……至于为何要捐款，每个人的原因可能会不同，加入我们这个团队的都知道为什么要捐款；那些没有加入的，有的人说想了解（慈善捐赠），也有的人说值得（捐赠）。我感觉人与人之间应该建立一种相互信任的关系，要是没有这种信任，他们每个人都不会愿意去捐这30元钱。（葫芦岛编号3，2017.10.21）

5. 紧抓公益文化观念建设，助推慈善捐赠氛围营造

慈善文化是一种"暖心"的文化。它像灿烂的阳光，也像美丽的花朵。予人玫瑰，手留余香。从根本上来说，一个城市中慈善捐赠的发展离不开两个层面：一是当地人的公益文化观念，二是当地经济收入。一方面，这种慈善文化观念的建立不是一朝一夕，需要文化的不断沉淀和社会不断发展。葫芦岛市建市才20多年，慈善捐赠氛围还不浓，需要继续培育。另一方面，经济收入也会影响慈善捐赠。葫芦岛市的经济发展在整个辽宁省属于"末端"。也就是说，有的百姓即使有善心想捐赠却没钱，而有的人虽有钱却缺乏善心。所以，近几年，葫芦岛市加大

慈善宣传力度，主要初衷还是想要打破这种慈善捐赠氛围"有点不足"的现状。

为了营造慈善氛围，深层推动慈善发展，葫芦岛市一些公益组织近几年作出了较大努力。第一，加强慈善活动规划。开展慈善活动，助力社会发展，都要从规划做起，有了规划才能让慈善事业稳步向前健康发展。第二，建立并利用好数据平台。充分利用大数据和网络资源，打通各个慈善组织间信息获取和信息使用渠道，提高慈善救助效率和效果。第三，继续做好慈善宣传。通过开展多样化慈善宣传活动，传播慈善文化，宣传慈善榜样，激发社会慈善热情，营造"人人向善"的浓厚社会氛围。葫芦岛市相关部门积极开展慈善文化进社区活动，如在2019年5月10日所开展的活动中，工作人员向社区居民发放《中华人民共和国慈善法》《慈善义工手册》等500余份宣传册，讲解法条中的详细内容和义工知识，并宣讲"孝贤文化"，与社区居民有效地互动。在此次活动中，居民进一步了解了法律法规的详细内容和孝贤文化，推动大家靠近慈善，了解慈善，发扬慈善。

6. 利用"蝴蝶效应"，实现"一传十"带动周围更多人参与慈善捐赠

浓厚的慈善氛围会促使更多人参与到慈善捐赠活动中，但慈善氛围的培育非一人之力，而是长期坚持的结果。当前，有的地区的慈善氛围较好，或许在一百个人中会有一个人愿意拿钱出来捐赠，正是因为这些人不但自己非常热心于捐赠，而且还愿意带动别人去做，所以，可能会带动另外1%的潜在捐赠者一起做慈善。研究者在葫芦岛市调研时，发现在有些公益组织中这种带动效应比较明显：

> 有一些百姓来到我们办公室说"听说你们这个组织是专门做助学活动的，我也有这份心，我也想来做。"现在微信比较发达，很多人在微信上捐一些；也有的人是通过与我们日常沟通交流后受

我们影响而加入我们，比如，我们可能会说"来加入吧，这多有意义。每个月捐三十块钱，对你也没什么影响，而且你的捐赠还能帮助孩子。"就是这种"一传十"的带动效果，最终可能会引发"蝴蝶效应"，即捐赠者队伍越来越大，很多人自愿加入进来。（葫芦岛编号 3，2017.10.21）

7. 慈善组织管理机构对慈善捐赠的支持要落实到行动中

当前，慈善领域相关领导对慈善捐赠以口头关注为主。虽然有些领导愿意对慈善捐赠项目的开展予以支持，比如亲身参与项目评选、出席评奖活动等，也有些领导愿意为慈善组织注册及开展活动提供行动支持。但是，在本研究中，葫芦岛市慈善领域相关领导对居民捐赠的关注度还是较低，仅评分 4.92 分。因此，需采取不同措施来增强领导对慈善捐赠的关注与支持。

在葫芦岛市调研时发现，当地相关部门和领导对慈善捐赠具有一定程度的关注与支持。

当地相关领导（不管是民政局领导，还是慈善总会的领导，抑或是其他政府层面的领导）对开展慈善捐赠活动都是有关注的，比如组织成立的时候，还有一些评选活动时，他们都来参加。（葫芦岛编号 1，2017.10.21）

但是，对慈善捐赠项目所需要的资金问题，他们并没有直接资金支持，而是以项目资助的形式支持。

有时候，民政局觉得我们这个项目做得比较好，就让我们写个项目申请，以项目形式从福利彩票项目基金里拨一些钱资助我们，反正就是不定期、不定向地给我们拨一些钱过来。（葫芦岛编

号1，2017.10.21）

同时，鉴于葫芦岛市慈善总会受葫芦岛市民政局指导，工作中有很多材料需要上报领导审批，民政部门领导人都了解该组织的慈善捐赠项目开展情况，因此，这在一定意义上也算是一种支持。同样的，几个公益组织负责人都提到，当地相关领导对慈善捐赠的关注度越来越高。

以前主要是慈善总会的领导，现在市、区的领导包括街道领导也都关注我们。比如，他们给我们提供活动场地，现在这个办公场地就是让我们免费使用。现在有这个场所挺好的，大家可以在一起开会，一起商量如何开展慈善捐赠活动。（葫芦岛编号3，2017.10.21）

四、锦州市促进居民慈善捐赠建议

在本研究中，锦州市居民慈善捐赠行为发生过程中各环节的总体准备水平处于"规划阶段"（研究中对其评分为4.466分），这个评分在研究者所调研的13个城市中排名第11位，而且广大居民在捐赠行为发生过程中五个环节（居民对慈善捐赠努力的了解、慈善捐赠认知、慈善氛围、慈善资源、领导者关注等）的评分均低于5分（见表5-1），这样的评分属于得分较低者，可见，要提高锦州市居民慈善捐赠参与度及捐赠积极性，需要付出较大努力。

1. 利用六一儿童节等重要节日开展活动，借此提高居民捐资助学热情

当前，很多公益组织都曾组织过慈善捐赠助学项目，而且有些组织把助学类捐赠项目作为其特色亮点，打造充满"仪式感"的助学捐赠活动。例如，在每年6月份，有的公益组织会在锦州市最繁华的广场开展一些助学活动。

　　每年都会捐助小学生 10 人以上，而且每年的儿童节都有一个助学公益晚会，现场效果还挺好。他们开展的助学捐赠主要是针对小学生，这主要是基于 6 月份会有孩子们喜欢的六一儿童节，所以，结合这样一个特殊而重要的节日开展助学活动，利于更好动员大家积极捐赠，很多民众乐于在这个特殊日子里以这样的方式"爱我们的孩子"，或者把爱付给更多的孩子。（锦州编号 6，2017.10.20）

　　2. 利用会员日拉近慈善捐赠与每个会员间的距离

　　有的公益组织实行会员制度，不管是志愿者还是会员，不少公益组织实行会员免费登记或者会费登记方式对其团队成员进行管理。不管采用哪种管理方式，会员日对每个组织内成员而言都是个特殊的日子，具有特别的意义。一方面，我们可以利用会员日宣传慈善项目的内容与目的，让大家充分了解慈善捐赠项目；另一方面，我们可以利用会员日动员会员捐赠；同时，管理会员时还可以通过收取会费来扩大善款募捐总额。当然，会费不应过高，因为慈善捐赠的发展趋势是推动慈善捐赠发展成为社会公众的日常性公益行为，会费过高可能会不利于公众积极参与公益。例如，锦州市拥抱阳光爱心协会于 2014 年 3 月 28 日注册，所以，它们把每年 3 月 28 号确定为会员日，在会员日开展一系列慈善活动。与此相类似，还有公益组织在有队员入队时，首先会向新成员介绍团队整体情况，然后向其介绍慈善捐赠开展情况。当然，它们也会向锦州市广大居民介绍其组织整体特色、项目开展情况。所以，从成立发展到现在，无数个公益组织已经从创立时的十几个成员发展壮大到几十个、上百个甚至上千个组织成员。

　　3. 实力较强的慈善组织可以在特色化项目基础上开展多种综合项目

　　大型慈善组织自身综合实力强，有一定实力和能力开展种类丰富的慈善捐赠项目，如助医、助困、助学类等慈善项目。但是，慈善项目种类多并不意味着要面面俱到地开展慈善活动，否则不但会弱化慈善组织所开展慈善项目的特色化，还会让慈善组织在人财物方面因"负担过重"而无法持续发展。锦州市慈善总会和锦州市慈福爱心协会在锦州市属于综合实力较强的两个慈善组织，它们开展的项目比较多，例如，锦州市慈善总会主要开展助医（如血液透析、尿毒症等，并争取做到全市覆盖）、助困、助学（即对每年考上二本及二本以上的低保户大学生）等三大类项目，民众对这些慈善捐赠项目的参与热情较高，仅向大学生捐赠的助学项目上每年就可以捐赠 100 多万元；锦州市慈福爱心协会开展的慈善捐赠项目则以助学和助残为主，只是不同年份开展的项目重点也略有所侧重，如 2016 年该协会利用微信圈开展慈善捐赠助学活动，即一对一帮扶，着力解决学生（上学）的后顾之忧，协助其解决初中、高中、大学的学费问题，并跟踪被救助学生。

4. 打破"慈善宣传只是一种功利性操作"的误解

是否应该进行慈善宣传，社会上存在一定的争议。第一种观点认为，慈善宣传对捐赠者和慈善组织而言都是有利的，因为它可以扩大慈善影响力，所以，他们愿意推行慈善宣传。第二种观点认为，慈善宣传只是某些组织和某些捐赠者谋私利的一种工具，是借助慈善捐赠来扩大自己在慈善圈内和慈善圈外的影响，进而提高自己在第一职业圈内的影响。第三种观点认为，捐赠者和公益组织就是要"低调慈善"，无须宣传自己的慈善捐赠行为。

在上述三种观点中，有的慈善组织就是走出了从"不愿意宣传自己"到走向"大力宣传自己"的道路：在组织发展的初始阶段，它们并未注重自身宣传，所以知道该组织名称并积极参与慈善捐赠的老百姓较少。

　　后期我们理事经常开会，意识到（做慈善宣传）也不是有什么功利性目的，也不是为了要名要利，只是为了扩大我们组织的影响力，希望吸引更多的人能知道我们这个组织，走入到我们这个队伍中，从而扩大我们队伍的力量。所以，我们就通过一些途径去宣传我们的项目。我们协会内部（成员）有来自报社的，还有（成员）来自锦州电视台工作的。所以，一旦慈善捐赠项目发起后，他们就可以直接跟踪采访。同时，除了借助内部成员的第一职业所带来的宣传平台，我们还以微信平台为主，以QQ群、朋友圈、电话通讯等为辅助的宣传平台，向社会大众报道慈善捐赠项目进展及项目效果。(锦州编号1，2017.10.19)

其实，利用内部人员衍生出的社会资源对慈善捐赠进行宣传，便于向社会全面开展正向宣传慈善，可以避免不了解内情者冷眼旁观地说"你们这不是在作秀吗"。

有的公益慈善组织早在20世纪90年代就开始筹建，从最初只有几个人参与慈善项目至今已运作20多年了，参与者队伍越来越大，参加者来源越来越广。在其发展过程中，越来越发达的网络成为最大助力：从最开始组建QQ群到现今建立微信群，捐赠团队越来越大，于是，他们的慈善捐赠活动一直开展得不错。

当前，锦州市有不少慈善组织对慈善捐赠的宣传并不重视，因此，它们也没有得到广大民众的关注与支持，而且广大民众对其名字不清楚，这不仅不利于民众参与慈善捐赠，甚至大大影响了民众参与慈善捐赠积极性。由于各种原因，有的公益组织的办公室所处地理位置极不容易被找到，其办公楼的门口都没有悬挂单位名称的牌匾，不管是普通居民还是陌生求助者，都需要较长时间才能找到它。在此情形下，它很难对周围普通民众和潜在捐赠者形成正面良性影响，也就无从发挥对周围民众的带动作用。在调研中，当研究者前往该单位调研时，经过多方打听与问询才找到它。可以说，该组织就是一个"被隐藏着的地方"。

5. 打破民众对捐赠项目认知困境，扩大其对慈善捐赠了解范围和深度

举行慈善捐赠项目募捐时，公布必要的捐赠项目信息是非常重要的一个环节，不能仅限于少数人知道，以便于争取最大层面上百姓参与捐赠。但是，由于某种原因，研究者在很多城市调研时发现，当地广大居民对慈善捐赠项目、捐赠活动乃至慈善组织的了解程度很低，有的居民连当地有没有"能说出名字"的慈善组织或慈善项目都说不清，且采取的促进居民捐赠的措施也仅限于慈善组织内部成员知道，这降低了慈善捐赠项目的影响力和民众慈善捐赠参与度。同时，还有一些公益组织在其发展中遇到过类似的困境：一方面，该组织所做的各种慈善活动仅限于其团队内部成员知道，很少展开宣传，因此，其发挥正面带动效应比较小；另一方面，周围百姓对该组织所做的各类慈善活动知之甚少。虽然电视台报道过慈善活动的相关新闻，但是看地方电视台节目的人还是比较少，甚至有时候好多东西就被"筛选"掉，不做报道了。

6. 单个地方性媒体对慈善捐赠的报道力度不够，政府可以出面协调"抱团"

在锦州市，媒体与慈善组织间有一定的联系，有的媒体会报道慈善捐赠活动，助推慈善活动开展。可以说，不管是电视台还是报纸，它们都曾在某个时间发挥过自身作用。但是，与大连市的做法相比，锦州市更需要当地政府出面将一些慈善组织动员起来"抱团"，发挥出更大慈善动员效应。

> 我们组织的这些活动，我们当地老百姓中肯定有人知道，但是人数应该不是特别多。因为我们很少和媒体打交道。（锦州编号3，2017.10.19）

> 鉴于这种类似情况可能会比较普遍，该协会在其运作的QQ群里面专门设有一个媒体记者群，主要是想借助他们的力量去帮

我们。但是，他们（媒体记者）说也没有更好的办法去改善这种情况，也不能天天报道我们的活动吧。其实，我们锦州注册的这些组织，我们经常在一起"碰头"。比如，我们几个发起人也有个群，大家没事在一起聚一下，讨论一下自己当下正在做的（活动）。其实，有时我在想一个问题：我们这些公益组织就不能"抱团"吗？但是谁去挑这个"头"以把大家拢在一起？可能就需要官方出面去协调这件事，仅我们几个组织也协调不好啊。（锦州编号2，2017.10.19）

7. 慈善捐赠并不等于"扶弱"，也不等于"同情"

在锦州，民众对慈善捐赠认知相对简单一些，他们大多数人认为它就是帮助别人、献爱心，对公益和慈善的细节了解不多，包括一些公益组织内部人员对慈善捐赠理解也不是特别多。有的人认为它就是帮助别人，尤其是那些去参加助学活动、去敬老院做志愿者等。因此，有的人去捐款的时候，基本上就是"可怜别人"，就是以一种同情的心态去捐。基于这样的状况，慈善组织募捐时应该少说学术语言，不能说"您来参加慈善捐赠吧"，而是应该说"您来帮帮这个人吧，他……"之类。只有使用这些通俗而简单的话语，才能拉近广大居民与慈善捐赠间的距离。或许此时，他们才会觉得：原来慈善并不是只有富人才能做。

其实，助人乃快乐之本。从一定意义上来说，选择助人就是选择了快乐，选择了根本的快乐。简言之，做慈善可以从助人开始。同时，还应打破一些人认为"献爱心就是在作秀"。在研究者看来，我们无须去质疑每一份爱心，爱心无价。

同时，还应注意，慈善捐赠不等同于"拿钱帮人"。在锦州，当笔者调研"什么是慈善捐赠"问题时发现：大多数人的思想观念就是"拿钱帮人就是做慈善"，甚至每每提及"慈善捐赠"，很多人心里会立刻想到"我又要掏钱了"。

虽然慈善捐赠常常以捐钱形式呈现，但是，"拿钱帮人"也有可能是帮助亲人，而这种亲缘性利他并不被理解为现代意义上发生于陌生人间的慈善。有的人甚至认为，慈善捐赠是个"说不清的问题"。

> 他们刚开始找到我，不知道啥叫公益，啥叫慈善，也不知道志愿者和义工有哪些区别。后来，我曾经跟潘老师说过（这个问题），课件（PPT）我都给他们做了，但是他们忙，会员参差不齐。其实，老百姓就认为这是做好事——谁家有病了会去帮助，去捐点钱。老百姓的概念就是看谁困难，他们有这个善心、善念，在能力（允许）下帮助他们。潘老师都会给他们讲，募捐的情况下慈善就是善心。（锦州编号 5，2017.10.20）

可见，他们此时把慈善捐赠等同了好事、善心、善念。虽然有些片面，但也不失为慈善募捐时的可操作化方式。

8. 以逐渐浓厚的慈善捐赠氛围为起点，增强民众对慈善捐赠的关注度

居民慈善捐赠行为的发生离不开当地慈善捐赠的社会大环境，良好的慈善捐赠氛围会推动更多民众参与捐赠。在这个过程中，既需要各个慈善组织参与，也需要国家、不同层级政府规范大家，让大家按照一定的"规矩"去做，而不是"你做你的我做我的"。

当前，不少人并不认可现有的慈善捐赠氛围，甚至认为有些捐赠环境已经成为阻碍某些潜在捐赠者参与慈善捐赠的障碍。

> 我们一般不去火车站前、商场这种普通大众经常去的地方募捐，除非有特殊情况，因为这个效果不太好。可能是社会这个大环境啊，大伙都不太相信，这些年上当受骗的人太多了。现在我感觉这是慈善发展的一个"瓶颈"，陌生人参与捐赠的很少。（锦州

编号 2，2017.10.19）

同时，研究者在调研时，多个受访者详细向我们描述了当地慈善捐赠氛围的状况：

> 其实，有些人对于（慈善捐赠）这个东西并不关心。当我发布轻松筹的时候，我说：帮帮这些贫困的人，他们没有更高的要求，他们只要求吃饱穿暖，希望大家慷慨解囊伸出援助之手。我微信好友 400 多人，可是只募捐回来非常惨淡的几千块钱。只有不到二十分之一（的人）给我捐款，我觉得这个比例还是较低。咱们做公益的人讲"人心向善"，对吧？可是，不可否认的是，还有一些人讲求"人心向利"。（锦州编号 3，2017.10.19）

当然，也有一些受访者认为当前慈善捐赠氛围是：

> 比以前强多了，多数协会都是一个带俩，俩带仨，反正就是感染身边人捐赠。没注册之前，我们就是几十个人。但是，我们从 2015 年到现在已经发展到七八百人，究其原因：一是大伙知道咱们协会是正规的协会，（心里）挺有底；二是现在微信的力量真挺大，散播信息来动员朋友圈中的朋友加入我们协会，可以起到"一传二，二传五"乃至更多，这种传播也是带动更多人参与的一个过程。很多人看到（捐款人）名单后也参与捐了。（锦州编号 1，2017.10.19）

9.打通政府与慈善组织合作路径，助推慈善捐赠项目开展

当前，有些公益组织在开展慈善捐赠项目时不愿意和政府合作，主要原因在于它们没有注册，也就没有公益组织应有的合法地位，因

此，也就不能正常参加政府相关部门抛出的"橄榄枝"。如，现在很多城市中的民政局等相关部门开展公益招投标活动，各个公益组织参加公益招标的前提是其必须已经注册为合法公益组织，而这恰恰是一些草根公益组织发展之初很难具备的一个条件，于是，它们很少和政府相关部门合作，也没有获取过资金支持，导致开展活动时经费来源成为其最大限制。久而久之，其发展得不到政府相关部门支持，最终导致该公益组织发展缓慢甚至慢慢消亡。

一方面，政府相关部门应积极协助慈善捐赠项目开展，助推公益组织注册，打造公众捐赠的合法化平台。

> 在我们组织注册的时候，吴会长比较有能力。注册一个爱心团队不是那么简单的，我有个朋友也是做爱心团队的，他的团队用了两年（时间）才注册下来，但是我们（组织）注册只用了三天。我们动用一切资源，有几个朋友"跟着一起跑注册（手续）"，（他们）跟领导关系还算可以，沟通交流起来比较通畅。所以，我们充分沟通之后就好办了。（锦州编号3，2017.10.20）

可见，正是政府相关部门"积极作为"，它们才获得了合法身份。它们注册后，慈善捐赠项目的开展主体就变得合法了，慈善活动也走向规范化管理。

另一方面，慈善组织管理机构相关领导应从"仅出席场面性活动"转到"切身参与慈善捐赠项目活动开展"。当前，民政局、市残联、市慈善总会等领导常常会出席当地一些公益组织的"面上活动"，如参加该公益组织筹办的年会。可以说，这种出席活动的方式算得上是他们对慈善捐赠项目的支持，也是他们重视慈善捐赠活动的一种表现，但是，他们还可以为慈善捐赠项目提建议、做策划、争取各界支持等，以提高他们对慈善捐赠的关注和支持。在本研究中，锦州市"关于领导对慈善捐赠的关注与支持"维度的评分并不高，仅 4.1 分，这非常值得我们深思。

慈善组织的发展离不开政府相关部门支持，慈善捐赠项目的开展亦离不开相关部门"推动"。

> 当地领导对我们组织和开展活动非常支持。比如，我们要开年会时，民政局局长和书记都是亲自到场发表讲话。虽然他们现在还没有亲自参与到活动当中，但是有时也会对我们活动提出一些指导性意见，比如活动如何开展等，他们会对我们进行领导、监督、管理，而且年会也到场指导。（锦州编号 6，2017.10.20）

有时，公益组织活动在政府助力下开展力度会更大：

> 我们慈善总会已经 3 年（2014、2015、2016 年）没搞慈善月之类的募集活动了，主要是因为大型的募集每次都需要借助政府的推动力量，需要省市相关部门下发文件。可是这 3 年没审批，没下文件，所以我们没搞。也就是说，我们没有搞大型的社会募捐活动，也没广泛动员社会公众参与捐赠。（锦州编号 4，2017.10.20）

同时，除了政府相关部门要加强对公益组织支持外，如何打通政府与公益组织合作关系路径，搭建双方共建"公益圈"路径更是亟待解决的问题。当二者间良性互动和合作建立起来后，两者间的合作既是对双方公益活动的认可，也是长期互相推动的结果。

五、辽阳市促进居民慈善捐赠建议

在本研究中，辽阳市居民慈善捐赠行为发生过程中各环节的总体准备水平处于"准备阶段"（研究中对其评分为 5.3 分），而且广大居民在捐赠行为发生过程中的四个环节（居民对慈善捐赠努力的了解、慈善氛围、领导者关注、对捐赠问题认知等）的评分都高于 5 分（见表5-1），只有"慈善资源"维度的评分 4.8 分（低于 5 分），这样的评分与研究者所调研其他城市评分相比属于得分较高者，且辽阳市在研究者所调研的 13 个城市中排名第 4 位，这说明了辽阳市广大居民对慈善捐赠的认可，也说明了辽阳市广大居民的慈善热情，还说明了当地慈善部门相关领导对慈善发展的重视与支持。虽然辽阳市在整个辽宁省范围内无论 GDP 还是人口总量排名都处于末端，但是辽阳市广大居民的慈善捐赠热情并不弱，他们在居民慈善捐赠方面的一些做法值得其他城市借鉴。

1. 向广大居民推行通俗易懂且简单易行的慈善项目

研究者调研发现：在辽阳，特别典型且广大居民愿意参与的慈善捐赠项目以助学类项目为主。虽然都是助学类捐赠项目，每个组织的特色也不尽相同，而且它们在组织捐赠过程中的一些典型方法深受广大居民认可和喜欢。有的公益组织主要针对小学生开展捐赠助学，尤其是针对"贫困山区的一些小学生进行资助，即采取一对一帮扶，并为其起名字叫'狮爱一加一'，'一加一'是指一个家庭、一个团队或者一个人、一个企业去帮助一个孩子，现在我们团队一共资助 20 多个（学生）了。"（辽阳编号 3，2017.10.14）还有一些助学项目开展时，主要是通过广大居民把钱捐赠给那些贫困山区偏远学校中的孩子们。

虽然孩子们上学的学费现在都是免的，但是他们还需要上学坐校车的费用和在学校吃饭的费用，这两项加起来一个月可能需要 300—500 元。如果（学生）支付不起，我们就会捐出这部分钱。有时，我们可能会从学生读小学一年级开始资助他，如果能考上大学，我们捐赠者可能就会一直资助。这个钱数会根据不同年级

孩子们需要的费用而有所调整。我们这些活动很简单，广大居民
应该是知道的。因为我们之前跟电视台的新闻综合频道合作，电
视台会在周一至周五晚间九点多钟播出一次，周六周日晚间播出
一次。播出时间主要是跟着他们节目来，我们没有刻意地去进行
大力宣传。（辽阳编号5，2017.10.14）

同样是助学类捐赠项目，有的公益组织为了便于充分动员其团队
成员积极参加捐赠还创造了《爱心助学之歌》，不但能让人听起来有一
种"很热"的感觉，还能让人有一种积极向上的感觉。每次搞活动时，
他们会循环播放这首歌。

我们要求团队所有成员都会唱这首歌，如果有新成员加入，
我会教他们每一个人唱这首歌。我们团队每年的大型助学活动有3
次，分别在3月份、6月份、9月份，小型的助学活动无数次。每
年12月29日（也是我们团队成立的纪念日）下午的时候搞一场年
终总结晚会，让我们捐赠者感觉到我们这些公益人是一个大家庭。
（辽阳编号4，2017.10.14）

或许每个人捐款的数额不需要特别大，贵在坚持，目的是吸纳社会各界
有爱心的人士加入到慈善组织中。捐赠者队伍壮大了，受益的学生就增
多了，而且影响面会更广，进而能吸引更多友善型的人贡献爱心。

2.地方媒体借助"黄金时段"开展宣传，扩大慈善捐赠项目影响力

慈善宣传很重要。无数事例告诉我们，要干好慈善事业，离不开
慈善宣传。当前，一些公益组织开展慈善捐赠项目时或多或少都会开展
慈善宣传，而且有的慈善宣传紧抓公众眼球，放在黄金时段进行报道，
如辽阳市慈善总会利用辽阳新闻电视频道，在每天晚上7点35分播出
相关宣传内容。该时段紧跟中央台新闻联播结束后播出辽阳新闻，是一

个黄金时间段，所以播出后的受众面相对广一些。

> 我们也会进行新闻报道宣传，一般就是我们自己宣传，有网站、微信、微信公众平台，还有电视台，一般都是用新闻进行报道，或者民生节目播报一下。原来我们辽阳台有个"乡民晚报"，也会借助这个晚报进行播报一下。可以说，我们的知名度是一年年在扩大。以前还没有感觉，但是近期这个时间段播出新闻报道后，开始有求助的家长来找我们。（辽阳编号1，2017.10.14）

作为辽阳市较具规模的慈善组织，公益组织的助学规模和助学活动类型会大大有助于吸引民众参与到其组织的慈善捐赠活动中。

> 正是我们脚踏实地坚持这么多年，得到各方的高度认可和评价，不论是辽阳电视台、辽宁电视台、《辽阳日报》还是辽宁报社，他们都做过跟踪报道，这十几年来一直有媒体进行跟踪报道。一方面，每次组织活动时，我们都让带队副队长作出活动总结，让所有人知道我们的善款资金来源、用在什么地方、余额多少，这些信息我们都写得清清楚楚，阳光透明地接受所有人的监督和审查；另一方面，我们保留些文字影像资料，以备后期有关方面（如政府相关部门、媒体、公益组织等）与我们自己一起去检验，我们经得起实践和历史的考验。（辽阳编号4，2017.10.14）

3. 借助多元化善款募捐方式，推行可供广大民众选择的捐赠渠道

虽然我国已有的城市公益慈善指数星级城市评比中并没有出现辽阳市这个名字，但是，研究者在本次调研中发现：辽阳市在13个城市中处于第4名，受访者对其评分较高。究其原因之一是当地慈善组织实施了多元化善款募捐方式，为广大民众提供了较好的选择渠道：居民可

以选择在"一日捐"时捐出自己的工资,可以选择"一元捐",可以选择捐出个人慈善基金,还可以以企业负责人的身份捐赠。例如,辽阳市慈善总会从 2011 年开始实行四种募捐方式:第一种方式是实行企业亿元慈善基金。它不是让一个企业一次性拿出一亿元来捐赠,而是动员全市的企业利用 5—10 年时间凑够 1 亿元钱捐赠出来。第二种方式是以干部和爱心人士为主体的万元慈善基金,即个人可以利用 5—10 年时间凑够 1 万元来捐赠,他们会跟组织签协议。通常做法是公益组织向众多个人发出号召,一些爱心人士都说愿意,而且当地一些政府工作人员会积极起带头作用,主动站出来表示要捐赠。有时,为了调动爱心人士的捐赠积极性,还可能会对社会各层级人群实行层层发动,比如借助县区级慈善总会来向社会发出号召。第三种方式是实行干部职工一日工资捐。发动干部参与慈善项目时,他们通常情况下都会捐,也就是捐一天的基本工资收入。有时,有些来捐款的人看到其日工资数目是一百八九十(元),反而干脆捐出 200(元),即很多人捐出数额可能会比日工资数多。第四种方式是实行城乡居民"一元捐"。虽然它的名字叫作"一元捐",但并不意味着捐赠者只能捐 1 元,有的人口袋里有 1.5元,便也说"一起都捐了吧,捐了吧"。也就是说,这种方式虽然提出来让大家捐 1 元,其实 1 元就是一个下限,愿意捐多少就捐多少,它就是指小数额捐赠。

从 2016 年开始,辽阳市慈善总会开始开展"一张纸献爱心"捐赠活动。这个活动的重要方式就是倡导学校和社会各界尤其是机关单位等卖废报纸、废书,卖完后把钱捐赠给市慈善总会,然后该组织再将善款一起捐到中华慈善总会。当然,中华慈善总会还会把这笔款项的百分之七八十返还给该组织用于救助患有先心病、白血病的少年儿童,或者建立救助慈善基金。通过这样的活动,该慈善组织一年能募捐 1000 多万元。当然,这些活动都是本着自愿原则,推动潜在捐赠者自愿而非强迫捐赠。但是,在自愿基础上也会宣传"回报",如表彰典型、授予称号、颁发奖状、报纸刊载等。总之，坚持自愿原则是最重要也是最基本的原则，不能强迫他人。

> 比如说，我们给党员干部、职工做工作、作动员时，也会坚持自愿原则，层层发动。各机关通常会通过开会的方式进行动员，党委书记亲自上台动员。我们不要求重复捐，每年每人捐赠一次——不能一年（捐）两次，也不能一个人在社区捐赠一份，在单位捐赠一份。我们要考虑群众的经济承受能力，当然，如果捐款者自愿，也可以允许多次捐。我们不能强迫捐款人重复捐赠，也不能登门索捐。另一个原则是公开，即社区收到的募捐款明细用一张大红纸在公开场合公布，市里收到的募捐款明细会利用报纸、电视台进行公开。（辽阳编号2，2017.10.14）

4. 打破民众对慈善捐赠概念模糊化的困境，吸引民众关注慈善

在辽阳市调研时，研究者发现当地百姓对"慈善捐赠"的概念也是比较模糊，很多人停留在"反正我拿东西出去捐就是做慈善"，也就是说他们对"捐"有一定概念。同时，即使有的人关注慈善捐赠，大多数情况也是把公益和慈善看作是相同概念，认为慈善就是做公益，就是"拿钱帮助别人，比如拿出钱去给患白血病的孩子捐款，或者帮助孩子上学"。其实，很多民众参与捐赠时想法很简单，就是想帮助一个人，献一点爱心。

5. 以"慈善三字经"为纽带，向广大民众推广"其实慈善和我们很近"的捐赠理念

近几年，辽阳市提出建设"智慧、文明、美丽、幸福"新辽阳的口号。为了更好地把慈善事业融入其中，辽阳市慈善总会本着"宣传慈善，弘扬慈善文化，践行慈善理念"的初衷，把辽阳市人民积德行善、乐善好施的优良传统与社会主义精神文明、大爱奉献的现代新慈善理念

结合起来。与此同时，辽阳市慈善总会与市委宣传部、辽阳日报社、市广播电视台、市文联联合开展了辽阳慈善"三字经"①征集活动，先后征集到161篇投稿。

> 这都是社会上公众写的，他们的觉悟都很高，都很关心这事。虽然文稿中有不少词是后改的，但含义不变。比如，有的人不知道中华慈善总会是哪一年成立，还以为它是跟中华人民共和国成立时间是在同一年。于是，我们将其修改为1994年。（辽阳编号2，2017.10.14）

在征集到的161篇作品中，辽阳市慈善总会按照优中选优的原则，选出28篇作品编辑成册，作为后期慈善宣传的一份手册材料，旨在把慈善理念发扬光大，使慈善文化代代相传，让更多的人了解、关注、支持慈善事业健康发展。可以说，朗朗上口的慈善三字经，体现了辽阳地域特色，反映了辽阳厚重的慈善文化积淀，给人以脉络清晰的观感，且文体上采用三字成句，一气呵成，可读性较强，便于更多民众将慈善记在心里。"怀仁爱、谓之慈、行济困、施之善"，短短三字成句，道出了慈善的本质。

6.营造"人人可行善，人人有善行"的捐赠氛围

人人都是潜在的行善者，只是有的人可能还没找到践行的"出口和渠道"。近些年，辽阳市越来越多的民众开始关注慈善捐赠问题。对于普通民众而言，可能会关注"今年还搞不搞这个项目了？我能不能算被救助的人？"对于爱心人士而言，可能会关注今年还开展慈善月吗？还组织捐赠活动吗？如果捐赠的话，那我捐出的钱都去哪了？对于企业家而言，可能会关注"我们企业为社会付出了，能不能体现我们的社会

---

① 《慈善三字经》，http://www.lyscs.org/html/LYCS/201910/157102684125890.html。

责任感呢？"因此，应该了解各类捐赠主体对社会慈善的关注情况，认可各类社会慈善捐赠主体需求，提高其捐赠自豪感和获得感。

> 比如，给他（企业家）评比为"辽阳市十大首善"。他把获奖牌挂在企业里的显著位置，这个奖牌就可以成为他们企业的招牌呀！试想，当该企业负责人（拿着获奖证书）跟另外一个企业签协议时，这些证书可以向对方传递出一种善意信息——既然当地市慈善总会给这个企业颁发了这么多奖杯、证书（xx 企业 xx 年 xx 月被评为 xx，捐赠 xx 元），那么，可以充分说明这个企业是个诚信且有社会责任感的企业。基于此，是不是会大大增加社会公众和同行对这个企业的认可度，进而推动他们更加助力于该企业发展？（辽阳编号 2，2017.10.14）

据悉，该市在 2016 年开展"一元捐"项目时老百姓都愿意参加，共募捐到 78 万元善款，这对于全市仅 180 万人的辽阳市而言，相当于超过三分之一的人捐款了。

> 我们现在搞一个募捐活动时，以十个人为例，如果募捐数额不太大的话，我身边的这些人应该都没有问题，不仅仅是会员这块，还有我的朋友们，其余的人我不能肯定。我觉得我们是用结果证明给所有人看，所以大家愿意相信我们、跟随我们。（辽阳编号 2，2017.10.14）

可见，不管穷或者富，民众对慈善捐赠都会予以关注。随着关注度越来越高，整个社会的慈善捐赠氛围会愈来愈浓厚。

7. 慈善组织管理机构应切实执行鼓励居民慈善捐赠的政策

政府相关部门对慈善捐赠问题的关注既可以体现其对慈善捐赠的

重视，也可以进一步推动慈善活动开展，最终推动慈善事业发展。为了充分动员和鼓励广大居民参与慈善捐赠，不少政府相关部门及慈善组织采取多种措施。

一方面，政府相关部门应切实执行从中央到地方所颁布的各种慈善捐赠法律法规与政策文件，为个人参与慈善捐赠活动营造积极的大环境。否则，政策不但成了"摆设"，还可能成为影响居民参与慈善捐赠的障碍。

我们曾经有过注册的想法，在2010年前就想注册，在5年前也想注册。但是，当时注册太困难、太复杂，主要是手续特别繁杂，特别繁杂！让我们苦不堪言。其实，中央文件很好，中央精神也非常好，但有些规定到了基层就"走形"了，走样了。实际操作的时候，真正干实事的少啊。我刚才用4个字形容非常困难，特别不容易，你自己慢慢领会吧，程序非常复杂。（辽阳编号4，2017.10.14）

于是，有的慈善组织虽然开展着慈善捐赠活动，但是由于其未注册，未受到相关部门监督管理，因此，一旦有负面性的新闻被曝光出来，会导致广大民众对慈善捐赠不信任、不支持，甚至反感。

另一方面，慈善组织管理机构对居民慈善捐赠行为实行荣誉认可与奖励支持，推动了更多人参与慈善捐赠。

我们组织现在已经获得了辽宁省关工委、辽宁省妇联、辽宁省宣传部的高度认可，被评为辽阳市唯一的示范基地、先进单位。辽宁省评选的示范基地在每一个城市可能只评选一个单位，甚至有的城市没有单位被选中。他们给我们这个荣誉，对我们是一种激励。因此，既然省里领导、市领导高度认可我们，我们就要再

接再厉，继续努力地往前走。（辽阳编号4，2017.10.14）

可以说，这种认可和荣誉会大大推动该组织向前发展，会带动更多人参与其中。

六、烟台市促进居民慈善捐赠建议

在本研究中，烟台市居民慈善捐赠行为发生过程中各环节的总体准备水平处于"规划阶段"（研究中对其评分为4.5分），这个评分在研究者所调研的13个城市中排名第13位，而且广大居民在捐赠行为发生过程中的五个环节（居民对慈善捐赠努力的了解、慈善氛围、慈善资源、领导者关注等）的评分均非常低（见表5-1），且慈善资源维度的评分仅3.93分，此评分与研究者所调研的所有城市评分相比属于得分最低者。可见，要提高烟台市居民慈善捐赠参与度及捐赠积极性，需要从多个方面付出较大努力。

1.开展多种多样受民众欢迎的慈善捐赠项目

开展慈善项目的最终目标是服务民众，所以，应开展哪些慈善捐赠项目在很大程度上取决于捐赠者和受捐赠者的需求。在调研时，研究者发现了一些受欢迎的慈善捐赠项目，如有的公益组织开展的四类项目广受欢迎：第一种是帮老扶贫，帮助孤寡老人，比如到敬老院去看望孤寡老人、空巢老人、失足老人；第二种是帮助残疾贫困家庭；第三种就是帮助失学儿童，如关注关爱一些自闭症儿童的成长和就业；第四种就是爱心义卖，走进社区和烟台的繁华地区进行爱心义卖活动。

烟台市慈善总会①开展了很多类型的慈善项目，既开展慈善捐赠项

① 烟台市慈善总会成立于2005年4月26日，是依法登记注册、具有独立法人资格、公募资质、以面向社会开展慈善活动为宗旨的非营利性5A级社会组织。总会办公室为日常行政办事机构，是烟台市民政局下属的正科级、全额拨款事业单位。主要开展筹募慈善资金、救助困难群众、组织义务服务、宣传慈善文化等工作。

目，如个人（家庭）冠名基金、企业冠名基金、慈善捐款箱、义卖义演等；也开展了一系列慈善救助项目，组织开展赈灾救难、扶贫济困的社会救助活动，包括助寡、助孤、助残、助困、助医、助学等，如慈善爱心桥救助、突发性困难救助、临时困难救助、爱心复明救助、关爱生命慈善行动救助、慈善爱心超市救助、肾友中心救助、红苹果儿童慈善救助、温暖烟台救助、情系学子救助、中慈药品援助、冠名基金救助、抗震救灾、慈心善举塑新生救助等。在这些项目中，其经常开展或者最受广大居民欢迎的项目主要有突发性困难救助、临时性救助、爱心复明救助，还有每天都在开展的肾友中心和慈善爱心超市。

2. 利用新闻报道宣传慈善项目，利用慈善公开周向民众反馈捐赠效果

很多组织会在慈善捐赠项目结束后对该慈善活动进行总结，借助一些新闻媒体进行宣传，因此，一方面可以向捐赠者反馈此次慈善捐赠项目的效果，另一方面可以扩大慈善捐赠项目的效果影响力。为了反馈并扩大慈善捐赠项目的效果，烟台市慈善总会每年都举行"慈善公开周"活动，这个活动规模比较大，慈善效果（无论是募捐、救助还是义工方面）反响很好，并且通过这个公开周搭建起交流和宣传平台，尤其是每年9月3日实行广场宣传活动。

　　我们平常主要是依靠每次搞活动之后的新闻报道去宣传希望工程；第二个就是发放宣传手册，上面有希望工程的公益项目，还有指定联系电话，可以动员大家来参加。比如说2017年搞活动是在"3·5学雷锋"日，我们在文化广场发放这个宣传手册给广大市民。每次慈善捐赠活动结束后，我们会通过希望工程网站、希望工程微信公众号平台、《威海晚报》等几种渠道进行宣传，还通过齐鲁网等网络渠道来进行宣传。（烟台编号2，2017.8.23）

善款被使用于哪里？有没有真正发挥其效用？这些都需要让捐赠者放心。因此，有必要加强社会各界对慈善监督。为此，为了增加公众对慈善款物募集和使用的知情情况，提高捐赠信心和公益组织公信力，截至 2020 年，烟台市慈善总会已经开展了十一届"慈善周"。在 2022 年所举办的第十二个慈善周中，该市慈善总会从 7 月 20 日起面向市民开放部分慈善信息公开资料，公开地点为市慈善总会办公室。公开周结束后，广大市民也可以在"每周慈善开放日"（即每周星期五，开放时间为 14 时至 17 时）查阅有关信息和账目。

3. 打破"慈善就是捐款捐物"的认知局限，唤醒民心向善

调研时，烟台民众对慈善捐赠认知维度的评分仅为 4.06 分，相比于其他被调研城市而言相对较低，这在一定程度上说明了破解社会大众对慈善捐赠认知困境的必要性，也说明了提高民众对慈善认知认可度的必要性。同时，研究者发现不论是公益组织负责人还是普通居民，有的人对慈善捐赠认知较为局限，其要么认为"慈善就是捐款捐物"，要么是将其理解为"是为了困难儿童捐赠（善款）"。关于慈善捐赠细节更是一无所知，甚至"80% 的人不了解"慈善，更不用说慈善捐赠会呈现出哪些特点，因为不少人只是在电视或者报纸上看过慈善捐赠方面的一点儿信息。

民心向善。慈善发展既需要浓厚的公益氛围，也需要积极文化价值观引导。在烟台，不管是慈善捐赠还是志愿服务，"在自己的能力范围内尽可能地帮助别人，不仅实现个人社会价值、人生价值，个人内心也会十分开心"的理念充盈着每个居民的心，"帮助别人，快乐自己"更是成为每个公益人的口号。其实，公益慈善很简单，志愿服务离我们也很近，以自己的行动和坚守向社会传递正能量是每个公益人的初衷和动力。

当然，慈善捐赠的宣传离不开媒体，更离不开政府相关部门的支持与努力。政府可以出面调动媒体宣传慈善捐赠的积极性，做一些公

益广告去唤醒民心，唤醒他们的内心，促使其从"被动"转为"主动"捐。此时，是否可以利用中国文化中的一些传统美德来影响社会大众呢？比如，百善孝为先。

4. 缩短居民慈善捐赠从关注到参与的路径，逐步营造人人可捐赠的氛围

在慈善捐赠领域内，关注和参与是两个概念。或许关注慈善的人很多，但是不一定会参与其中，甚至有的人会"反对"：

> 我刚开始做慈善的时候，很多朋友并不支持我，觉得"你闲的没事干啊，钱太多花不了啊"什么的。后来，随着我们做了越来越多的事（慈善活动），而且我们的救助效率也很高，就有人开始支持并且愿意主动加入我们。（烟台编号1，2017.8.22）

所以，除了应该引起广大居民关注慈善捐赠项目，还应该让居民参与到慈善项目的组织和实施中，并尽可能将其发展为"铁杆捐赠者"，使其以领导者的角色参与到慈善项目当中。

要推动更多个人参与到慈善捐赠中，前提就是打通居民参与慈善捐赠的路径。因此，可以开展一些居民愿意参加的慈善活动，并且把慈善募捐作为公募慈善组织的核心工作来抓，不断探索慈善募捐机制，着力拓宽慈善募捐渠道，推动慈善募捐逐步走向社会化。当前，烟台市有的公益组织尝试进入不同社区、不同场所举办小型公益慈善活动，开通"慈善捐款电话热线"和"网上募捐平台"，设置捐款箱，通过举办义卖、义拍和销售附捐等多种方式开展日常化募捐，这些多样化的善款募集形式利于推动居民捐赠。

5. 加强慈善组织管理机构相关领导对慈善捐赠的深度关注与切实参与

在烟台，为了更好促进当地社会组织发展，筹建了烟台市社会组

织孵化中心：一方面，该组织的存在是为了孵化其他慈善组织；另一方面，该组织又是开展慈善捐赠项目的一个载体。烟台市从上到下各部门领导对慈善捐赠的关注度都较高：

> 今年，从上到下各层级领导都很关注我们，比如，省里民政厅（比如民政厅副厅长）过来调研指导我们，而且民政局、区里领导也经常过来指导我们，他们很关心我们。他们以项目的形式投入一些资金来帮助我们这里发展。通常情况下，我们先把这个（预开展慈善项目）预算做好，然后，民政局会请专家论证、评估，之后再给我们的项目投入资金。所以，领导口头上和行动上都会支持，既会给我们资金支持，也会参与到项目的组织实施中，而且我们会给他们提供资料、后期反馈，以及财务预算。（烟台编号 7，2017.8.24）

同时，烟台市相关政府领导对慈善捐赠的重视成为推动居民慈善捐赠的一种重要动力。例如，作为烟台市较有代表性的慈善组织之一，烟台市慈善总会受到政府推动作用较多，市政府每年都会发出一个倡议来向社会大众倡导慈善捐赠。随着我国慈善事业不断发展，个体慈善逐渐步入到全民捐赠时代，向民众发出捐赠倡议成为慈善资金来源之一。为此，每次开展慈善项目时，经常会有很多领导参与到项目组织和实施中，比如民政局领导，他们都很重视。

6. 大力发展社区慈善，助推社区营造浓厚慈善氛围

当前，发展社区慈善成为我国慈善事业发展的新方向，也是助推居民积极参与慈善活动的有效手段。在烟台调研时，发现其居民参加慈善活动的社区氛围还有待加强：该维度评分仅 4.36 分（详见表 5-1）。

为此，多举措助推社区慈善氛围营造是非常必要的。当前，社区慈善成为有的城市发展慈善事业的新尝试。

自 2019 年以来，以党建引领慈善发展成为烟台市慈善发展的特色之一。为了进一步推动慈善资源下沉，烟台市民政局、烟台市慈善总会着力打造"党建引领、慈善惠民"品牌，推动建立"五个一"工程，即一社一组织、一社一基金、一社一品牌、一社一基地、一社一文化。具体而言，一社一组织，即每个社区建立一个社区慈善工作站，以规范工作站挂牌、工作制度、人员配备、工作流程等事项，该工作站是由社区书记担任站长，并由市慈善总会党支部党员、社区党委（支部）成员或社区内热心慈善事业的党员义工担任副站长；一社一基金，即在 12 个社区分别设立"红色先锋慈善公益基金"，该基金由市慈善总会负责管理，主要用于救助本社区内困难群众；一社一品牌，即结合各社区实际和优势工作，围绕"助学、助医、助残、助老、助困"等方面打造特色救助品牌；一社一基地，即建立社区慈善义工服务基地，与辖区社区党建品牌联合对接，发挥好党员义工先锋模范作用，加强慈善义工人才培养培训，打造党建慈善义工服务品牌，最大限度实现资源共享；一社一文化，即在社区开设慈善宣传栏，普及慈善常识，加强慈善宣传，定期举行形式多样、丰富多彩的慈善活动，不断提升"党建引领、慈善惠民"党建品牌的知名度和美誉度。

可以说，社区慈善工作站的成立可以大大推进慈善资源向社区基层延伸，让广大居民在社区、在家门口也能享受到便捷的慈善服务，也为爱心企业和其他民众搭建起便捷慈善参与平台，有助于惠及更多居民。同时，在社区建立慈善义工服务基地，引导慈善义工就近服务于各社区，拓展义工在社区服务范围，提升义工服务水平，创新慈善义工服务"零距离"模式。

7. 广泛调动社会各界参与慈善活动积极性，为慈善活动提供必要资源支持

在烟台，义工是当地居民积极参加慈善活动的重要形式。当公益组织策划慈善活动时，有时会对参加的义工人数作出上限规定，不限制

的话就会有很多人去参加。虽然也有一些义工管理条例和其他各类慈善法律法规，但是，老百姓并不关心这些东西。这在一定层面上说明这些法律法规所发挥作用还不足，而且它们在百姓中的宣传力度还不够。因此，会在一定程度上限制慈善事业发展。

为了丰富当地开展慈善活动的资源，广泛调动社会各界参与慈善活动、提供必要的政策鼓励和技术培训是必不可少的。企业、普通居民、爱心人士等社会各界积极奉献爱心，纷纷伸出援助之手，捐款捐物，汇聚成一股股暖流。在 2021 年 9 月，烟台共青团再次发出"希望小屋"召集令。该召集令主要是针对困难家庭无独立居住和学习环境的8—14 岁困境儿童，为其打造独立、舒适、卫生的学习小屋，并且为其配套可以结对陪伴的爱心，以帮助那些困境儿童实现从"小屋焕新"到"精神焕彩"的成长转变。项目开始后，烟台市各界民众积极参与。比如，在腾讯"99 公益日"之际，团市委、市青联、市学联、市少工委、市青企协、市青志协等共同向社会各界爱心人士、青年朋友发出倡议，号召民众积极参与"共建烟台希望小屋"线上募捐活动，一起点亮困境儿童的希望，点燃更多民众的慈善热情。

七、威海市促进居民慈善捐赠建议

在本研究中，威海市居民慈善捐赠行为发生过程中各环节的总体准备水平处于"规划阶段"（研究中对其评分为 4.8 分），而且"居民对慈善捐赠努力的了解"和"领导者关注"两个维度的评分高于 5 分，其余三个维度（慈善捐赠认知、慈善资源、捐赠氛围等）均低于 5 分（见表 5–1），这样的评分与研究者所调研 13 个城市评分相比属于得分中等水平者（在 13 个城市中，威海市排名第 8 名），这说明威海市广大居民对慈善捐赠方面的工作有了一定认可但仍需提高，尤其是他们对慈善捐赠的认知还需加强，因为他们对捐赠认知的评分仅为 4.92 分，属于较低的准备水平，且该城市在"慈善资源"维度的评分仅为 4.25 分，也是非常低。虽然研究者调研威海市时也发现居民参与捐赠的热情较高，当地促进广大居民捐赠方面的做法值得学习，但是也有不少问题值得我们深思。

1. 慈善捐赠项目应针对某类群体而非个人开展

很多慈善组织开展多种多样的慈善项目，但是，随着慈善不断发展，越来越多的公益慈善组织达成共识：慈善项目并非是为了某个人或者某几个人而开展，而是为了某类群体/某类社会问题而开展活动。所以，为了单个人而组织募捐的慈善项目会越来越少。在前些年的慈善捐赠活动中，公益组织寻找一些贫困的人，买点米面油等去慰问他们，或者去敬老院为老人提供服务活动，抑或募捐一些旧衣服送给贫困者。如果说传统慈善活动以单纯捐款捐物为主要形式的话，那么，一些现代新型捐赠形式正在逐步取代这种传统形式，或者说正在减少这种传统捐赠形式。

根据相关资料显示，"十三五"期间，威海市的各级慈善组织相继组织并实施了慈善大病救助、"慈善光明行"、免费发放中华慈善总会援助药品等助医项目，共支出 3.74 亿元，救助 5.2 万人次。同时，开展了一系列慈善助学项目，如贫困大学生救助和冠名定项助学等活动共支出 7625.54 万元，救助 3.75 万人次。除了上述慈善项目，有的公益组织还开展了关爱老兵党员活动，即对全市近 200 名威海市户籍且目前居住在威海的抗日战争时期入党的农村老党员和城市未享受待遇的老党员、抗日战争时期入伍的在乡复员军人，开展居家养老照料服务或机构住养服务。

2. 借助媒体对慈善项目做全方位报道，多途径宣传慈善捐赠信息

对慈善捐赠项目进行宣传可以让民众对其了解更多，也是向民众公开慈善捐赠项目的一种途径，还是社会大众对慈善捐赠项目进行监督的一种方式。所以，为了加强慈善捐赠项目的吸引力和透明度，应该加强对慈善捐赠项目的宣传跟进。

　　我们每一次搞活动时，所有的媒体都必须跟进。因为我们是文明办直属的学雷锋志愿服务队，像威海新闻、直播威海、《威海日报》《威海晚报》、大众网等都跟着（进行采访报道）。比如说，关于助残项目，我们每一次都在电视、报纸上做活动介绍，还附上（我们）帮助他们的一些场景，这样可以一目了然。在做活动介绍时，我们都是以发报道的形式写得清清楚楚，每次活动都在媒体上把活动状况、活动内容、活动目的、活动的可行性以及活动效果写上。（威海编号3，2017.8.25）

　　同时，这种慈善宣传还可以线上线下一起做，线上主要是指利用网络，如微信、QQ、微博、网站等。其实很多活动都接受了媒体报道，如利用报纸进行报道。线下方式诸如在活动现场开展宣传。

　　除了上述宣传方式，还可以借助发送手机短信息的方式。例如，威海市每年要开展"慈心一日捐"活动前，会面向市区的居民发送两条短信，期望大家能分享爱心。活动正式开始的时候发送第一条短信，活动开展的中间过程中会发第二条短信。短信内容是：献出一份爱心，帮助我们身边困难的人，今年慈心一日捐活动是从某月某日到某月某日开展，欢迎您参与！尽己所能，奉献爱心，让慈善走进生活。开展慈心一日捐活动时，通常会和联通公司合作。"今年开展的时候，有一个人给我们留下很深印象，她就是看到手机短信来（我们）这儿捐了500块钱。"（威海编号4，2017.8.25）

　　3. "慈善"二字很简单，要加强居民对慈善捐赠的理解深度

　　有人打着慈善募捐的名义骗钱，有人通过慈善募捐得到了社会大众的切实帮助。在这种状况下，有些老百姓对慈善捐赠的认识处于"纠结"境地，其做慈善的初衷也呈现多样化：有的人是为了净化心灵，有的人是为了"赎罪"，有的人是为了通过自己的专业来推动社会发展，还有的人是由于自己心地善良看不了别人可怜而做慈善，有的人去做慈

善也不是那么"纯粹"。其实，在研究者看来，很多人去做好事的时候并没想那么多，甚至根本没时间去想。比如，一个人救落水者后，有记者采访"你为什么救他，当时怎么想的?"其实，当我们看到有人在水里挣扎，哪有时间去思考那么多！难道还要思考一下救人后能得到什么吗？老百姓做公益慈善，或许很多时候就是形成了一种习惯。

4. 借助"新公益"与"老公益"之辨厘清慈善困惑

从 20 世纪 90 年代初国家批准成立第一家全国性的民间慈善组织中华慈善总会算起，中国现代意义上的慈善也只有 30 年。在此前很长一段时间内，由于种种原因所致，慈善发展路程缓慢。随着 2008 年"5·12"汶川地震后民众慈善意识和慈善热情大爆发，中国慈善发展步入新阶段，广大居民参与慈善捐赠活动的频率和额度都有所增长，尤其是随着个人慈善捐赠不断增长，广大民众和社会各界对慈善捐赠理念也在不断发展变化，甚至有些人提出了"新公益"与"老公益"之辨。在研究者看来，当前学界和社会大众之所以对慈善捐赠有较大的理解差异，是因为大家心中对慈善的衡量标准不同，因此，有必要借助新老公益之争来厘清新老慈善的困惑。

首先，将"新公益"与"老公益"分开来理解，否则谈不清楚。当然，这个分割也没有什么好坏之分，只是说旧的公益与现代公益理念存在差异。老公益无非就是拿出钱来帮助一个有困难的人，这个过程是不是公益还有待考究，它很有可能是个"私益"，因为它只是"我把钱给你了"，它面对的不是社会问题，不是从根本上面对社会问题和解决社会问题，仅是面对了社会表面。所有的公益项目必须要面对社会问题，对社会问题提出解决方案，打造出一个解决社会问题的公益体系，并且有一个考核目标，然后逐步完善，这些才是公益应该有的理念和初衷。

其次，新公益可以借助互联网等新技术来更好地发展。例如，借助手机 APP 来实现慈善组织与企业协作的联合劝募，让大家借助"日行一善"的渠道来轻而易举做慈善。这种新渠道不要求你每天付出太多时间，也不要求你每天拿出太多的钱，相反的，它只需要你每天拿出一点点时间在网上用APP摇一下或者做一点事，有时甚至是在不需要个人拿出具体现金的前提下就做公益了。具体而言，我们都知道每个企业都有广告费，企业可以把一部分广告费给某个慈善组织（当然也应该给他开捐赠发票以便于其税收抵扣），那么，该慈善组织接受企业的捐赠后当然要去"做广告"，但是做广告的方式很简单——比如你摇一下，出来个APP页面；下载后，把它分享出去，个人就可以得到一角钱。但是这一角钱只是一个数字，你不能提现而是要把它捐给公益组织。这样，作为普通人，既帮企业做了宣传，自己还做了公益，是不付出自己钱的情况下做了公益。我们倡导的是快乐公益，是长久化的公益，不能竭泽而渔，否则对公益是一种损害，对公益资源是一种伤害。公益化太多了，没有钱；而商业化太多了，又没公益。因此，这种新型公益要把握好商业与公益间的关系。

再次，新公益最重要的发展目标是让公益平民化、自然化、常态化。现在大家都认为做公益是好的，大家都有这个"心"，没有人说做公益不好。但是，有的人不知道怎么做慈善，甚至有时会被别有用心的人利用。老百姓可能会有各种各样价值观，但更多情况是很朴素的一种观念，就是"做好事，做完公益很愉悦"，或者追求好人好报，这些都是基础性的观念，所以我们要往价值观上引导。其实，公益应该和走路、睡觉、喝水等一样简单，愿意做公益就做，可是现在有些时候却做不到这一点。当你告诉别人"我喜欢做公益"，别人会说"啊?"也就是说，公益连这点地位都得不到。大家应该把做公益理解成：我不是比别人高，也不是比别人强，我就是爱好这个，就如喝水一样。让公益平民化、自然化、常态化是我们最重要的目标。

再者，公益发展依赖于社会的发展进步。当然，公益的发展不能都依靠政府，公益组织本身也有问题，大家要相互理解：对于政府而言，要做好动员者、支持者；对于个人而言，首先就是把自己的工作和家庭等处理好，从提高个人素质开始。要想全民做公益，需要一种机制去引导。这种机制就是大家一抬脚就能迈到公益慈善的门槛里，而且每次做完（公益慈善）后都很高兴，每次做公益都有"收获"。也就是说，这种引导机制会让每个人很容易做公益，很容易得到回报，对个人能形成良性刺激。当然，对不同的人而言，有的人喜欢得到社会承认，有的人喜欢参与慈善捐赠去凑"热闹"。简言之，引导居民捐赠的机制就要坚持"快乐公益、简单公益"。

5. 保护居民慈善捐赠热情

威海市居民慈善捐赠氛围评分仅有 4.42 分，属于比较低的评分，这说明威海市在这方面仍需改善。调研时，当研究者询问"用什么方式来支持慈善捐赠"这个问题时，一位普通居民回答说：

> 有钱的话就多捐点，没有的话就少捐点，不在于（钱）多少。这个很难说，可能是有一些不太好的人把一些心好（善良）的人的心伤了——有的人捐了钱，但后来发现不是那么回事。比如，有人在搞募捐，我们去参加了，有时捐 50 元，有时捐 100 元，有时可能捐 5 块钱。可是，捐完后又有人爆料这个人家里很有钱，那么，我们就感觉好像把钱给了一个不太需要帮助的人，有种被骗的感觉......（威海编号 2，2017.8.25）

近几年，威海市慈善捐赠氛围逐步好转，广大居民参与慈善捐赠的热情逐步提高。有一些民众刚开始只是去参加捐款活动或者做志愿者，可是不知不觉中，他们不但成为了公益中的一员，而且成长为公益组织的组织者和领导者：

> 我们这些志愿者基本上都是这样发展起来，就是一个志愿者

带动另一个志愿者参加活动，进而逐步壮大起来。可以说，这种带动的力量还是很强的。比如，除了作为组织成员，我自己还建了一个爱心方面的微信群，倡导大家每天一元钱，并且以发红包形式专门带动大家做慈善。（威海市编号6，2017.8.26）

当然，有些老百姓也会"反对捐赠"，他可能会说一些诸如"为什么强迫我们去捐款"之类的话。可能有的单位在实施的过程中由于实行不得当捐赠做法而引起民众反感，但是这并非是各个单位的初衷，因为政府文件中写得很清楚，是"完全自愿"地捐赠，只是有的单位在捐赠动员时没有很好地"掌握分寸"，因此导致了这种情形。

6. 慈善组织管理机构对慈善捐赠的重视要体现在实际管理过程中

当前，有的部门领导对居民慈善捐赠问题的关注侧重于参加仪式性活动，而非具体慈善捐赠项目，至于是否参与到慈善捐赠活动的动员与实施中，领导们对不同慈善组织或者慈善捐赠项目的做法并不同：有的领导会参加某个公益组织的慈善活动，如威海市慈善总会，因为民政局本身也有慈善类工作，所以有时候民政局也会向财政局申请资金去支持慈善总会组织活动；有的领导会专门开会讨论慈善捐赠方面的事情，但是，他们很少会以"带队"形式带领慈善组织开展某项捐赠活动，因此，他们还需要加大对慈善捐赠的推动力。

多年来，威海市环翠区委、区政府坚持把发展慈善事业作为完善社会保障、推动第三次分配的重要内容，自2004年至2021年9月，全区通过"慈心一日捐"共募集善款1.07亿元，惠及困难群众2万多人次，在扶危济困、促进社会和谐方面发挥了不可替代的作用。在2021年，环翠区继续开展以"携手慈善、共创和谐"为主题的"慈心一日捐"活动，按照"依法组织、公开透明、广泛发动、坚持自愿、鼓励奉献"的原则，面向社会各界开展慈善募捐活动。在此次活动中，广大居民和区委区政府的相关领导都将一笔笔善款投入箱内，纷纷奉献爱心，踊跃捐款。在该次"慈心一日捐"活动中，民众可以通过现金捐赠、设立基金和定项捐赠三种形式进行捐赠。广大爱心企业、单位和爱心人士可以直接联系区慈善总会捐赠，也可以联系当地政府、行业主管部门进行捐赠。

八、临沂市促进居民慈善捐赠建议

在本研究中，临沂市民众慈善捐赠行为发生过程中各环节的总体准备水平处于"规划阶段"（研究中对其评分为 4.916 分），而且广大居民在捐赠行为发生过程中的"居民对慈善捐赠努力的了解"和"领导关注"两个维度的评分高于 5 分，其余三个维度（慈善捐赠认知、慈善资源、捐赠氛围等）均低于 5 分（见表 5–1），这样的评分与研究者所调研的 13 个城市评分相比属于得分中等水平者（在 13 个城市中，临沂市排名第 6 名），这说明临沂市广大居民对慈善捐赠方面的工作有了一定认可但仍需提高，尤其是他们对慈善捐赠认知还需加强，因为他们对捐赠认知维度的评分仅为 4.33 分，属于较低的准备水平，且该城市在"慈善资源"维度的评分仅为 4.75 分，也是非常低。虽然研究者调研临沂市一些普通居民和公益组织时发现不少居民参与捐赠的热情较高，也探寻出一些值得学习的措施，但是仍有不少问题值得我们深思。

1.借助慈善组织开展一些核心慈善项目，实现爱心"零距离"

有的公益组织乐于开展助学、减灾、赈灾等类型的慈善活动，有的公益组织开展慈善活动时则围绕某类慈善项目为核心展开：

> 我们每个服务队（我们临沂管理 12 支，其中有 11 支队伍在我们临沂本地）都有一个核心服务项目，而且每个服务队的核心项目不一样，比如说我们沂蒙服务队的核心服务项目叫作"狮爱助行"，它主要给沂蒙山区那些下肢残疾的朋友免费安装义肢，为他们做心理疏导，以后有合适工作的话也会帮他们联系工作；动力服

务队的核心项目叫"狮爱书屋"，就是为山区小学筹建图书室；爱心服务队则是为山区小学捐赠桌椅。此外，还有的服务队的核心项目是助老。（临沂市编号 4，2017.9.30）

其实，慈善捐赠活动的开展重在如何实现"零距离"，让捐赠者和求助者之间无缝隙，让慈善项目更受广大民众欢迎。在调研时，研究者在临沂还遇到一种新型捐赠项目"新婚者捐赠结婚礼金"：2015 年 3 月 8 日上午，临沂一对新人的婚礼现场上演特殊而感人的一幕，新郎和新娘两人在婚礼仪式上增加公益捐款环节，这对新人和亲朋好友捐出礼金 13624.6 元用于关爱老兵项目。这种捐赠礼金方式较为少见，引起了社会影响和民众关注。

2. 编制慈善手册发放到基层社区，扩大慈善捐赠认知范围和影响力

有的慈善组织不愿意做宣传，他们认为宣传是一把"双刃剑"——扩大慈善组织的知名度之后，一方面可以把一些好的东西宣传出去，另一方面可能会给现有组织带来一些解决不了的问题。

当然，如果开展慈善捐赠宣传，那么就应有足够的宣传力度，比如，可以编制一些宣传手册，将手册发放到各大广场及基层社区等人流量集中的地方，争取在最大程度上将慈善项目内容宣传到位，进而影响更多民众。同时，还可以与一些媒体保持联系，将慈善组织的联系电话向社会公开，这样既可以为捐赠者和社会广大求助者提供与慈善组织进行沟通的机会，也便于接受社会监督。例如，借助临沂电视台和都市之声、交通音乐台等广播频道进行宣传。

除此之外，还有一些具有官办背景的慈善组织会借助官方渠道开展慈善宣传。例如，临沂市慈善总会开展大型慈善捐赠活动"慈心一日捐"时，通常会下发通知。

（临沂市下辖）费县（慈善总会）就是这样做的：县委书记发出倡议，开动员会。他们还成立了（区）慈善总会，把募捐善款当作基金运作，这样之后的年份中它们还会有利息入账，于是，利息再加上社会大众当年捐的钱，基本上就能满足其开展当年各类慈善活动了。（临沂市编号5，2017.9.30）

3. 打破居民对慈善捐赠的认知困惑，增加居民对捐赠认知内容

在临沂市，虽然慈善捐赠发展水平在历届公益慈善指数评比中表现较好，而且本次研究也发现其与所调研城市评分相比属于得分中等水平者（临沂市排名第6），但是，何谓慈善捐赠？这个问题还在困惑着很多普通民众。有的居民反映，知道慈善捐赠的临沂老百姓应该很少，甚至一些志愿者都不知道。

如果用1—10分来衡量的话，最多占到2分吧。有的人认为拿钱拿物就行了，这样的做法就是慈善。（临沂市编号6访谈，2017.9.30）

当然，也有受访者反映当地也有居民会主动询问捐赠：

有一次我参加一个培训，培训过程中我们为了帮助一个孩子去募捐，我们抱着一个捐款箱去募捐。我们去烧烤摊儿、市场等去募捐，当时很多人都捐款。但是，他们捐完后就说"赶紧走吧，没事，不用谢"。有的人不在乎为什么去捐；有的人觉得即使被骗，反正就那几块钱。也有一部分人会问你们是为了什么啊？是哪个机构的啊？他们会问我们很多问题。总的说来，捐款的人和不捐款的人各占一半吧，而在捐款的人中询问有关捐款问题的人占大部分，不询问任何问题的人占比少一些。（临沂市编号4访谈，

2017.9.30）

可见，居民对慈善捐赠的认知并不仅是单纯要了解其内容，而且他们跳出对慈善捐赠的基本理解，理清"捐赠"与"公益"的区别，规范探清捐赠特征和捐赠缘由，让更多人在参加捐赠时"认识更清晰，流程更明确"。

4. 充分利用当地慈善文化，打造"纯正公益气候"

临沂在全国公益慈善指数排名中连续三届都被评为七星级城市，整个社会的公益力量在变大，公益氛围越来越好。但是，"纯正公益气候"仍需继续培养。有很多人认为志愿者就是"傻子"，他们不敬重志愿者，反而从骨子里认为志愿者是在做"傻事"。

> 所以，我们现在发动民众捐赠时通常会通过微信微博，发动周围的人参与，靠自己的人脉。（临沂市编号 2 访谈，2017.9.29）

在临沂调研时，笔者发现该市的民众虽然偶尔会对慈善有误解，但是，当地的民众"心很暖"。

> 我们广大老百姓对慈善捐赠关注度虽然不高，也就 5 分吧（满分 10 分）。大约有一半老百姓做公益慈善的时候积极性不是很高，仅是口头支持而没有实际行动，比如，志愿者入会吧，假如公益组织规定入会要交会费，则有的人就不会报名；不收费的话，有的人才会报名。还有，如果有的人知道他参与某个慈善活动需要支出款物，他就不愿意参与了。至于多少人能够真正地参与到项目中？由于我们现在的活动都是内部志愿者参与，我们也不了解（外人）他们。之所以不想让外界参与进来，主要是担心他们的一些行为会对我们协会造成一些不良影响。当然，也有一些人能发

挥领导或者推动者角色，比如，每次活动我都会做一个工作计划表，每个人的角色是什么，谁负责什么，我们都会责任到人。（临沂市编号 6，2017.9.30）

近几年临沂市整体慈善捐赠氛围趋向于越来越好，老百姓对其关注度不断提高。临沂是一个极具革命传统的红色之地，时至今日，老百姓呈现出的"爱国、爱市、爱家"传统仍流淌在每个人的心中：

临沂这块地方的人即使不知道什么是公益，他们骨子里也是愿意帮助别人。我们做活动时他们愿意参与进来，这在活动过程中能感受到。我们机构发展这么快，是山东最好的机构之一，这跟他们的思想有很大关系。所以，我觉得这种公益氛围挺好的——他们也许不知道什么叫公益，什么叫慈善，但他们非常乐于帮助人。（临沂市编号 4 访谈，2017.9.30）

或许有人会问：这种红色革命传统会影响民众公益慈善理念吗？

近年临沂老百姓对我们慈善捐赠关注度提到了，如果用 1 到 10 来衡量的话，最低是 7 吧，这还是在平时，毕竟我们这边是沂蒙山区，打工者的收入也就是在一两千块钱，太低了。要是汶川地震这种情况，当时捐的物资都老多（很多）了，我们有的企业家每一次捐赠额都是几百万，包括方便面、火腿肠等等。是一种什么东西在促使我们老百姓有这样的热情呢？沂蒙山区老百姓有一种传统，那就是乐善好施，老百姓非常朴实善良。你要是真遇到事了，他就是省吃俭用也会慷慨解囊。这是一种骨子里的东西，一种精神吧。（临沂编号 5，2017.9.30）

同时，随着文化水平的提高，会有更多人来关注一些弱势群体。在已经连续举办五届公益慈善指数评比中，临沂市多次被评为七星级公益慈善指数星级城市。为什么会有这么高的一个水平呢？

我感觉这个地方的人都比较关注（慈善），包括媒体它们也愿意去做慈善方面的宣传。据我所知，在我们这个城市中，媒体对公益慈善方面的报道力度还是很大的。在我们这儿，有钱的人一般以捐款的形式参与慈善，因为这儿老板比较多；当然，也会有一些人以义工的形式参与。我们临沂义工很庞大，有一万多人呢。（临沂编号 3，2017.9.30）

为了进一步扩大慈善文化和慈善理念的宣传范围，营造浓厚慈善氛围，2019 年 6 月 12 日，临沂日报社《临沂慈善》双周刊正式出版。该双周刊旨在倡导慈善意识，动员社会各界参与慈善活动，大力推动临沂市慈善事业发展。为此，该刊通过全方位、多角度地报道慈善工作，讲好慈善故事，传播慈善声音，贡献党媒力量，力争把临沂这座具有光荣革命传统的城市打造成为"爱心之城""温暖之城"，推动临沂慈善更好地发展！

5. 慈善组织管理机构关注公益组织活动，带动居民积极参与广大居民捐赠

在临沂，有的慈善组织在注册过程中常常会得到相关领导支持，比如有的领导能为慈善组织注册起到牵头协调作用，有的领导能对慈善捐赠问题予以较大关注，这种支持主要表现为：

一是领导支持。组织慈善活动时市领导（包括市长）都去，民政局局长、组织部部长、工商联主席等都亲自来包水饺。二是媒体支持。我们临沂电台的一个主任，他就非常热衷这个事情，

自己搭上车和油去跟着各个慈善活动跑（即参与慈善活动），所以临沂才能做成现在这样。（临沂市编号3，2017.9.29）

有时，临沂市慈善总会组织慈善捐赠活动时，也能得到相关领导的支持：一方面，当地政府部门相关领导非常关注它们的活动，当其开展一些大的活动时市领导会出面，而且他们还会给临沂市"十大慈善人物"和"十大慈善单位"颁奖；另一方面，临沂市慈善总会组织慈善捐赠活动的时候，也会邀请市领导去帮它们宣传，比如，市人大、市政协等相关单位的领导，他们基本上都能积极参与。如果企业家和捐赠者看到相关领导"为慈善活动助阵"，他们也会很高兴，这对捐赠者而言也是很大的鼓励。

同时，慈善组织管理机构应该为慈善组织开展慈善捐赠活动提供更多政策支持与对接，便于广大民众捐赠。

现在领导（包括我们市的领导）对我们做的慈善活动都有关注，比如，我们开年会和每年队长换届的时候，都会邀请一些相关领导参与，如民政局的领导以及残联（我们主管单位）的领导等。同时，还有领导在我们组织活动的时候参与进来，比如帮我们做策划，或者开展项目的时候切实支持我们——临沂市蓝山区团委给我们很多支持，它们曾帮我们联系贫困家庭的孩子，帮我们跟学校和社区沟通，为我们提供政策上的支持和对接，这样大家在捐赠时也就更有针对性了，不会盲目去选择求助者。（临沂市编号4，2017.9.30）

6. 充分利用当地革命文化传统浓郁的特点拓展慈善资源

发展慈善事业是造福社会的崇高事业，也是社会保障的重要补充，还是社会发展文明程度的一种展现。作为全国著名的革命老区，临沂市历史文化悠久，具有光荣革命传统。百善孝为先，孝老爱亲是中华民族的传统美德。近年来，临沂市高度重视精神文明建设和孝文化建设，开展六大慈善救助体系（助老、助学、助医、助困、助孤、助残等），积极打造四孝工程（明孝德、扬孝风、做孝子、行孝事），在推动孝亲文化传统中逐步打造"全省有地位、全国有影响"的慈孝工作品牌。

近年来，临沂市大力弘扬助人为乐、守望相助的优良传统，积极探索慈善事业发展路径，培养了一批又一批公益组织，涌现出一批批典型慈善人物，打造出大量具有临沂特色、惠及民生、具有公共影响力的慈善品牌，营造出"崇慈向善、扶贫济困"的良好社会风尚。2018年以来，临沂市慈善总会牢固树立"崇慈向善，扶贫济困"宗旨，在政府相关部门和社会各界大力支持下，进一步提高慈善事业的号召力、影响力、感染力和凝聚力，开启推动临沂市慈善事业大力发展的新篇章，临沂市正逐渐成为一座名副其实的慈善之城、爱心之城、温暖之城。

以2018年为例，临沂市采取了三大措施推动慈善发展：第一，临沂市深入开展"慈心一日捐"活动，在原有党政企事业单位捐赠的基础上，全市的各个银行、保险等单位也加入捐赠行列，全年共计接收市直单位捐款658.77万元；第二，积极推动单位冠名基金和个人（家庭）冠名基金建设；第三，扩大"创始基金"规模，创新物资捐赠形式，搭建网络募捐平台，并且先后组织开展了临沂市慈善家年会、临沂慈善之夜等活动，拓宽了慈善募捐渠道。在该慈善之夜活动中，全市先后有200余名书画家捐赠260余幅作品，将其进行拍卖后获得200余万元。可以说，这些多样化的募捐活动为全市立体化、多元化资金募捐格局的形成奠定了基础。

九、淄博市促进居民慈善捐赠建议

在本研究中，淄博市民众慈善捐赠行为发生过程中各环节的总体准备水平处于"规划阶段"（研究中对其评分为4.55分），而且广大居民仅在捐赠行为发生过程中的"居民对慈善捐赠努力的了解"和"领导者关注"两个环节的评分高于 5 分，其余三个环节（慈善捐赠认知、慈善资源、捐赠氛围等）均低于 5 分（见表 5–1），这样的评分与研究者所调研的 13 个城市评分相比属于得分较低水平者（在 13 个城市中，淄博市排名第 12 名），这说明淄博市广大居民对慈善捐赠方面的工作有了一定认可但仍需提高，尤其是他们对慈善捐赠认知还需加强，因为他们对捐赠认知的评分仅为 3.88 分，属于较低的准备水平，且该城市在"慈善资源"维度的评分仅为 3.5 分，也是非常低，而且两个分数在 13 个调研城市中都属于较低的评分，这说明有不少问题值得我们深思。

1. 借助慈善超市开展慈善活动，让民众能看到实实在在的慈善捐赠项目

做慈善有很多种方法，不仅有"慈心一日捐""一对一救助"，还有开设慈善超市等。在淄博市张店区调研时，研究者调研了"慈善超市"。早在 2006 年，这家由市慈善总会建立的特殊超市在张店区潘南西路开张，与普通超市不同的是，这是家爱心慈善超市，它由淄博市慈善总会建立，特困户可凭"慈善救助证"在这里无偿领取一定价值的所需物品。该慈善超市对张店区享受最低生活保障的部分特困人员和外地进入张店的困难务工人员进行救助。刚开业时，每年救助张店区享受低保人员 1000 人，标准为每人每年价值 360 元物品，后来每年救助 1500 人。在该超市启动仪式上，首批 60 名救助对象代表领到了"慈善救助证"。领到救助证的特困户可以去慈善超市挑选自己所需的物品，慈善超市货架上油、米、面、醋、酱油、棉被、衣物等生活必需品，而且这些商品的价格特别低。该慈善超市是直接从厂家进货，特困人员领取时都是以进价折算，所以特别便宜，而且特困人员在慈善超市可以凭证各取所需，有效避免了物质救助的盲目性。调研时，其工作人员说：

我们这里（慈善超市）最初就是面向 1500 户困难家庭，我们

去给他们发救助品。我们主要面向低保户中的困难户，还有企业困难职工。来到这儿的那些人都知道我们，接受救助的人也知道我们；还有些居民看到门口的牌子比较好奇，他们过来询问，然后就知道了我们开展项目的救助目的和救助效果，他们就拿东西过来捐。（淄博市编号 1，2017.8.17）

2. "高调"开展慈善宣传，让更多人知道慈善项目

有的慈善组织不愿意开展宣传，有的慈善组织则主动宣传慈善，愿意实行高调慈善，认为高调慈善会带动更多人参与到慈善活动中。

我们开展慈善项目时，主要是借助一个公众平台进行网络传播，现在就是通过走街串户做这些事情，传出一个好口碑。比如，在一个村里帮助了一个人，那整个村子的人就都知道了。大家知道这些，多数是通过网络传播和口碑相传。每一个慈善捐赠项目我们会通过媒体来宣传，比如电视、广播、报纸等。（淄博市编号 2，2017.8.17）

作为专门开展助学类慈善捐赠项目的公益组织之一，有的组织也从"不宣传"走向了"借时机宣传"慈善捐赠项目之路。淄博 MT 公益隶属于全国性公益组织所辖的全国 70 多个团队之一，已经成立十几年了，在淄博也连续多年开展助学捐赠项目。该组织前几年很少做慈善项目宣传：

我们从来不主动去找媒体，每次都是他们（媒体）来找我们，但是，媒体是有自己的话语权的，不以我们的意志为转移，属于强势的一方；我们公益组织是做事的一方，话语权我不想被媒体牵着走，所以我们就有点远离。本身我们也没有能力去撬动它，所

以我们做的宣传也比较少，只能等媒体来找（我们）。我们曾经和《鲁中晨报》一起做活动，我说你们报道的时候不要提我们这个组织，更不要提我（这个负责人）。但是，这两年我遭到了很多人"批评"，他们认为即使我自己不在乎"名誉"，也不能因排斥媒体宣传而耽误我们这个公益组织的发展。所以，我们慢慢地让更多人的知道我们这个组织，让更多人参与我们。（淄博市编号3，2017.8.18）

3. 利用网络平台开展慈善募捐项目，居民充分利用网络便利性参加捐赠

当前，很多城市都开展了"慈心一日捐"，借此推动当地居民参与慈善捐赠。随着网络发展，其便利性和普及性被更多慈善组织和个人所利用，尤其是更多年轻人借助网络中的相关平台来参加公益活动：

> 最初是因为过年时我手机里收到很多红包嘛。我收了好几十块钱红包，我不知道该干啥用，但是，我想让红包更有意义。后来，在腾讯公益上看到很多公益性项目，心想着我拿这些钱来做善事吧——当时钱包里面有四五十块钱吧，我就在网上选择了几个慈善项目，给每个项目捐十元、二十元钱等。后来，又过了几个月后，看到还有很多项目在运行，我就继续通过这种形式捐款。（淄博市编号4，2017.8.18）

现在，这种方式对我们个人而言特别方便，可能我们周围的很多人都会借助网络来把手机中那些"节日红包"捐出去。即使有时只捐几分、几角钱，善心无大小，重要的是可以借助网络捐赠来轻而易举地把我们的"善心"捐赠出去。不用专门去某一个慈善机构中捐钱，因为只要在网络上动动手指就可以。同时，网络上经常会有慈善捐赠项目在募

捐，而且这些网络捐赠能面向更广的范围，辐射全国———一旦在网上发布出来，只要民众愿意上网而且愿意关注慈善捐赠，他们就会知道。

4. 让民众了解慈善捐赠对象和捐赠效果，消除其对慈善活动的误解

当前，虽然有不少人参与慈善捐赠，但是，他们对慈善捐赠后的项目受益者和最终慈善效果却并不知情，有的人甚至根本就不关注，这容易引起很多人对慈善捐赠误解，从而不利于慈善捐赠活动长期开展。不管通过何种形式和何种渠道参与捐款，关注善款后续流动才利于让更多人认清慈善捐赠。以"慈心一日捐"为例，从捐赠对象上看，大多数人并不知道是为了哪些人而捐，只知道捐款应该是为那些需要的人而捐，可能有人需要善款救助；从如何做好捐赠来看，没有多少人知道怎样更好地去做这件事，更多情况下只顾着捐钱而没有在意其他事；从捐赠效果和捐赠用途看，作为捐款人，大多数人并没有关注慈善活动的最终效果，甚至也没什么途径去关注，以致很多人质疑其捐款的用途。因此，研究者认为可以建立一个善款跟踪管理系统，把筹集来的善款做一个跟踪调查——比如，当善款用于医疗救助后，需要被救助者提供住院花销的复印件、救助效果、善款余额等，将相关信息及时在平台上分享。同时，要对善款收入、支出状况进行流程化管理，比如，今天你捐了100元钱，第二天此善款被用于一个学生助学救助，那么，就应该将善款在管理系统中走账，留下一个印记。

当然，也有居民对目前的这些慈善活动存在误解，比如每次开展"慈心一日捐"的时候，虽然大家明白这是在做慈善，但是，有的人可能觉得"又该去签字"了。当单位组织我们参加"慈心一日捐"活动时，为了便捷，有的单位可以直接在职工名单上签字确认捐款，捐款数额不限。所以，有的人甚至忘了自己是在参加捐赠，只是想着签字这件事。本来是一件好事，有的人却在不知不觉中把它当作一项任务，不能心甘情愿地参与其中，反而变成他们看到周围同事、领导等都捐款了而

不得不也去捐。实际上，各个单位可能原本只是想简化一下捐赠程序，结果却适得其反了。其实，领导组织慈善捐赠活动时，已经清楚说明"愿意捐赠的签字，不想捐赠的就不需要签字"，只是有时操作方法不当引起了"反感"。凡事都有两面性。有的时候，当这些相反声音出现，可能会促使事情往好的方向发展。比如，我们可能会在其推动下反思并探寻更适合的捐赠动员方式。

5. 借助慈善宣传让广大居民对慈善捐赠由"误解"到"理解"

关于"什么是慈善捐赠"，有些居民有自己独特的感悟。正如一个慈善超市工作人员在其日常工作中发现，"那些年轻人，如果他们自身知识面广，再加上电脑、网络等宣传，肯定不少人对慈善都有所了解，慈善也是一个发展的过程。但是有些老人，有的农村人可能就不了解。所以，大部分人是了解而且是支持慈善捐赠的。不过，他们有可能是本身生活困难，所以少捐；也有可能是别人捐了，他不好意思不捐，所以也会去捐款。"（淄博市编号 1，2017.8.17）所以，慈善宣传很重要，而且宣传要到位：电视、报纸、出租车上的广播也要宣传，每天滚动式宣传。那么，当我们每天看报纸时，就可以看到了。当然，采用电视广播和电视广告等宣传途径也是个不错的选择。不得不说，媒体的力量太重要了，宣传多了可能会促使更多人来捐。或许有些居民对慈善有一点误解，但是，研究者认为，即使民众对慈善理解不同，当民众真正了解慈善，就会减少误解，并且会越来越少。

其实，大多数人做慈善捐赠的目的很简单，只是有些民众对慈善捐赠的理解深度不够。

我原来做公益时比较隐秘，不想让别人误会我是作秀。所以，就像做贼一样，从来不让别人知道我在做这些事情。不是低调，不是我有多么高尚，我是为我自己的工作考虑。现在变成负责人，我就更谨慎了，因为我已经到这个年龄了，我想的主要是做事情，而不是图名图利了。虽然有一些人对我们现在的工作有些误解，但是，我觉得现在氛围变得更好了。在这一点上，我体会特别深——原来我做慈善捐赠这个事的时候，我害怕别人知道，为什么呢？因为人家并不认可我的做法，人家会觉得我是有目的，别有用心。他们觉得：你好好的，你有病啊？为什么要做慈善。到现在为止，还有人说"你看你组织论坛、进行走访，工作到很晚、很辛苦，又出钱出力，你图什么啊？"也就是说，他们对我的善心有质疑，也对慈善存在质疑。（淄博市编号3，2017.8.18）

当然，现在居民对慈善捐赠的认知越来越好了。其实，只要用心去做慈善，很多项目都会受到广大民众欢迎，而且在项目推进过程中，他们对慈善捐赠项目会逐渐由陌生到熟悉，由排斥到参与，毕竟大多数慈善捐赠项目都是基于当地需求而开展。

2014年，我们第一次针对城市流动儿童（孩子们没有钱上暑假辅导班，而且父母都在打工，孩子自己在家不放心）做暑期乐园的时候，我们当时是跟山东理工大学的志愿者合作，通过民政局帮我们对接世纪花园社区。可是，当时我们发宣传简章的时候，接过简章的孩子都在问：妈妈，天上能"掉馅饼"吗？按照常规来说，该小区为新兴小区，居民素质比较高。但是，他们仍然有这样的质疑。其实，这在一定程度上也显示出他们对公益的理解和认识。当时，我们去找世纪花园社区的（物业）主任的时候，他也不理解，他说："咱们都是成年人，咱就明人不说暗话，你们到底想干嘛？你们挣多少钱？"我说："您下班之后一般会干什么？和朋友约会、吃饭、喝酒、打牌？"他说是这样。我说："允许您有这样的生活方式，也应该允许我们有（做公益）这样的生活方式吧。我们觉得做公益也是一种休闲方式，我们也实现了我们想要的放松。"当时我们谈了一个多小时，才把他说服，他愿意给我提供活动场所。后来，他终于发现，原来我们这帮人真的很可爱。因为他看到我们确实是在做一些善事，特别是看到理工大的学生在那么热的夏天自己带着饭做义务劳动。当我们最后做汇报演出的时候，很多小区居民看到就来了，包括周边的一些居民也来了。暑期乐园活动结束的时候，孩子和志愿者们已经很有感情了，所以他们就说，"你们可以随时来社区做活动"，并且在社区给我们设立了一个长期的爱心收集衣物点。所以，我觉得我们的行动不仅是惠及这些孩子，更重要的是对周围的人有了影响。（淄博市编号3，2017.8.18）

减少民众对慈善误解可以借助慈善捐赠项目，尤其是推行公众认可的慈善项目来化解，带动更多民众一起参与慈善捐赠。当前，有的民众可能会询问公益组织人员："我们把钱捐赠给你们组织后，是不是要用来给你们发工资？"从这种疑问中可以看出，很多民众对《中华人民共和国慈善法》了解不够，他们根本不清楚公益组织可以依法提取一定善款比例作为管理费来使用。同时，还有人认为，做慈善的人都是有钱的，穷人并不是主要参加者。

我刚入职的时候，我的朋友这么说，我无从辩解。后来，随着他们关注我的微信，他们知道（慈善）是怎么回事了，有的人就开始跟着我一起搞捐赠。我周围的人都认可慈善捐赠，这个认可率还是蛮高的。不过，如果你到社区走访的话，还有很多人愿意分出一点时间，奉献一点时间，也就是说，有很多人愿意参与一点事情，即做志愿服务，而不仅是把钱捐出去。（淄博市编号2，2017.8.17）

6. 通过正面宣传产生正向捐赠效应，带动民众对慈善捐赠由口头关注转变为实际行动

慈善捐赠项目的开展是一个长期过程，无论从策划到实施，还是从慈善宣传到慈善活动参与，整个捐赠项目的开展都需要捐赠者的关注与支持。不管借助何种载体，慈善项目的组织实施者都应对捐赠者有个"交代"，这有利于在一定程度上促使民众由单纯口头支持转变为实际捐赠行动。

> 周围居民和困难群体对我们这个慈善超市和慈善捐赠活动还是挺关心的，比如，周围居民在知道我们主要从事慈善活动后，有的人会主动把家里的一些东西捐出来，甚至会来帮我们整理超市中的物品。因此，我们会详细告诉他们，让他们知道捐赠款项可以干（做）这么多事情，帮助这么多有困难的人。（淄博市编号1，2017.8.17）

慈善活动和口口相传都是一种慈善宣传方式，它可以给更多人带来一种好的影响效应，让更多人愿意捐赠。宣传很重要！

类似的情况还发生在其他公益组织开展慈善捐赠项目的过程中。现在有的居民虽然支持慈善捐赠，但是积极性不高，这或许与人们生活水平有关系。例如，一个人他每月收入不高，家里柴米油盐、大人孩子等各个方面支出后可能就没有剩余的钱了。此时，即使这个人不捐钱，也不代表他没有爱心，更不代表他不支持慈善。相反，他可能会采取其他手段来支持慈善活动，比如，做一个志愿者。当然，大多数志愿者也都是普通人，如果他每次都积极地参加活动，可能就没有多余的钱来捐赠，所以，我们也不能要求我们的志愿者们一定要捐钱。

> 我们只是希望只要他能关注（慈善）这件事情，传播这件

事情，能做到这些也是在做好事。它也是一种宣传，是一种用自身行动做出的宣传，只不过这种宣传是借助一些项目去实现——宣传某个项目很好，救助了多少人，有什么意义等等，把这些都讲出来给更多人听，或者讲给周围朋友听。（淄博市编号2，2017.8.17）

7. 慈善组织管理机构要加强对慈善捐赠项目的管理，监管慈善捐赠全流程

当地相关领导比较关注慈善组织和慈善捐赠项目，慈善超市建立后，领导都很关注，因为这个慈善超市是政府牵头，属于民政局的一个下属单位。"在我们淄博，每年都有慈心一日捐，都是领导组织的，每年都举办。可以说，从上到下各层级领导都在参与，某一层（领导）不同意也不行吧。"（淄博市编号1，2017.8.17）对于民间慈善组织开展的慈善捐赠活动，各级慈善部门相关领导对其关注与支持也在不断增强，例如"以赛代管"来加强对公益慈善组织的关注：

> 现在来说的话，我觉得政府（包括这个团市委）逐渐关注我们，团市委一直很支持我们。怎么说呢？比如，刚刚结束的青年志愿服务项目大赛，他们就积极地要求我们参加，并且一直在（给我们）打电话动员我们。虽然（参赛）这个事我比较拖拉，但是，我真切地能感受到领导迫切希望（我们）去参加这个活动。并不是由于他（领导）有什么目的，他（领导）就觉得这个项目比较好。（淄博市编号2，2017.8.17）

其实，这种"以赛带管"的方式也是在一定程度上提高公益组织的知名度，吸引更多人来向我们捐赠，而且它既是一种宣传，也是一种学习。

很多情况下，当地领导对慈善捐赠的关注是基于其管理需求，这在一定程度上利于慈善捐赠项目开展。

> 我觉得官方关注是由于它要监管嘛，特别是我们和官方（慈善组织）统一做活动时，监管特别严。暂时来说，我们接触的（部门）就是市文明办、市团委等。文明办它管着（负责）全市的志愿宣传，民政局、妇联、党委它们主要就是和我们有一些交叉项目。至于为什么要一起开展活动，肯定是上面（上级政府部门）有要求或者有需求，它会跟我们对接，这之后肯定会更重视。当然，也不仅限于这些。比如我们今年搞个"为爱行走"项目，它牵涉到很多单位，而且我们联系了体育局，因此，有一些（体育局）领导亲自过来并且帮我们出一些主意。前两天，我在潍坊参加一个论坛，有幸和当地的民政局、民管局沟通。为什么潍坊在这么短的时间内比淄博翻一番而上了一个新台阶呢？这与强有力的上层领导有关。（淄博市编号3，2017.8.18）

在中国，自下而上的发展虽然非常缓慢，但是也非常必要。当然，领导者也支持我们，支持我们公益组织实施的更多慈善项目能够运行，比如说，帮我们做更多慈善宣传。

> 做活动后，如果我们申请对其进行宣传，（领导）就和淄博电视台生活法治频道联系，这个频道会给我们报道。但是，（宣传）这个东西是两个方面：一是我们有没有（宣传）意向，通常情况下，我们恰恰是没有那么高的（宣传）诉求；一是需要领导去"操作"——如果我们根本不想联系媒体去搞宣传的话，那领导也不可能主动来找我们吧，他们也很忙嘛，对吧？（淄博市编号3，2017.8.18）

慈善部门领导对慈善捐赠的支持力度会影响个人捐赠，他们参与慈善捐赠活动会促使更多人加入到捐赠队伍中。有的单位领导对慈善捐赠很关注，并在开例会时强调慈善捐赠的重要性和相关事项。领导对慈善捐赠项目开展的推动力量大一点，对员工的推动作用可能就会更大一些，参加捐赠的人也会更多一些。简言之，只要领导愿意支持公益组织，真正带头组织慈善活动，或者带头捐赠，这样的带动作用会更大。

十、滨州市促进居民慈善捐赠建议

在本研究中，滨州市居民慈善捐赠行为发生过程中各环节的总体准备水平处于"规划阶段"（研究中对其评分为 4.766 分），且仅有"居民对慈善捐赠努力的了解"维度评分高于 5 分，其余四个维度（慈善捐赠认知、慈善资源、捐赠氛围、领导者关注等）的评分均低于 5 分（见表 5–1），这样的评分与研究者所调研的 13 个城市评分相比属于得分中等水平者（在 13 个城市中，滨州市排名第 9 名），这说明滨州市广大居民对慈善捐赠方面的工作有了一定认可但仍需提高，尤其是他们对慈善捐赠认知还需加强，因为他们对捐赠认知环节的准备水平评分仅为 4.83 分，属于较低准备水平；且该城市在"慈善资源"维度的评分仅为 4.5 分，也是非常低。

1.借助慈善捐赠项目专题介绍片来宣传爱心，扩大捐赠项目影响力

为了让公众更好地了解慈善捐赠项目，有些公益组织开展活动前会制作一个专题宣传片来详细介绍相关情况。这种做法不是针对捐赠者个人进行宣传，更多的情况下是对求助者情况和捐赠者爱心进行宣传，它有利于扩大慈善捐赠项目和慈善组织的影响力。在滨州，有的公益组织在发展中呈现非常强的民间公益组织发展特征，其开展的慈善捐赠项目也广受民众欢迎，且很多百姓都知道其开展的慈善捐赠项目：

我们有网站，有论坛，也有公众号，每次都发布相关信息。现在我们每次组织活动都限定人数，不限人数的时候去的人太多了，所以，我们每次都是尽量地多写几个（人数），让那些愿意献爱心的人都参与进来。以前的时候大活动比较多，每当组织募捐啊义卖啊，愿意上街的人就一大片。原来我和媒体联系少，可是这些记者们觉得做这些事情很有意义，就努力说服我们，"你是想为社会做事，但是你一个人和两个人、三个人、十个人、一百个人一起做能一样吗？你一个人能影响一百个人、一千个人、一万个人都来做慈善岂不是更好吗？"于是，我就被他们说服了，说服了之后就请他们对我们开展的慈善活动进行报道，所以我们才会制作一些专题片什么的。（滨州市编号1，2018.3.22）

与之相类似，有的公益组织面向市民募捐时，会利用舞台和音响宣传慈善项目。有时会把慈善项目的实际情况喷绘出来展览，有时还会制作一面签名墙让参与捐赠的人签名，可以说，这也是对社会上善良品行的一种宣传。同时，他们做活动时经常会邀请两三家媒体记者见证，实行现场救助。

慈善项目是否能真正发挥作用，关键在于是否长期做下来。在我国，公益目标就是走向"人人公益，全民慈善"。实现这个目标是个比较漫长的过程，有的人认为可能需要十几年甚至几十年。但是，只要做，就会不断前进。首先，慈善不分贫富，在慈善面前没有穷人和富人之分，哪怕最穷的乞丐也有接受捐款和参与捐赠的资格。这和中国的传统有关——人人都有向善的一面，人性本善。其次，不要先想着试图改变别人，你可能一直在改变着，关键是先改变自己：一是改变自己的心态，二是改变自己的行为，至少是让自己有颗向善的心。因为你改变了自己后，你也会影响你周边的人，逐渐地才会改变更多人。如果连自己都改变不了的话，何来改变别人？

2.运营好爱心超市这种现场捐赠平台，拉近捐赠者和求助者间慈善距离

在调研中，有的受访者表示更愿意参加面对面的现场捐赠活动，认为这种现场捐赠更真实、更具体，比如，开设慈善超市或者爱心超市，让它成为捐赠者献出爱心的平台。

> 爱心超市的核心理念之一是接受市民捐赠。我们接受大量市民的捐赠，接受市民监督。我们给慈善项目取名为爱心超市，其实这个项目在好几个社区都有，比如爱心超市——彩虹湖店项目、爱心超市——彩虹湖店项目、爱心超市——文明社区项目、爱心超市——文苑社区项目。我们现在规定：只要符合要求，我们就接受。比如说，大家比较多的捐赠物是（捐）衣服，我们的要求是六七成新以上的衣服。当检验合格以后，我们就会接受，偶尔有些不是六成新的衣服我们也要，只不过是作废品处理。我们接受书籍、电器、自行车等等。近三年，我们发展很快，我们采取周六值班制——每周六，我们有义工集中值班，定期接受市民捐赠；平时则接受电话预约（捐赠），社区给我们提供了仓库。经过近几年的运营，我们接受了大量市民捐赠的崭新东西，很多是崭新的被子、崭新的衣服。接受了这些东西后，我们有一部分要转赠，比如说"爱心温暖夕阳"项目里，我们有上百个无儿无女的老人，他们确实需要帮助，确实需要这些东西，如棉衣、冬衣、夏衣，所以我们每年在两节（比如春节）的时候会直接转赠给他们。很多人找我们捐赠，他们也是通过身边的人知道这些事。比如说我吧，同事们都知道我干这个，就会来问我"需要捐赠衣服吗？"再就是电视台也报道过，报道中提到我们接受衣服捐赠，所以，有人就和星火义工联系。（滨州市编号1，2018.3.22）

3. 宣扬开放包容的公益理念，推动传统公益向个性化公益发展

在我国，公益发展的观念非常重要。公益组织作为承担公益理念传播的媒介之一，应该秉承一种更开放、包容的观念，能接受很多人的观点，包括质疑的观点。一个公益项目是否可以做，首先就是这个项目是不是利他，是不是为了更多人，这同时也决定了从事该项目的公益组织是否具有公益性。

在调研中发现，推行个性化公益发展理念正逐渐成为公益组织"新宠"。什么叫传统公益阶段？说白了就是好人好事阶段。因为在传统公益状态下，大家具备志愿者所有的特征，比如奉献、友爱、互助、进步等等，而且公益性、利他性等这些特征也都有。但是，正是出于这样一些特点，公益也表现出自发状态、无序性、被动性、随意性等特点，因为它毕竟是在探索阶段。

> 在（公益发展的）原始时期追求"星星之火，可以燎原"，所以，我们当时取"星火"二字也有这个意思——星星之火遍地燎原，就是不管你干什么，先把队伍壮大起来，做一些好人好事。（滨州市编号1，2018.3.22）

> 在这个阶段，人是自发的，活动是被动的，活动具有无序性、无目的性，不知道应该做什么。但是，随着社会不断发展进步，现在我们很多公益组织有了根本的变化。很多公益活动成为常规性慈善活动，很多公益组织在常规化模式状态下探索公益发展之路。其实，任何时候都要有公益。只是传统公益侧重于"给钱给物"，而未来公益发展则不再单纯给钱给物，以后公益组织发展是个性化的公益发展。公益的个性化就是说个性化公益，这种个性化公益是取决于社会大范围来讲，比如，针对一个人也可以做一个公益项目，这一点深圳在做。其实，这种人往往需要一种个性化的公益，就是点对点公益，叫精准公益也可以，它打破了之前

单纯对慈善发展进行扩面的努力，不是简单上街发宣传单。

我们星火正在找这种精准点，我们以后会设计原创公益，哪怕是针对一个人的公益。（滨州市编号1，2018.3.22）

4. 打破慈善捐赠是"帮助别人、可怜别人"的单一认知，传播社会正能量

当前，滨州市的舆论宣传和社会正向风气较好，滨州市内公交车站点宣传板上都有一些宣传内容，有的是宣传好人好事，有的是宣传社会主义核心价值观，老百姓普遍都能看到。在老百姓眼中，"慈善就是做好事，'百善孝为先'是过去的老俗语，行善好啊，人之初性本善，这就是本性的问题了。慈善捐赠就是为了去行善，为了心里的那份善良，为了心灵对善的崇尚。"（滨州市编号4，2018.3.24）

参加慈善捐赠的人在捐赠目的和动机方面不尽相同，事实上，我们可以怀着不同动机、不同目的来做。有的人是为了多个目的来，可能做几次活动就走，也可能会长期参与活动；有些人动机很简单，他来做一件事就走。有的捐赠者认为，帮助别人就是做慈善——扶贫、帮助困难家庭、贫困学生都是慈善。至于为何会捐赠，有的人是由于觉得对方可怜，比如，当他在路上看到一些"求助者"，他们会说"给他捐点钱吧，一块钱两块钱的又不算多"。但是，有的人觉得"不行，一块钱也不能捐，万一是骗人的呢"。同时，还有的人在捐赠或者搞募捐时，喊着"好人有好报"的口号。此时，他们将捐赠与现世报结合起来。有位受访者认为：向善做好事，当好人，这是每个人修福。进一步来讲，我为谁修福？我是为老人，让老人有个好身体；也为孩子，为孩子将来有个好的前程。（滨州市编号5，2018.3.24）

与之相类似，还有受访者也阐述了类似观点：

> 对他们（捐赠者）来说，慈善就是救助困难人群，行善积德。现在媒体宣传力度很大，有些老太太、老大爷们对很多事情比我们还要了解，他们知识面比我们还要广泛，毕竟他们经历的多。现在这种社会氛围下，关于为什么要去捐赠，有些人心里的想法就是不一样，认为多做好事、发善心就是为自己积累功德，所以说每个人出发点都不一样。（滨州市编号2，2018.3.23）

很多情况下，有不少人对慈善捐赠完全没有概念，甚至有人会问"我来你们这里做义工，你一个月给我多少钱？"

5. 捐赠者利用自身人脉资源扩展慈善项目，充分挖掘慈善捐赠者

当前，一些公益人在开展慈善项目时常常会利用自身拥有的人脉资源，一方面是为了更好推进慈善项目进行，扩大慈善项目影响力；另一方面则是利用"熟人圈子"来突破慈善捐赠项目运行的瓶颈，因为有的人不是没有爱心，只是没有被挖掘出来。比如，有时甚至身边的人都不理解那个正在做慈善的人，他们说"你傻吗，（公益）给你钱吗？你搭上钱、搭上时间，还不如在家歇着呢"。（滨州市编号5，2018.3.24）所以，首先让身边人爱上慈善，是挖掘捐赠者的一种重要途径。

随着社会发展和慈善事业不断发展，对于什么是慈善，有一些人已经对它有所接触，并在平时开始提及它。比如，当你走在大街上询问一个市民"你知道什么是公益慈善吗"？他可能会说知道。现在有很多发自内心做好事的人，因为他们自己能从中收获快乐，而且他本身就喜欢从事这个活动。只要有这样一批人在，这种精神就能感动很多人。比如很多公益组织建立时可能只有几个人，但是，慢慢地越来越多的人加入到这个组织中。可以说，只要形成这样一种氛围，这种带动作用就会吸引越来越多的人加入，该组织很快成长为一个大型公益组织。

当时大家只想做公益，我们群里（的人）都很认可：公益就是内心的一种善良，心里感到一些安慰和对社会的一种责任。所以，我们就成立一个组织，大家一起做活动，去影响更多的人，让更多的人走进来。"扶人"就是一种扶人的理念，没有那么多条条框框，而且我们不沾钱、不参加社会舆论，传播的是一种帮助人的理念——敢去做，能带动身边人走进这个组织，同时用爱心行动感染人。（滨州市编号 2，2018.3.23）

6. 打造民众信任的网络捐赠平台，让更多人认可网络捐赠

不管是滨州还是全国，民众对慈善捐赠的关注程度不一定很高，但是，几乎人人都有一颗爱心。有的人之所以不做慈善，是因为他们对公益组织不信任，他们不知道捐赠的钱用到哪里去了。现在我们经常在网上看到"随手捐""轻松筹"，这些捐赠平台确实帮助了不少求助者，只是有的时候它却成了某些人谋财的工具。于是，一件件网络诈捐事件伤害了广大民众的心，损害了捐赠者与求助者双方的利益，甚至有时候这些平台产生的负面影响大于其正面影响，降低了民众对慈善捐赠的信任。正因为如此，有的民众会在没有求证求助事件是真还是假的情况下，遵循"宁可信其有不可信其无"的原则，捐赠出一元、两元善款。事实上，这种情形并不利于网络慈善捐赠持续发展。

在调研中，研究者发现滨州市有一部分公众会对慈善捐赠也有类似的疑问。曾经有一个受访者说：

有正规工作的都要出门去工作，哪有闲工夫做这个（慈善）？在搞慈善活动时，年龄大的人还好，会很认真地听（我们宣传），年轻的（人）就差，小孩也还可以，就是三四十岁这个年龄段的（人）（对慈善）有很多不认可。（滨州市编号 2，2018.3.23）

还有一部分公众对慈善捐赠处于"至少认可这件事，不烦这件事"的状态。于是，当他们遇到慈善活动时，他们基本都会配合或者参与：即使上有 80 岁的老人，下有几岁的孩子，他们也会往募捐箱中捐款。当然，不管开展何种类型的慈善捐赠项目，组织者都应该向求助者和捐赠者详细说明具体情况，否则可能会给那些"骗捐者"提供机会。其实，在很多情况下，民众是愿意捐赠的，只是没办法了解求助者的真实情况。一旦他们信任那些求助者或者慈善组织，当他们遇到确实需要帮助的人，他们往往都愿意捐出自己的爱心来帮助对方。比如，有的求助者病好了后其接受捐款的账户里还有剩余善款，或者有的受助者去世后账户里还有剩余的钱，但是这些钱并没有被妥善处理。那么，这在一定程度上会影响捐赠者对求助者和慈善组织的信任。

7. 政府相关部门对慈善捐赠由"无视到重视"，助推慈善组织发展和个人参与捐赠

在滨州，研究者进行调研时发现，虽然当地领导对慈善捐赠问题的关注与支持程度并不算高，但是，滨州市有一些慈善组织发展状况比较好，而且在其发展中受到政府相关领导关注：

> 公益和好多领域一样，也要遵循"不出事、不闹事、不带来负面影响"的发展前提。在这样的基础上，（政府相关部门）它们并不限制我们发展，或者说会引导我们（发展）。所以说，不是领导不重视，而是领导他们还没关注它。现在滨州市各层级领导对我们慈善捐赠表现出了支持，其实主要就是对我们非常认可。对我们认可之后，我们有时候也会找政府寻求支持。（滨州市编号 1 访谈，2018.3.23）

随着整个社会氛围转变，慈善发展的社会大环境也在变化。一般而言，如果政府不倡导慈善发展，单靠民间力量来发展它还是比较困

难。当前一些树新风之类的广告牌已经挂出来了，这和前些年相比是比较大的进步，因为原来根本看不到这类广告。从 2006 年开始，在滨州市马路上常会看到大屏幕上有宣传语，它们可以显现出政府的价值导向。其实，政府就是应该进行大规模宣传：宣传这种理念，宣传这种风气。同时，也可以在学校中进行公益宣传，培育公益文化，开展公益活动，发展公益组织。

在每个公益组织发展中，政府相关部门对其关注和支持主要是从该组织正式注册后开始，所以，公益组织注册是其合法化发展的重要步骤。

> 他们（政府领导）挺支持我们，也挺关注（我们）。妇联会主动联系我们，询问"你们最近有什么活动啊？我们能不能参与进去啊？我们一块搞活动吧？"团市委也经常联系我们，说"志愿者日有什么活动啊？我们一起搞吧"。有时我们搞一些活动，他们会跟我们一起组织策划。从发起到现在，从领导那里得到的帮助和支持主要是对我们组织的认可，尤其是荣誉上、精神上认可，比如，我们获得过全国荣誉称号、全省荣誉称号，而且我们组织中有一些志愿者还被评为先进模范人物，我也曾被评为"三八红旗手"、道德模范，并且被选为山东省党代表。同时，他们还提供了资金上的支持。不管走到哪个部门，说起星火义工，他们都非常认可，大家都非常赞许。（滨州市编号 1 访谈，2018.3.23）

除了上述认可和赞许等支持，相关部门有时还会以"指导"的方式来参与慈善项目的实际运作。以滨州市志愿者协会与滨州市各个志愿者组织间的关系为例：市志愿者协会有时会和各个志愿者组织合作，有时还可能审核它们的年度工作方案，表彰志愿者组织、慈善项目，还有志愿服务社区；同时，滨州市志愿者协会有时还会出台一些政策或者方案，去促进各个志愿者组织多开展一些活动。从政府部门来说，就是要去激励它们，要去鼓励它们——有时给志愿者们实行精神奖励，比如评优秀、最美称号等；有的时候是实行物质奖励。从志愿者本身来说，开展志愿服务是一种自愿和无偿的活动。所以，如果某个社区或者某个地区的慈善活动开展得好，很重要的原因在于领导重视，比如，该街道和社区书记热心于慈善，推动了慈善发展；再如，一个公益组织申请入驻社区的时候，社区里相关领导比较支持，专门给志愿者开辟活动的地方，因此，就会有利于该公益组织在社区不断发展壮大，进而会推动社区发展。

十一、南京市促进居民慈善捐赠建议

在本研究中，江苏省内南京市、徐州市和淮安市中居民慈善捐赠行为发生过程中各环节的总体准备水平评分都是较高的，如果按照辽宁省、山东省和江苏省三个省份划分，江苏省的评分水平最高。仅此状况，足以引起我们足够关注与探究。

在南京市，居民慈善捐赠行为发生过程各环节的总体准备水平处于"开始阶段"（研究中对其评分为 6.1 分），在研究者所调研的 13 个城市中，仅南京市居民慈善捐赠处于该阶段——在这种准备状态下，大多数成员至少对当地已采取的努力有基本认识；相关领导者在规划、开发和（或者）实施新的修改方案、增加新的努力中起着关键作用；当地民众对慈善捐赠的态度表现为"这是我们的责任"，并且一些民众参与解决问题；而且当地民众对慈善捐赠问题有了基本的认知，注意到该问题发生在当地；同时，当地已经获取了一些资源或者分配了一些资源以支持进一步努力促进居民慈善捐赠。总的来说，"这是我们的责任，我们现在已经开始为解决这个问题做些事情"是该阶段居民捐赠行为呈现出的最典型特征。

具体而言，南京市广大居民在捐赠行为发生过程中的"居民对慈善捐赠努力的了解"和"领导者关注"两个维度的评分均高于6分,且"慈善捐赠氛围"和"慈善资源"两个维度的评分也高于5分,甚至"慈善资源"维度的评分高于7分(见表5-1),这些评分使得南京市总体评分成为13个调研城市中第一名,充分表现出了"博爱之都"的气概,说明了南京市广大居民对慈善捐赠的认可,也说明了南京市广大居民的慈善热情,还说明了当地慈善部门相关领导对慈善发展的重视与支持。在调研中,研究者既发现了南京市关于居民慈善捐赠的很多好做法,也发现了其存在的某些问题,这需要我们进一步探讨。

1. 以"9·9公益日"为契机,借助网络众筹平台扩大慈善捐赠渠道

当前,网络募捐成为各大公益组织募集善款的热门渠道,诸如轻松筹、腾讯公益、支付宝公益等。对于广大民众而言,网络捐赠成为一种便捷的捐赠渠道。不管是在网上关注某个求助者,还是想表达自己的爱心,动动手指就可以轻而易举地实现了。在南京市调研时,不管是普通民众还是公益组织负责人,都对这一新型捐赠方式表达出浓厚的兴趣。

在南京调研时,多个公益组织提到其筹款主要是借助"9·9公益日"这个公共筹款日。他们主要和腾讯公益作对接,利用9月7日、8日和9日三天筹款日来筹款。在这三天里,它们会大力发动社会公众和周围认识的人来参与捐款,而腾讯会对其进行配捐。

"为爱行走"活动当天有一个线下的大型公益活动来宣传这个活动。南京这两年搞这个活动时,一般都是来两千多人。动员他们来参加活动,不管捐不捐钱,我们主要就是做个活动展示,就是告诉他们我们是个公益机构,我们在干什么。因为会有很多不同的项目,所以会有(南京市)各个方面的新闻媒体过来(采访宣传),这是一个很好的宣传机会。(南京市编号2,2018.3.30)

当前，南京市不少公益组织都借助网络平台来解决其资金缺乏这个资源困境，为组织发展"充电"，如通过支付宝和腾讯公益来众筹善款。

> 比如说，当我们在社区里开展服务之后，我发现糖尿病人很多，就想为这些糖尿病患者设计一些（慈善）项目，但是（当时）没有项目资金，所以，我就把这个项目挂在腾讯（公益）平台上，跟大家说清楚我们组织要做的事情，请大家支持，并写清楚捐赠者捐出 5 元、10 元或者 20 元（钱）都可以。后来，在活动开展的过程中，如果你一次性捐了 100 元，我们这边就会给你一份老年人感谢手册。当时，我们用支付宝筹（款）的时候，因为当时它是在头版头条显示，所以一两天就完成计划筹款额，筹了 8 万元钱。与之相比，如果你用腾讯（公益）去筹，因为腾讯上有很多项目，它的盘子大，假如你的公益项目并不是它的重点项目的话，可能你筹到的钱就很少。比如，你计划要筹 8 万元钱善款，可能最后只能筹到两三千或者三四千元。如果在这个过程中正好遇上腾讯公益上的"9·9公益日"配捐，也可能会筹得到。（南京市编号 1，2018.3.30）

现在很多公益组织开展项目，基本都是选择"9·9公益日"推出来具体活动，就是希望能搭上全国公益日这个好时机来进一步推动项目开展。

2. 充分利用纸质版宣传手册与线上宣传途径，对某些捐赠项目进行重点宣传

传统的慈善宣传方式以线下发放纸质版宣传材料为主，如发放宣传手册或者海报等，这也迎合很多潜在捐赠者与实际捐赠者的需求。当捐赠者捐款的时候，我们应该告诉他这个活动的目的、受益对象，让其

了解整个项目的策划书，也可以把之前做过的类似项目告诉他。很多居民他们不一定知道基金会，但是可能会熟悉基金会做的一些项目。

随着网络发展与普及，很多公益组织和民众偏爱网络，有的人会忽视信息真假而直接参加网络捐赠活动，有的人则主要是借助网络来关注捐赠项目，于是，慈善捐赠项目的主体越来越大。

> 我们基金会有自己线上线下的平台，包括网站、微信公众号、微博，对学生的宣传主要是在QQ空间上。当然，我们在组织活动时也希望能够吸引更多社会上的热心人。我们宣传过，只是频次不是那么高。如果你去百度一下，可能找到的（新闻宣传材料）不是那么多——之前陶先生回来的时候，他参加或者开展的一些大型活动都有一些宣传，而且去年我们也请陶学子在新华网上发了一些文章，只是相对频率不是太多。但是，一些大型活动还是报道过。（南京市编号4，2018.3.31）

其实，关于慈善宣传，当前社会上一些公益组织对此还是有争论：有的人赞成积极宣传，有的人则反对宣传。在调研中，研究者发现：不少公益组织一直在反思这个问题：

> 作为一个机构来讲，宣传是肯定要做的。宣传工作是基金会工作的一个部分，所以，我们做任何事情，不管是做项目还是做宣传，我们要"回回头"。回回头的概念是什么呢——你要回头看一下基金会的宗旨是什么，使命是什么。没有必要为了宣传而宣传，宣传是为机构的宗旨和使命而生。所以，在策划宣传的时候，一定要考虑这些东西。首先，宣传是要说明自己——说明自己的机构是什么样，该机构是做什么的，为什么要做这些事情等等。其次，让你的听者（即观众）对这个机构有一个正确认识。再者，

宣传时要在人民群众当中留下一个合适的形象，为此，要给自己（组织）定位好形象，这个非常关键。（南京市编号4，2018.3.31）

3. 利用当地有影响力和受众面广的媒体平台，加大慈善宣传力度

在很多城市中，慈善组织开展慈善捐赠项目后会借助多样化媒体进行宣传，但是，有些当地媒体的影响力和受众面不够，不利于更多民众了解当地开展的慈善捐赠项目。在南京，有的公益组织开展慈善宣传的力度比较大，除了借助自身的媒体平台、网站、微信之外，它们也会通过报纸来宣传，而且借力于当地一些有名媒体。比如，在开展一些重大项目的时候，它们会通过本地媒体包括电台、报纸等来宣传。《南京日报》、南京电视台等一些大众媒体，它们都是在本地有较大影响力和受众面的媒体。每次开展活动的时候，它们都会在报纸和电视上发布公告，会出专版、专题节目进行一些动态性跟踪和及时报道。还有就是开展"圆梦行动""慈善一日捐"这种活动时，它们会在电视有一个滚动播出，"大约'慈善一日捐'之前的一个月就开始宣传，而且我们可能会请一些爱心代表来制作一个呼吁爱心的宣传片，呼吁市民积极参与。"（南京市编号5，2018.3.31）

更重要的是，南京市近几年在慈善发展和宣传方面已深入社区，经常在社区开展各类慈善活动，甚至好多慈善活动已经做到社区覆盖，即慈善进社区，从而大大拉近了慈善与社区居民间的关系。同时，与广大居民生活紧密联系的地铁也成为南京市开展慈善宣传的平台：一方面，他们利用地铁上的屏幕来揭露一些骗人骗钱的案例；另一方面，他们有时候也会播出一些公益宣传，效果不错。

4. 将常态化慈善项目特色化，推动慈善捐赠项目在专业化中走向平民化

当前，各地慈善总会所开展的慈善项目大类基本都集中在助学、助医、助困、助残、助孤、助老等六大方向，简称"六助"。从中华慈

善总会到省慈善总会有一个比较协调统一的认识，将其确定为常态下的六大方向。当然，也开展突发性的赈灾项目。为了让各类慈善项目执行流程更清晰，也为了便于广大民众选择自己感兴趣的捐赠项目，有的公益组织会在各个大类中分别开展一些特色项目，"比如助学这一块，我们有贫困大学生的'圆梦行动'；在助医方面，我们这一块儿有针对不同群体的项目，比如对患重大疾病的0—18岁人群开展大病救助项目；在助残方面，我们设有'阳光读书'活动。"（南京市编号5，2018.3.31）

5. 摒弃慈善捐赠就是施舍别人的观念，倡导快乐公益

在学术层面上，慈善捐赠是一个专业词汇。在生活上，民众眼中的慈善捐赠却是一个很简单的行为，有人认为慈善捐赠就是"做公益做好事，帮助孩子；或者是一个人看到一件事时会觉得应尽自己的能力去帮忙对方。"正是基于这样的简单认识，很多人在做慈善捐赠时怀有施舍的心态。其实，这种心态主要与捐赠者怀有的同情心相联系，这种同情恰好可以在一定程度上解释为何当前很多人热衷于"眼泪公益"，即靠眼泪赚得更多同情，进而引起更多人参与捐赠。

在慈善圈内，很多专业公益达人更倡导推行"快乐公益"理念。他们认为：不管是捐赠者还是求助者，秉持快乐公益理念更利于慈善捐赠长久发展，也更利于捐赠者将慈善捐赠日常化，毕竟快乐才是生活追求的目标，谁也不愿意生活中整天听到哭哭啼啼的声音，生活中充满眼泪。在调研中，有些公益人士表达出对"眼泪公益"的无奈和对"快乐公益"的渴望：

> 现在很多情况下还是靠感情、靠眼泪——在做慈善晚会的时候，我本来想宣扬一种快乐公益，想宣扬山区孩子其实很坚强。可是，主办方跟我说"这样不行"，他们说"你这个做法不像做公益，公益要讲得很感人，台下能有人哭才好。"这可能是他的

认知，其实我们公益人更希望倡导的是快乐公益。但是，把这个（快乐）理念传达给社会还需要一段时间。说实话，只要你把（求助者的）故事说得很感人，很多人会捐钱。但是真正了解你这个项目是干嘛的，慈善和公益是什么情况，几乎没什么人能说清楚。（南京市编号2，2018.3.30）

当前，在社会上确实有很多人对公益的概念还不理解。很多人觉得自己做慈善是出于个人的纯粹感情。比如说，在街上看见有乞讨的人，你可能会觉得应该给对方一点钱来帮助一下他，这是非常低层次的理解。如果上升到公益层面上，应该是考虑如何让这个世界变得更美好。

我对于公益的理解是：一方面，我具有帮助别人的（善）心；另一方面，我希望世界变得更美好。慈善捐赠不是（去帮）一个人而是一个群体，或者说是（帮助）一个整体。比如，关于留守儿童问题，有的人是因为同情他们而去关注，有的人是因为研究这个问题而关注；我们去帮助他们在某种程度上为了推动这个社会发展，帮助树立一个美好的环境。于是，当看到留守儿童出现问题的信息时，我们看了之后会感到很难过，很想做一些事情去帮助他们。但是，从整个社会来看，国家力量有限，能做的也有限。所以，需要大众力所能及地解决这些问题，只有这些问题解决了，才能让我们的社会发展得更好。（南京市编号4，2018.3.31）

6. 借助网络众筹方式让当地慈善捐赠氛围浓厚起来，打造更多博爱之都

南京作为博爱之都，广大民众比较友爱，总体上慈善氛围浓厚。南京市慈善总会曾发放1500份问卷在当地展开社会调查。该调查选择

社区、大中小学校还有各种机关企事业单位等一些代表性的机构，选取一些有代表性的群体和对象进行调查。该调查主要涉及三个方面：一是调查受访者对慈善的参与度、参与意识；二是调查受访者以往参与活动的经历和历史；三是调查受访者他们对于慈善项目的了解和认知度，以及他们对慈善信息公开的关注度。

　　在参与意识方面，调查问卷结果显示：有94%的人愿意参与到慈善捐助当中。从调查情况来看，他们对慈善总会的工作认知度和项目还是有一定的了解。（南京市编号5，2018.3.31）

可以说，在南京，最重要的精神之一就是博爱，它是一种意识传承，也是南京市民比较认可的一种文化。

当前，在南京市，公益慈善在慈善总会、爱德基金会、灵山慈善公益基金会、爱之光公益发展中心等推动下广受民众关注，受关注的原因之一是它们在公益慈善活动中引入网络慈善，并且大力发挥其作用。网络慈善既吸引很多居民关注，也方便广大居民灵活参与。

　　我们从2015年开始做公开筹款，是我们和公募基金会一起合作。这些筹款是我们基金会策划，面向不同对象来做。比如说，我们救助过一个患尿毒症的单亲家庭——一个女孩和她的父亲，她的父亲是尿毒症患者，女孩的生活负担和读书负担很重。所以，我们给他们做了一个线上筹款活动，当时做的筹款目标是一万元多一点，很快就筹到了。（南京市编号6，2028.3.31）

有时，一些非公募基金会会和公募基金会一起合作，通过小额捐赠实现捐赠者献出爱心的愿望。对于个人来讲，他们参与公募基金捐赠的门槛很低；对于基金会而言，这个也是公募基金会的筹款方式。为此，有的非公募基金会尝试和公募基金会一起合作，借助公募基金会来募捐善款，比如公益行走——有的人捐一百块钱去参与公益行走，筹得善款可以用来为失智症老人购买定位设备。

7. 通过购买慈善捐赠项目扶持公益组织发展，打造居民捐赠的合法组织

在南京，政府执行公益组织注册登记相关政策的力度较大，大多数慈善组织都已经注册登记，这为它们合法开展慈善捐赠项目奠定了基础，也利于相关政府部门推动这些慈善组织发展而向其提供资金支持。

目前，从南京甚至整个中国范围来看，政府对公益组织提供资金支持大多以公益招投标方式为主。

> 目前，我们承接的政府项目比较多，基本上一年可能会承接8—10个，每个项目金额在10万—15万元。当然，它是针对注册的组织进行招投标，没注册的组织不能参加招投，因为你（这个组织）没有一个合法身份。一个组织从开始发展到注册、发展到一定规模，最终开始承接项目，是有一段很长的路程要走的。（南京市编号1，2018.3.30）

当前，南京市慈善发展是通过几级扶持来实现。第一级是政府性公益创投，即相关部门拿出一些资金来设计不同的慈善项目，有能力、有资格的公益组织可以申请投标，最终政府相关部门会拨出一笔经费去运作该项目。第二个层级就是各区建设区级社会组织培育中心，它相当于当初在企业中建立的孵化园一样，实际上就是社会组织、公益组织的孵化器——可以提供免费的场地，为组织做注册进行辅导，而且还会针对组织运作提供专门培训。

> 我们刚开始注册的时候，是注册成为区级公益组织。区级组

织的注册资金是 5000 元，我们是自己私人出的钱。现在有的地方"不轻易让你注册"，还是因为缺乏信任嘛。比如说，我想成立一个社会组织，我去民政局申请注册，把所有的资料递交上去，但是他们不一定让我们（组织）注册，因为他们不了解我呀，不知道我（的公益组织）被批下来之后会不会做一些其他事情；相反的，如果注册之后出现问题，上级组织还是找他们（民政局）。所以说，至少需要人家（主管部门）对你有一种信任才行。（南京市编号 1，2018.3.30）

公益组织发展离不开当地相关部门助推，如社区、团委、民政局等都可能会成为公益组织发展的助推力量。

我们会把自己的项目"包装好"以后向民政局递交标书。每年能中标一两个项目吧，每个项目资助经费在 3 万元到 8 万元不等；我们也是以项目的形式从团委那边得到资助，每个项目大概三四万元。目前我们南京市的"行情"基本上就是这样的。如果我们向某一部门投标后，他们可能会根据他们的想法提一两点建议，其它的他们不会干预。到目前为止，我们都是自己在运作，他们不干预。在我们注册和发展中，政府一些相关部门为我们提供的扶持主要就是注册时帮我们联系场地，解决一下资质问题，后期给我们颁发一个 3A 资质等。（南京市编号 2，2018.3.30）

政府相关部门对慈善捐赠项目的关注与支持会直接推动慈善事业发展，也利于动员更多居民参与慈善捐赠。在南京，从 2007 年开始，市领导开始兼任市慈善总会会长，从此推动慈善事业步入比较快的发展阶段。他们会参加慈善组织的活动，尤其是举办一些大型活动的时候，他们会牵头召开座谈会。比如，在南京举办"慈善一日捐"等活动时，领导们都会出席。

8. 政府相关部门参与建设社区型基金会，打造居民参与社区慈善的平台

2013年12月，江苏省民政厅把设立基金会的审批权下放到区县级民政局。当时，社区基金会申请注册程序并不繁琐，因为有规范性的文件作为依据。后来，特别是2016年之后，在整个南京相当于引领了一种时尚风潮一样，有好多基金会开始尝试注册。

> 我们申请注册的时候，区民政局帮我们做了很多工作，主要是政策上的对接。以前，都是在省里注册，现在是区里注册，到底该怎么样去注册？当时区民政局正好借着我们申请注册这个机会来捋清流程。当时，栖霞区民政局还发文提出：可成立像我们这种层次的区域性的社区型基金会。我们这个基金会是我们这个区的街道办事处自己成立的，2014年1月注册登记，注册资金是200万元。200万元是最低门槛，是基金会的最低标准。我们这个基金会成立时，由街道资助了200万元作为原始基金。相关部门把我们作为一个样板来打造并且推行起来。（南京市编号6，2018.3.31）

此后，南京市有一些基金会陆陆续续成立。到目前为止，整个南京市已成立10多家社区型基金会，都是属于镇街层面，即乡镇政府、街道办事处层面的基金会。这些基金会成立的目的就是为了调动街道范围内的企业和个人等社会资源为街道的民生服务。通常情况下，街道政府在基金会筹建时投入较多，社会资源介入比较少，但是，街道成立这种基金会后，能够很方便地筹募社会资源，尤其是一些爱心人士的资源，能够吸引他们去关注和支持民生服务项目。这种社区型基金会是由政府直接引导的，这个组织和其他类型的基金会完全不一样。

在运营管理方面，基金会从成立到运营都有非常强的政府色彩，可以说，它就是一个政府引导的社区型基金会。这也是该类基金会的典型特点之一。当前，各地基金会有很多种类型，涉及不同层面，并且很多都是以民间主导为主，比如说爱德基金会，它们在闽江的力量很强大、很充足。

但是，我们这种类型的基金会完全是政府主导的，通过政府引导成立，且政府对整个基金会的战略方向，以及我们要做的项目活动方案等各个方面工作，街道都会"干预"，发挥着主导作用。只是实际工作和具体工作管理是由基金会的专职人员和专业团队来做。简言之，我们这种基金会的一个特点就是政府主导、专业运作。其实，基金会开展的好多私下募捐都是通过街道的领导、基金会理事等他们私人的一些社会关系，向区域内各个企业去介绍慈善基金会。

通常情况下，我们还是延续以前那种非公募的形式，发展一些固定的捐赠对象，这个不是公开的，是我们利用我们基金会的一些资源。我们的捐赠人以企业为主，除了企业之外还有社会捐款，如我们和公募机构合作筹款；另外还有一些个人捐款，或者是其他一些爱心人士捐款。这三者捐赠的比例大概是：各种民营企业约占45%；政府筹资平台、政府部门的资金（包括一些国企的捐助）约占45%；面向社会筹款占比在10%，这就是我们募款的比例。（南京市编号6，2018.3.31）

十二、徐州市促进居民慈善捐赠建议

在本研究中，徐州市居民慈善捐赠行为发生过程中各环节的总体准备水平处于"准备阶段"（研究中对其评分为5.24分），但是广大居民在捐赠行为发生过程中"领导者关注"和"慈善捐赠认知"两个维度的评分低于5分，其余三个维度评分在5分或者6分水平（见表5–1），这样的评分与研究者所调研城市评分相比属于得分中上等水平（在 13个城市中，徐州市排名第 5 名），这说明徐州市广大居民对慈善捐赠所做努力措施有了一定认可但仍需提高，尤其是他们对慈善捐赠认知还需加强，因为他们对捐赠认知维度的评分仅为 4.6 分，属于较低的准备水平，且该城市在"领导者关注"维度的评分仅为 4.6 分，也是非常低。

1. 以丰富的慈善捐赠内容为基点，项目化、常态化开展慈善捐赠活动

从捐赠内容来说，慈善捐赠不仅意味着捐钱，还意味着可以捐出自己的物品乃至献出血液、器官（包括造血干细胞）等等，因此，不能单纯向社会公众宣扬"慈善捐赠就是捐款"的认识。例如，有的贫困家庭比较困难，捐赠者可以向其捐钱或者捐物，也可以向其提供其他帮助。

> 在社会上，我们"心连心"一般就是救助贫困家庭、贫困学生，还有医疗救助，比如宣传急救知识，宣传无偿献血，还有宣传捐赠人体器官，包括造血干细胞。（徐州市编号 1，2018.4.4）

在丰富捐赠内容的背景下，很多慈善组织开展的慈善捐赠活动呈现多元化态势。有的慈善组织侧重于做好助困类慈善活动，比如，以贫困孩子为主要方向来救助孤儿和援建希望小学；有的慈善组织则在搞多种类型慈善活动的基础上着重将某些特色公益项目常态化，如常态化开展助孤、助老、助困、助学、助残五大类活动，且每个类型中至少有一个特色化常规开展项目；有的慈善组织虽然开展的慈善捐赠项目比较多，但实行项目化管理保证了各个慈善捐赠项目条理有序地开展，利于广大民众清晰明确地参加自己感兴趣的慈善捐赠项目，如徐州市慈善总会结合江苏省慈善总会每年春节前搞"情暖江苏"活动而提出"情暖江苏·爱满彭城"慈善活动，既有针对性又有创新性；还有的公益组织会

着重通过开展助学类项目来帮助困难学生们：

> 我们常年资助十几个学生，每个月都组织志愿者捐赠，一对一式助学。比如，一个中学生一年的资助费用是 3600 元，若一个家庭一下子拿出 3600 元可能有点困难，所以，我们也会根据志愿者的家庭状况来灵活选择资助方式。通常而言，我们就是"多对一"或者是"十对一"模式，即 10 个家庭资助一个学生，每个家庭只需要一年拿出 360 元即可，通常情况下是让他们一次性把一年的资助善款捐过来，因为我们得防止一些资助会中途"断档"即收不到资助款。我们资助一个学生最少要保证一年，第二年如果某个家庭确实有困难资助不了学生了，我们就找另一个人"接棒"继续资助他。（徐州市编号 1，2018.4.4）

除此之外，还有慈善组织通过慈善义卖和家庭冠名的方式来募集善款，救助那些需要救助的人。

> 每次义卖时，我们都会跟参加义卖的志愿者作出说明。我们所有的志愿者出去义卖的时候，他们都会带着我的电话号码，如果谁要来咨询，让他们直接来找我，我会告诉对方我们组织是一个已经注册过的合法组织。目前来说，我们可以搞这种小型募捐，不能搞大型的，除非具有公募资格。其实，我们这种小型募捐在我们注册证书上就有这个业务范围。（徐州市编号 1，2018.4.4）

同时，也可以设立一个冠名基金来推动个人捐赠：

> 可以冠家庭名字，也可以冠小孩儿名字，具体冠名方式可以由捐赠者自己决定。但是，家庭或者个人冠名的额度是 1 万元，捐

款可以分 10 年期，即这 10 年里家庭总捐款额不能少于 1 万元。每年也不用通知他们，他们随便什么时候来捐都行。（徐州市编号 1，2018.4.4）

2. 摒弃"高调打出知名度后再低调做事"的慈善原则

有人认为，中国特色的慈善活动就应低调，唯一需要高调的时候无非就是慈善组织发展之初或者慈善活动开展之始，因为只有这时需要"打造出知名度"。

> 两年前启动救助孤儿和建希望小学的时候，电视台报道了一段时间，后来就淡出了，不再让它们报道了。我觉得慈善这个东西还是低调一点，这是中国特色嘛——刚开始做时要高调，也就是初期"打造知名度"，要把品牌打出去，把影响力打出去；但是，等慈善组织慢慢上了轨道之后还是低调一点，因为做慈善不像做商业，做商业需要高调去宣传。所以，现在我几乎不让他们报道，只是它们有时会跟着我们来报道。所以，你打电话和我联系访谈的时候，我问你主要想干什么。如果你是电视台的人，我们就不接受采访了。我们就是专专心心做慈善，没有别的想法，没有任何目的。（徐州市编号 2，2018.4.4）

但是，如果没有媒体对慈善组织和慈善捐赠活动进行关注与监督，民众无法了解慈善活动的来龙去脉，慈善组织也无法接受广大民众监督，更无法扩大其本身影响力和慈善活动影响力。其实，低调与高调本来就是一个矛盾体。在笔者看来，虽然慈善与商业不同，但有一点是共同的，那就是二者都需要进行良好的运营：搞好商业运营是为了盈利，而搞好慈善运营是为了吸引更多人自愿成为慈善捐赠一员，推动慈善常规化、日常化。

3. 传递慈善餐厅的正确理念和形象，以免费餐厅为平台接受广大民众爱心

在徐州，2014 年曾发生的十件大事之"徐州有了免费午餐"吸引了很多民众关注。该免费慈善餐厅在运作过程中所需资金全部来自社会爱心人士捐助。这个免费餐厅可以接受捐钱、捐菜、捐米、捐油，还可以接受义工，借助该餐厅凝聚更多社会爱心，带动社会风气。在餐厅运营之初，曾有人质疑所谓"免费"是不是谋利的噱头？

> 在刚开始就餐时，有人对我们的经营提出质疑，有很多人会问"真的是免费吗？这些钱是怎么来的、怎么花呀？"所以，我们就跟大家讲清楚：捐钱捐物都有收据，而且我们每个月都有财务报表张贴。其实，这个免费餐厅不是仅仅让大家来捐，而是告诉大家"别浪费了"，并提醒大家在就餐过程中也可以捐款。（徐州市编号 3，2018.4.5）

虽然名字中已带有慈善餐厅字样，但是广大民众对其认知仍停留在商业营运层面上的营利性餐厅，所以，社会大众对该免费慈善餐厅的关注难免会有种种疑问。为了减少民众无端猜疑，向社会传递免费餐厅的正确理念和形象，该组织也接受了一些媒体的关注和监督。

> 我们从来不主动利用媒体做任何事情，多数是它们（媒体）来找我们。我们本来是拒绝采访的，因为我们都是做义工的，我们认为好好做（慈善）这个事情就行了，不是为了追求社会知名度。但是，后来一想，如果我们不把这个免费餐厅的正确理念和形象传递出去，可能会出现各种猜测。所以，当我们坦坦荡荡地把我们做的事情跟大家介绍一下，社会大众反而很认可。（徐州市编号 3，2018.4.5）

4.借助个人信仰推动自愿性捐赠，带动更多人做慈善

当前，有的公益活动开展过程中会吸引一些不同信仰者，这主要是由于其构建的道德体系能够支撑他去无所求地做事。

在我们这个公益组织中，通常会首先让一些学传统文化并与我们志同道合的人知道我们将要开展的慈善活动，然后让他们带动身边的人，进而带动社会上更多的人参与进来。当我们真心去做免费午餐时，需要吃免费午餐的人就自动来了。（徐州市编号3，2018.4.5）

与之相类似，还有公益组织会借助发展会员来不断壮大自己的公益队伍："我们现在主要靠自己的会员。如果一个组织想壮大队伍，唯有一个办法，就是持续不断地把自己从事的慈善做好，这样自然而然就会吸引新的人。"（徐州市编号2，2018.4.4）

5.使用通俗化语言传播慈善捐赠，让广大民众眼中的慈善与公益更清晰

2008年汶川地震发生，中国在公益事业发展上有了较大的突破。2008年以后，中国慢慢孵化出一批批公益组织。在有些公益组织中，有的人可能认为做一件好事、扫扫马路或者去敬老院做点事情就是做公益，这是当时那个发展阶段中公益常态化发展的一种表现。在徐州市的普通民众中，他们对慈善与公益的认知具有一定的代表性：由于网络便于知识传播，很多民众或多或少知道"慈善捐赠"四个字的内涵。不过，大多数人认为慈善捐赠主要就是捐款捐物。若要问什么是"做公益"，可能有的人会认为是做志愿服务。所以，当你提到慈善捐赠时，有的人就想"又让我捐钱了"。若其经济状况不好，就可能会说"我没法儿去参与了"。但提到"公益"时，他们认为这个范围就很广了，而且它包括慈善捐赠。所以，很多慈善组织在做宣传的时候，有时候会用

"公益慈善"四个字。

除了有一部分人知道慈善捐赠外，还有很大一部分人对慈善并不是很了解。若你问他"什么是慈善"，他可能不知道，但是，你问他"你给慈善总会捐过钱吗？你给别人捐过钱吗？"很多人回答"捐过"。所以，要用最基层的老百姓话语来问，把学术词汇换成最简单、最通俗易懂的话语。再如，"看到那些可怜人，你会拿出自己的钱来帮助他吗？"当采用这样的表述时，百分之八十的人可能会说"我帮助过他"。

至于为何会参加捐赠或者何种情形下会捐赠？不同居民所遇到的情形并不相同。由于现在有些捐赠是专项或者定向捐赠，所以，他们能了解事情的来龙去脉。当然，有些人也不愿意捐，特别是某些强制性募捐。也就是说，他们参与捐赠有两种情况：一种是他们自愿参与，另一种是他们非自愿参与。自愿情形多数是由于其内心的情感被触动，比如，有一个衣食无忧的人看到电视节目中某个求助者时，可能会同情对方，此时，电视中的播报内容会激发她内心善的因素。于是，她可能会去关注对方的情况，并且可能会去捐钱。

或许 2008 年之前，很多老百姓不知道慈善，他们只知道做好事。现在很多地方都有公益组织孵化中心，在一定程度上助推了慈善发展。公益从最初"我们想要帮助别人"阶段转为"公益成为一个职能服务部门"，甚至将来可能成为政府做服务项目的一个组织。当前，中国的公益项目在转型，很多的公益项目都交给公益组织来做，公益组织从"一个我帮助别人做事的组织"变成"我为社会大众做服务的组织"，这个转变是公益组织的一个方向和思路。

6. 遵行"快乐公益，每日一捐"原则，公益可以很简单

社会爱心需要有人带动，也需要有人示范。通过向社会大众免费提供食物，有的公益组织传递着传统文化，传递出"我们是一家人"的理念，而且也提出"慈善可以很小，你也可以做"的理念。

有个让我很感动的例子，有一位老阿姨80多岁了，有一次两点多钟才来，我说"我们吃饭的时间已经结束了，下一次您得早一点来"。她说"我不是来吃饭的，我来捐东西"。她把口袋拿出来，掏出来五个佛手瓜、两棵白菜，还有十几个青椒和一把豆角。我问她是从哪儿带来的，这个老奶奶说"我在这儿吃饭都有半个多月了，我做不了什么贡献，也没有退休金，听说曾经有人捐了一个南瓜，我想我也可以捐个南瓜，却发现自己地里的南瓜还没熟"。后来，她就跑到（蔬菜）批发市场，捡人家掉在地上的菜。她捡了一上午，捡了五个佛手瓜送过来。我当时专门给她开个票，跟她一起合个影。这个阿姨下次来吃饭的时候，显得很有精气神，她觉得自己也是做过奉献的。（徐州市编号3，2018.4.5）

做慈善是一件快乐的事，无关乎你是富人还是穷人。在调研中，研究者发现当前有些公益达人和公益组织越来越倡导快乐公益，提倡以一种好的心态，力所能及参与到慈善捐赠活动中，只是有时这种"快乐公益"的宣传理念并没有得到社会认可。

有一次，一个徐州的记者采访我们（媒体希望能帮助我们，呼吁社会帮我们找个地方办公），有个记者就跟我说"武老师，你能不能照张相，表情凝重一点，这样便于宣传。"我说"我不忧虑，我能干就干，不能干就不干，我又不是为了挣钱，我是为了大众利益。有机会就多做一些慈善活动，没机会就少做一些慈善活动。我们积极努力，不求结果，干好事才不忧郁！"挣钱不能成为我们衡量成功与否的唯一标准，我们唯一的标准就是"你幸福不幸福，快乐不快乐"。只有这样，你才能做好事，不然天天发愁，信心都让你耗掉了，你还能干什么。我有一个群，这些义工每人每天捐1元钱，虽然数额很少，但它就是一种方式，这种方式就是为了提醒你去做善事。捐这 1 元钱的时候决不仅仅意味着捐 1 元钱，它可能会促使你继续坚持下去：我今天捐款了，明天、后天我会继续去捐款，做更多善事。（徐州市编号 3，2018.4.5）

7. 借助公益达人产生强大社会正效应，扩大个人捐赠的影响力和带动力

在大多数城市中，存在着一个个"公益达人"——或许他捐赠钱物比较多，或许他做志愿服务比较多。故而每每提及此人，很多人都会说"哦，他啊，我知道，是个好人，做了很多善事"等等。正是由于此人存在，社会对他进行报道时，名人效应无形中会带动很多人加入到慈善捐赠的队伍中，并用切身行动向社会传递出慈善的内涵与意义。在徐州市调研时，研究者在调研中接触到当地一个广受好评的公益达人。

> 有的时候，当我走在街上或者商场里，就会有人说"我看你很熟悉，你是不是做公益活动的？"我说"就是我，就是我……"；有时，一些小商小贩中也有人能认出我。他们都说"心连心（公益）是最做实事的"，因为他们曾遇到有的组织是挂着名做虚事。有时候他们（广大民众）也不太相信，因为现在很多人疑心比较重，这也是社会造成的。前几年，如果说我们要为某个活动捐款的话，民众会绝对支持，可是这两三年他们基本上都不相信了……因为这几年网络上负面消息太多了：一是怕被骗，二是帮助别人了，对方也不感恩。去年，我在网上看到一个视频：有人去给某山区那儿的农民发钱，可是发完后又把钱收走了。我经常关注这些东西，这个事情的负面影响很大。（徐州市编号 1，2018.4.4）

社会发展需要有人推动，但也不是那么容易的事，因为有时人与人之间很难互信，需要很长时间才能建立起信任。比如说，有时你在做

好事儿，可别人不相信你是在做好事儿，除非他自己亲自参与。因此，这种信任是缓慢建立起来的。在很多人的想象当中，做好事是很有意义的，应该会有很多人愿意参与进来一起做，但是，最后他们发现：真正愿意出钱出力或拿出时间来做这件事情的人所占比例是很小的。这种"小"能到什么程度呢？

徐州市有 1000 多万人口，市区大概有 800 万。我们刚开始做活动的时候，第一个月的影响力很大：报纸、电视全都来报道我们，而且来餐厅吃饭的人也多。为什么呢？因为新鲜。在第一个月的时候，听说需要义工，很多人热情地来报名，但不少人只不过是来报名而已，有些人来了之后啥也不会干，有热心没有行动；有一些人有热心又有行动，坚持下来，这样的人占多少比例呢？运营一两个月的时候，来我们这里报名的人超过 1000 人，可真正来做义工的人数也就是 300 多人，能经常来的人无非就是 100 人左右。在这个过程当中，能经常来并成为骨干义工的人也就几十人。（徐州市编号 3，2018.4.5）

8. 增强慈善组织管理机构领导对慈善捐赠的关注度与支持度

在慈善组织注册和开展慈善项目过程中，民政、市政府、区政府等相关慈善部门领导或多或少都对慈善捐赠有一定关注，有的部门会明确支持，有的部门即使不直接支持但也不会明确地反对慈善项目开展。例如，有的公益组织能注册成功，很大原因在于相关部门助力。

逐渐地，随着慈善事业发展，民政部门对慈善组织加大支持力度。一方面，政府相关部门与各个慈善组织间存在合作关系；另一方面，有的公益组织很重视与政府相关部门合作。

我们开展活动时，会邀请他们来参与，他们可能会派个代表过来参与或发表讲话。我们每年年底的活动和每次搞大的活动时，常常会邀请一下领导，请他们出席：一是表示我们对他们尊重和感谢；二是我们的活动是正规的，需要政府支持；三是他们来参与，也是了解我们的一个渠道。当然，有时它的实际价值并不是特别大，应景性的成分稍微多一点。所以，一方面，我们不奢求政府给我们太大的支持和帮助；另一方面，我们也不做违背政府意愿的事情，我们就属于那种比较省心而且好管的组织。（徐州市编号2，2018.4.4）

正是由于政府相关领导关注与积极参与慈善捐赠活动，大大增加了慈善捐赠项目的推广和实施力度，尤其是他们借助行政化手段来带动并实行的诸如"慈心一日捐"等活动，不但在最大层面上动员最广大民众参与，而且促使当地慈善捐赠获得较大发展。

徐州市慈善总会是民间组织架构，按道理来讲它应该属于民政局，注册在民政局下面，就和社会组织注册是一样的。但是，事实上它是由官方来领导，它直接受徐州市政府领导。2006年12月30日，第三届理事会成立，我们市长兼任会长，之后就发挥了政府主导的作用。他是徐州市的市长，后又转成市委书记，但还是继续担任我们的会长，他说话的分量就非常大，力度非常大，至少他说一句话大家都要掂量掂量。社会上有纯爱心捐赠，还有想获得双赢结果的捐赠，比如，想融洽一下和政府的关系。我们这边"慈心一日捐"是每年下半年举行，捐的时候政府会通知我们各个单位，而我们可以选择从工资中扣出来。以前红十字会的领导是副市长挂职，现在也是"一把手"挂职了，直接由政府实行领导。为什么市慈善每年都有好几千万捐赠收入，因为它是市领导一把手来抓这一块工作，利于开展工作，它和外地

（城市）不一样，外地可能不是"一把手"在抓。（徐州市编号1，2018.4.4）

政府支持可以对个人捐赠产生影响，有的时候影响还很大，而且政府的强烈推动对中国慈善发展特别重要，尤其是在地方经济发展程度不是特别高的情况下，政府的推动效应会显现得更大。例如从运作主体来讲，有一种慈善组织是政府主导型组织，如慈善总会是民间机构，但是它的运作人员都是以政府的工作人员为主，这样的组织呈现出独特的运作特点。所以，有的城市中慈善总会的会长（包括它的名誉会长）是政府相关部门领导退休后又返聘回来担任，有的城市中则是由政府某部门在职干部担任。不管哪种情形，他们对当地慈善捐赠的推动力是不能忽视的。

除了2017年没有搞（慈善活动），从2007年开始我们已经搞了九届慈善晚会，每一次慈善晚会我们都用报纸、电视在晚会前相对较长的时间里展开宣传。我们举办慈善晚会的时候，电视台和网络会直播。所以，在一段时间内，慈善成为社会中的一个主流话题，并且会有很多人关注它。所以，要是政府主导（慈善）这个事情，且常年搞的话，那么，当第一年你轰轰烈烈搞（慈善活动）一段时间，很多人会捐；第二年又有一些人接触到；第三年也会让一些人接触到；在第四年搞（慈善活动）时，很多人可能会忍不住而捐。人是有从众心理的，人的善心也是需要激发的。正如我们刚才说的"为什么政府主导有不一样的结果"——如果说让一个退休副局长在慈善总会当会长，他的社会影响力可能远远不如一个在职干部，而在职干部又不如主要领导干部，可以说，后者的这个影响非常大。（徐州市编号5，2018.4.5）

9. 以捐赠流程透明化为切入点，提高慈善捐赠透明度

当前，关于慈善捐赠透明化的问题已经形成了社会共识：慈善捐赠应该坚持透明化管理，比如，在助学捐赠时为保证透明化而实行专门措施：

> 每次给学生送助学金的时候，我们都是两三个以上人一起去，绝对不会一个人去。到那（学校）后，学生自己签字来领钱，没有"学生不在学校，老师来签字领钱"的情况。我们给学生发钱的时候还有人负责照相，结束的时候我们把送钱（即捐赠）时的照片等资料发到（我们）群里让大家知道具体的情况。（徐州市编号 1，2018.4.4）

但是，关于慈善捐赠应该在何种程度上实现透明，研究者认为仍然是个需要探讨的问题。"所有慈善捐赠信息都要透明，要让所有人都知道"这个观点是不全面的，慈善捐赠透明化需要在捐赠者和被捐赠者间维持好一种平衡。

> 比如，在 2016 年市慈善总会的捐赠中，无论通过什么手段都不可能保证徐州主城区的 300 多万人（徐州市全市 1000 多万人）每一个人都知道，即使中央下发文件也保证不了每一个人都知道，对吧？（徐州市编号 5，2018.4.5）

通常来说，对于你关注的事情，你可能会找个途径来了解它，但是，对于你不关注的事情，你可能根本不会想办法来了解它。所以，保证所有的人都知道捐赠，这在操作上是不容易办到的。

同时，捐赠人和受助人的隐私都需要被保护。对于受助人而言，他通常需要一个"脸面"，比如，某个人在某小区某单元某楼号受到某

种资助，当他在最困难且需要钱的时候，他在被救助这件事上的感受很淡，他可能不会觉得自己那么弱势。但是，当他身体的病痛去除了以后，他在"脸面"上会有一个新的要求——如果他突然在某材料上见到某某捐助其 82342 元，那么，他可能就会觉得自己不如别人，他内心的自尊会受到一定的伤害。对于捐赠人这个角度来讲，他捐了钱，希望得到社会认可，这是普遍的心理，但他也不一定希望全社会每一个人都知道他在哪月哪日在哪个地方捐了多少钱，他只是希望别人知道他是一个有爱心、勇于承担社会责任的人，用老百姓的话来讲"他是个好人"。但是，每一次捐了多少钱，他不一定想要让别人知道，因为他可能会担心别人知道了后出现一种新情况——比如，某一户人家遇到困难了，这户困难者可能会去求助"你上一次给慈善总会捐了 50 万，我家里穷了，生了这个大病，你能帮我 10 万吗？"或者出现另一种情况——"你看，他才捐了 5 块钱，那么小气"等诸如此类的情形都可能会发生。换言之，这个捐赠人应该直接面对更多求助群体吗？以前有媒体说"有人在某公司门口下跪求助"，因为该公司一直都是高调慈善。但事实证明，很多"求捐事件"最后闹得沸沸扬扬的。

有人有一个观点："我自己把钱给人家，面对面地捐。"可是，这样做会直接带来两个问题：第一，你对她（求助者）的心理造成压力。你把钱给我，我是被可怜的人，你是发善心的人，我们的地位是不对等的，这个不对等的地位会产生一个很大的压力，而且面对面捐赠给对方产生的压力要比慈善机构捐赠产生的压力要大。因为若你只是代表某个组织把社会大众捐的钱给他（受助者），此时，你只是一个办事（即转交善款）的人，他（被救助者）是受助的人，那么，这个压力不会通过你直接转加到他头上，因为你不是一个传递压力的人。第二，你可能会把自己置于"万能救世主"的尴尬境界。因此，慈善捐赠信息公开和慈善捐赠透明问题都需要思考如何把握好透明度。

那么，这个透明度我们应该维持在什么样的程度上呢？一方面，首先要做到对捐款人百分之百负责，让捐款人知道。如果你捐赠时是定向救助，那这个钱到对方手上后一定要让捐赠者知道；如果不是定向捐赠，只是捐给慈善组织，那慈善组织用它来做项目时就应该公开，做到公开透明，如慈善组织用这些钱做了哪些项目，救助了多少人，每个项目用了多少资金，诸如此类的信息都要对当事人负责，让捐赠者能追踪到来龙去脉，让他充分了解善款信息。另一方面，要让关注慈善的人有途径了解慈善捐赠，比如说通过网站、善款管理系统等。我们以前的办法是通过网站、报社这些渠道，现在很多募捐平台或者慈善组织都建立了自己的公众号、微博等，充分借助这些新渠道对外公布相关信息。同时，有的城市中的慈善组织还会筹办慈善晚会，那么，民众也可以在晚会现场了解一些情况。

　　参加晚会的人都是关注徐州慈善的人，或者是已经捐赠过的人。我们在现场会有一面大墙上写得清清楚楚：哪个公司捐了多少，哪个个人捐了多少。比如说谁捐了5800元，他自己家知道这个人是他们，但是，局外的人就对不上号了，因为叫这个人名的人有几百人，所以，这个慈善的透明度一定是把握在……在捐赠者和受助者隐私的基础之上。我认为，对慈善透明度质疑的人都是没捐过钱的人。你可能不理解我这个话。（徐州市编号5，2018.4.5）

十三、淮安市促进居民慈善捐赠建议

在本研究中，淮安市居民慈善捐赠行为发生过程中各个环节的总体准备水平处于"准备阶段"（研究中对其评分为5.33分），而且广大居民在捐赠行为发生过程中四个环节（居民对慈善捐赠努力的了解阶段、领导者关注、捐赠氛围和慈善捐赠认知等）的评分都高于5分（见表5–1），仅"慈善资源"一个维度的评分低于5分，此评分与研究者

所调研其他城市评分相比属于得分较高者，且淮安市在 13 个城市中排名第 3 位，这说明了淮安市广大居民对慈善捐赠的认可，也说明了淮安市广大居民的慈善热情，还说明了当地慈善部门相关领导对慈善发展的重视与支持。虽然淮安市在整个江苏省范围内的 GDP 排名和人口总量排名都处于末端，但是，淮安市广大居民的慈善捐赠热情并没有减弱，他们在居民慈善捐赠方面的不少做法值得其他城市借鉴。

1. 开展慈善项目由面面俱到向重点推进，使居民选择捐赠时更清晰

当前，以淮安市各类慈善组织作为主体开展慈善宣传为主要推动力，有一些居民能说出该市为了推动慈善捐赠所采取的努力措施及慈善捐赠项目的名称，而且不少参加过活动的人知道这些措施是为了谁而做、活动开展的目的是什么。

为了推动当地居民参加慈善捐赠，很多慈善组织同时推进各个慈善项目，也有的慈善组织集中推进某几类或者某一类型慈善捐赠项目，尤其是重点开展一些特色捐赠项目。在淮安市，有的公益组织大力开展重大疾病医疗救助项目尤其是儿童大病救助，大力实施助学类项目：

> 我们从民政局那里拿（获得）小孩儿们的资料信息：有的（学生）是由于家里出现特殊情况而比较贫困，有的（学生）是父母不在了，有的（学生）是（成为）孤儿的，有的（学生）是单亲家庭（如妈妈不在或者是离家出走了），我们几个人一起去走访。有时，村里面给的信息也不是太准，我们便采用比较隐蔽一点的形式——暗访。暗访就是随便找当地一户人家来询问，而不是直接问学生及其家庭本人。我们现在面向的对象有小学、初中、高中生，加起来一共一百几十个学生吧。正常情况下，只要开始资助某个学生，就会一直持续到小孩毕业，比如，从小学开始资助的就至少到小学毕业，从初中开始资助的就至少持续到初中毕业，

从高中开始资助的就至少持续到高中毕业，我们每月给学生发一次资助款。（淮安市编号 2，2018.4.1）

总的说来，慈善活动由面面俱到向重点推进，让居民慈善捐赠选择更清晰明朗。

同时，有的慈善组织将助学类慈善捐赠项目精细化，让具体项目成为慈善捐赠载体。淮安市有的公益组织在开展助学活动时，会运行一些具体项目，如报童、关注留守儿童、微心愿圆梦、与贫困孩子联谊、"爱阅读．捐献一帮一"等特色项目，参与其中的居民都觉得挺有意义：

　　每次周末我们去学校时，那个学校的校长都会告诉学生们我们几点到达，小孩儿都会去。但是，我们捐给（他们）的钱不能太多。因为他们本来生活（条件）不是很好，一下子给钱多了（对他们而言）并不是好事。所以，我们助学时，一般是每个月捐一二百元，而且我们去的（次数）也不能太频繁，比如某个节日或者过年时会去。一般而言，在冬天到来之前我们去的次数会比较多，带着一些手套、围巾、保暖衣、鞋子等去给学生们……在淮安，有好多公益组织助学一般都是按照名单走访，即公益组织在网上论坛或者在群里面发需要资助的学生名单，让大家（有资助意向的人自己）去了解情况，之后自己想帮助哪个就形成一对一结对帮扶。（淮安市编号 3，2018.4.2）

2. 利用慈善组织和个人在当地的影响力扩大慈善宣传效应

不管公募还是私募慈善组织，它们在募捐善款时都离不开宣传和动员，此时，慈善组织和捐赠者的影响力和带动力就显得非常重要。有的慈善组织会利用当地有名的场地进行公开募捐，比如，很多城市中建有广场，广场里面不但相对宽敞，而且可以避免户外募捐时风吹日晒雨淋，加之很多人愿意在里面驻足或闲逛，所以，不少慈善组织借助广场场内和场外开展捐赠活动；有的慈善组织利用组织内所有义工及义工个人资源去影响更多有爱心的人；还有的慈善组织由于本身经常开展慈善活动，在当地已经成长为一个有影响力的合法慈善组织，利于广大居民捐赠。

为了提高捐赠者参与度，还可以向其他慈善组织和媒体（合作媒体）借力，在合作互惠中共同推进居民捐赠。如，有的慈善组织在推广捐赠项目时，吸引第三方组织参与进来。第三方有可能是志愿者组织，也有可能是媒体。第三方组织参与其中利于避免单一组织暗箱操作，而且媒体参与既利于提高当地居民对慈善活动的关注度，也利于发挥媒体和社会公众对慈善事业发展的监督作用。在淮安，与慈善组织经常合作的当地媒体有淮安广播电台、腾讯拍客、电视台等。在很大程度上，慈善组织与媒体双方合作也是一种互惠双赢的结果。

3. 以慈善组织作为宣传主体弘扬慈善文化，将慈善信息传递给广大居民

研究者在淮安调研时，有的人觉得做好事就是做慈善，有的人觉得捐钱捐东西就是慈善捐赠，还有的人认为募集钱来帮助别人是做慈善，可见，慈善捐赠认知需要进一步扩展。

一方面，慈善组织可以作为慈善宣传的主体。慈善组织开展活动时，有时到乡镇、村里面，有时深入城市社区，由于这些组织是在做慈善活动，所以，这个过程本身就是一种很好的宣传形式。因此，虽然有的慈善组织刚成立时只有五六个人，可是发展一年后说不定就有成百上千个人了。

另一方面，弘扬慈善文化，弘扬中华民族传统文化中的扶贫济困精神，让公益组织宣传倡导这种慈善理念。让广大民众在慈善捐赠中感受到慈善组织的先进理念，让慈善文化宣传落地，铸就慈善组织认可、民众喜闻乐见的慈善文化。赠人玫瑰，手留余香，让大家能够感受到帮

助人很快乐。因此，可以借助报纸文章、宣传小册子、海报、电视、交通广播等途径，让广大居民获得更多慈善相关信息，加强这些传统媒体对慈善捐赠的影响推动。其次，通过网络等新媒体渠道，加大慈善捐赠的辐射范围和影响程度。

　　淮安的媒体"比较强悍，它们经常来采访，而且淮安网也有专门负责媒体这一块的，网站上有公益版块等共 16 个版块。"（淮安市编号 5，2018.4.3）

再者，利用慈善晚会舞台上的背景牌子做慈善宣传，向民众宣传募捐目的和捐赠对象，例如：

　　求助小孩儿家里的电话，医院在哪个位置等，捐赠者都可以去考察、去了解。可以说，这种宣传是很透明、很公开的，民众看到宣传布景就可以确定求助信息是否是真人真事。（淮安市编号 2，2018.4.1）

同时，开展慈善捐赠时可以挂大条幅，清楚地写上慈善捐赠方面的信息，让民众清晰了解事实情形。

4. 小小公益大大的爱，小小公益日常行

有的人感觉公益离我们普通民众比较远，但事实并非如此。在笔者调研一个公益组织时，发现其组织在取名字时将"微"应用于其中。为什么用这个"微"？该负责人说道："微就是不计较，无大小，很小的意思。"

　　我刚开始做公益时，正是刚生完孩子在家照顾孩子的那段时间，因为家里也不太富裕，所以，当时我们主要是把家里闲用的

> 东西寄到受助者那边儿去。后来，我们参加本地公益组织，去看望孩子们也是每次花一两百块钱，不用太多。所以，我想应该把这个观念也输入给大家："公益不在于钱多少，大家力所能及就可以了——有时间就参加组织开展的活动；需要你出去走访孩子们的情况，你就去走访；需要你捐钱，钱数也不一定多，几十元可以，几块钱也可以，不在乎多少，只要有公益心。"再比如，我们去义卖报纸时，我们要求对方买报纸最低需要1元，多了也行，就是1元钱也可以算做公益。（淮安市编号3，2018.4.2）

可见，微公益侧重于"小小的行为可实现大大的爱心"。微公益，就是从微不足道的各种公益活动、公益行为入手，强调积少成多。微公益贵在行动，贵在人人参与。其实，爱心是无价的，爱心无大小。我们可以通过慈善捐赠活动向民众宣传正确的慈善理念和慈善知识，让更多民众"简简单单就可以奉献爱心，履行自己的社会责任"。或许刚开始很少有人参与慈善捐赠活动，不认同慈善捐赠理念，但是，随着慈善活动开展得越来越多，当地民众就对其有了一定认识，可以说，这是一个逐渐了解、慢慢接受慈善的过程。

5. 加强《慈善法》宣传，以法律为基础增强民众对慈善信任度

现在开展慈善活动时，很少有人会在旁边"看笑话"，反而会说"还是好心的人多"。其实，不是老百姓缺少爱心，只是他们有时对一些公益组织缺少信任。有的求助者和慈善组织利用众筹这种途径筹集善款时，会讲一些求助者急切需要得到救助方面的故事，此时，有的百姓会由于同情故事里面的主人公而自发捐钱。很多众筹的案例验证了这一点。可见，老百姓不缺爱心。只是有时社会中出现的一些负面热点事件伤了民众的公益心，使他们丧失了慈善信任。从2016年《慈善法》颁布至今，它有没有真正起到法律规范作用还需要探究。当然，要促使其在实践中更好地发挥作用，前提之一就是让社会知晓、熟悉并执行它，

因此，我们要加强宣传，让老百姓了解该法律，让老百姓懂得该法律现在能约束大家的慈善行为了。

同时，培养民众对慈善捐赠和慈善组织的内心认同感，提高他们对慈善组织的信任感，减少他们在捐赠时由于被强制而产生逆反心理，并在自愿原则基础上结合当地情况决定"慈心一日捐"是否开展和如何开展。

> 对于"慈心一日捐"，我们不是每年都举行，有的时候隔一年搞一次。这种募捐不允许有强制性，一般都是倡议。2016 年我们没在全市搞"一日捐"，但是，我们政府领导和机关工作人员都捐钱了，因为盐城有风灾嘛，我们是自发捐的。（淮安市编号 1，2018.4.1）

6. 在尊重事实的基础上叙述求助者详情，向捐赠者传达真实有效的捐赠信息

当前，有些求助者或者慈善组织在募集善款时常常会采用"讲故事"的形式——有的侧重于叙述感人励志的故事，有的侧重于叙述被救助者的困境。正是在这些叙述中，越来越多的民众从故事中读出了感动，进而捐赠。但是，也有人在这些讲述中看到了怀疑与欺骗，所以，有的受访者表示自己不会再捐，并劝说身边人不要捐赠。因此，我们应该思考一个问题：慈善募捐时应该采用讲故事方式还是叙述事实方式？

在新闻媒介领域，新闻以事实性报道为主，而故事则通常被认为"不一定是在讲述事实"。因此，从这个角度来说，新闻和讲故事是界限分明的。从传播起源角度来说，故事与新闻密不可分。随着当前网络不断发展，信息传递发生了新的变化，如何能在讲述故事的过程中叙述新闻事实显得非常重要，于是，讲故事式新闻需要重视叙述顺序，利用时间顺序、观察顺序来重塑文本，这样有利于新闻讲故事，也能让讲故事

新闻得到更好的发挥。① 因此，在慈善组织要进行慈善募捐而向社会大众传递信息的过程中，离不开恰当的信息传递和表达方式，此时，它和新闻媒介领域的新闻和故事非常相似。因此，笔者认为，我们可以借鉴新闻媒介领域的信息传递和故事表达方式，进行慈善募捐宣传。

7. 借助募用分离，提高民众眼中慈善捐赠的透明性

淮安市慈善发展中呈现出一个非常典型的特点，即市慈善总会被作为善款募集和使用分离的一个试点，比如，慈善总会募集的钱交给一些公益组织来做。它们这些公益组织都是自发成立的，有共同的爱好。淮安市慈善总会不直接管理志愿者，但是，会跟很多公益组织合作。当采取募用分离的办法时，善款是由慈善总会来募捐，然后慈善总会从资金上支持它们这些慈善组织开展具体的慈善活动。当然，它们这些慈善组织也会自己募捐。

> 我们建立了一个阳光慈善网来具体维护，做公益的组织在这上面公开公正透明。慈善总会利用这个阳光慈善网在上面公布慈善项目的一些情况，如一年募集了多少钱、用到什么地方去了、救助了多少人。通过审计以后，还会把财务报表放到这上面接受大家监督，以做到公开、公正、透明。在很多城市，很多慈善总会和公益组织的关系就是"你做你的，我做我的"，但是，在我们这儿，慈善总会和公益组织的关系还不错，双方经常合作，这主要是因为慈善总会人数有限，没有那么多精力独立开展很多活动，比如，周六、周日要到县城去走访，我们即使一年不休息，也跑不过来。所以，我们就跟公益组织一起合作——这个公益组织今天做一个活动，那个公益组织明天做一个活动，我们可以通过资金支持它们。（淮安市编号1，2018.4.1）

---

① 周晔：《新闻"讲故事"需要学会叙述模式》，《新闻世界》2015 年第 7 期。

到 2019 年，淮安市慈善总会成立已度过 20 年。在其 20 周年之际，它秉持"大爱淮安、情满江淮"理念，持续稳步地推进"慈善淮安·精准济困"等各个项目，全年共募集善款善物价值达 8764.38 万元，支出款物价值 8143.68 万元，共计帮扶救助困难群众 5 万多人次。在第五届中国城市慈善公益指数排名中，淮安市名列全国第 28 位，第四次荣获"慈善公益指数百强城市"称号，稳步走出了一条富有淮安特色的慈善之路。

在淮安市，为了推进慈善事业发展改革，有效解决淮安市慈善总会所面临的人手与经费不足等各种问题，淮安市创新性地推行"募用分离"政策，即募捐和善款使用分离。也就是说，让在款物募集方面更有优势的慈善组织来负责募捐和管理，之后以一定方式将其配给到能提供慈善服务的组织和团队，以执行款物使用和组织慈善活动等。其实，该制度主要是本着投入少量慈善资金，推动和动员社会慈善资源和公益慈善组织人员开展慈善活动，以带动更多资金加入慈善领域，吸引更多人员参与慈善，最终实现 $1+1>2$ 的效果，从而为慈善事业的持续发展不断注入新的活力与源源不断的动能。近年来，淮安市慈善总会择优资助了 85 个公益组织，投入资金约 200 万元，带动全市社会组织投入资金 1000 多万元，促使慈善活动参加者达到 10 万多人次，不但在更大范围内传播了慈善理念，还引导更多个人和慈善组织开展慈善活动，并且促进了不同类型慈善组织诞生，这些措施大大助推了淮安市获得"中国爱心城市"美誉称号。同时，当地慈善事业在发展中打出日常募捐与专项募捐式"组合拳"，演奏出线上与线下共同募捐的"协奏曲"，协同各级慈善组织共同发展。

8. 增强相关部门对慈善活动的关注与认可，加大对慈善项目持续性支持力度

慈善相关部门领导在慈善项目规划和实施中起到一定的推动作用。如果他们不过问或者不赞同，活动可能根本开展不了。

在淮安，慈善相关部门领导对慈善组织和慈善活动的关注较大。

在发展过程中，淮安市的一些领导对我们这个组织和我们开展的慈善活动很关心。慈善总会举办过一些专门活动……而且我们之前的项目曾经在江苏省获奖，也在全国获奖。获奖后还有奖金支持，因为它是全国性的项目。我们会长到重庆去领奖，奖金是3万元。所以，我们现在开展的项目还是比较容易做的，因为我们账上现在还有钱……在我看来，全国性的评奖活动也算是政府对我们组织的一种支持，这是对我们活动的肯定，对我们注册资金的肯定。我们的组织发展需要钱，爱心也需要钱。（淮安市编号1，2018.4.2）

同时，有的公益组织在其发展中广受市妇联、市文明办、市团委等关注：

我们很多项目都是可以参加评奖的。上次团委打电话让我们参赛，可是，当时我们的那个项目只做了一年而没往下做，所以，我们就不太想去参加。我觉得相关部门组织公益创投项目这个事……一个团队开发出非常好的项目是很不容易的，他们每次有公益创投项目就让我们去申报……获奖后能被奖励多少钱，然后下次继续来争取。可是，在我看来，若你真的觉得某个公益项目好，就应该一直资助它，干嘛每次都要重新去评……其实，很多团队都在开发项目，而项目都大同小异，团队要有团队的特色……很多好项目都是在做的过程当中慢慢被发现的。（淮安市编号3，2018.4.2）

也就是说，相关部门对该公益组织的支持以项目购买为主，评奖支持为辅，二者共同为慈善项目开展提供一定的资金支持。

第六章　结论与展望

第一节　研究结论

为了探讨中国城市居民慈善捐赠行为发生机制问题，笔者从以下几个角度展开并取得了一系列研究结果。

第一，借助社区准备模型理论构建起城市居民慈善捐赠行为发生机制结构方程模型，该模型主要包括"对捐赠努力的了解、领导者关注、慈善氛围、对捐赠问题的认知、慈善资源"等五个变量。该模型将居民捐赠行为发生过程中各环节呈现出来，不但证实了借助该理论将居民慈善捐赠行为发生过程动态呈现出来是具有可行性和适用性，而且在理论层面和社会实践层面都具有一定的研究意义。

第二，衡量当前城市居民慈善捐赠行为发生过程中各环节的整体准备状况。从五个方面进行阐述发现：一是"城市居民对促进慈善捐赠而所做努力或活动的了解"维度处于"准备阶段"，即大多数城市居民对当前促进慈善捐赠所采取的努力工作有了一定的了解，且他们至少已经听说过一些努力措施；二是"居民对慈善捐赠问题的认知"维度处于"规划阶段"，这意味着当前广大城市居民对慈善捐赠这一问题的认识仍然有限，且这种认识主要停留在浅层表面；三是"城市居民慈善捐赠时所处慈善氛围"维度也处于"规划阶段"，即当地城市居民承认如何促进慈善捐赠是一个顾虑，并且他们已经做了一些事情来尽量解决它，只是当地很少有居民会优先着力于解决慈善捐赠问题；四是"慈善组织管理机构对居民慈善捐赠重视"维度处于"准备阶段"，在这个阶段中，领导者支持当地慈善组织和政府相关部门继续积极地进行当前正在开展的促进捐赠措施，或者他们支持增加促进捐赠的努力程度，又或者他们支持开展新的努力方式；五是"促进居民捐赠的慈善资源"维度处于"规划阶段"，也就是说，他们可能会借助已有资源来努力推动慈善捐赠开展，如一间办公室、一些志愿者、当地有专家参与或提供帮助、有慈善项目补助金或其他资金；他们也可能会动员更多慈善群体、慈善领导者积极参与到慈善项目中，乃至开拓一些新的慈善募捐项目和慈善捐赠活动，促进慈善捐赠行为发生。

第三，对各个城市/省份中居民慈善捐赠行为发生过程中各环节的准备水平进行差异化分析。一方面，在全国三个省份选择了13个城市展开调研，对这13个城市进行评估时发现，各个城市的评分分数有较大差距：评分分数最低的是锦州市，仅为4.466分，按照社区准备模型可将其水平评定为"规划阶段"；而评分分数最高的是南京市，评分为6.3分，按照社区准备模型可将其水平评定为"开始阶段"。在所调研的13个城市中，各个城市按照居民慈善捐赠行为发生过程中各个环节的整体准备水平评分可以排列为：南京市、大连市、淮安市、辽阳市、徐州市、临沂市、葫芦岛市、威海市、滨州市、沈阳市、淄博市、烟台市、锦州市，这个排名序列和现今已经连续举行五届的中国城市公益慈善指数排名基本相符合。另一方面，对同一省份内不同城市的居民捐赠行为发生中各环节的总体准备水平比较时发现：在辽宁省内，大连市被评分数最高，为5.492分，处于社区准备模型评估中的"准备阶段"，而锦州市被评分数最低，仅为4.466分，处于社区准备模型评估中的"规划阶段"，两个城市的评分相差1分多，即大连市比锦州市的慈善捐赠准备水平高一个等级，并且对五个维度的评分进行比较时，大连市在

"慈善组织管理机构重视"和"慈善资源"两个维度上的评分相对较高。在山东省内，临沂市的居民慈善捐赠行为准备水平被评分数最高，为4.916分，处于社区准备模型评估中的"规划阶段"，而烟台市的居民慈善捐赠行为准备水平被评分数最低，为4.5分，处于社区准备模型评估中的"规划阶段"，两个城市的评分相差很少，而且综观山东省内这五个城市，它们在居民慈善捐赠行为准备水平上的评分都不是很高，都在4—5分之间，且都被评为"规划阶段"。在江苏省内，南京市的居民慈善捐赠行为准备水平被评分数最高，为6.3分，处于社区准备模型评估中的"开始阶段"，而徐州市的居民慈善捐赠行为准备水平被评分数最低，为5.24分，处于社区准备模型评估中的"准备阶段"，两个城市的评分相差1分多，即南京市比徐州市的慈善捐赠准备水平高出一个等级。同时，将三个省份间城市居民慈善捐赠行为发生过程中各环节的总体准备水平比较时发现：江苏省的准备水平评分为5.167，这个评分已经远超其他两个省份，按照社区准备模型评估阶段要求，江苏省处于"准备阶段"，而辽宁省和山东省都只处于"规划阶段"。

第四，城市居民慈善捐赠行为发生机制模型合理且具有一定科学性，不但验证了各个研究假设，而且揭示出捐赠行为发生整个过程中的不同准备阶段。最终，针对捐赠行为发生各个环节中存在的问题来提出促进居民慈善捐赠策略，即促进沈阳市、大连市、葫芦岛市、锦州市、辽阳市、烟台市、威海市、临沂市、淄博市、滨州市、南京市、徐州市、淮安市等13个城市中居民慈善捐赠的建议。

第二节　研究讨论

在本书第五章中，有几个共性问题需要进一步探讨。

第一，关于公益慈善认知。目前，社会公众对慈善、慈善捐赠认知仍存在模糊、困惑和误解，对慈善捐赠仅有浅层了解，缺乏深度把握。有人打着慈善募捐的名义骗钱，有人通过慈善募捐得到了社会大众的切实帮助，所以，有些民众对慈善捐赠的认识处于"纠结"境地，不知该如何清晰认识慈善捐赠。其实，我们要有计划地推动居民对公益慈善的认知，通过让更多的人加深对慈善捐赠的认知来吸引他们乐于捐赠、快乐捐赠，使得广大居民的慈善捐赠认知由浅到深进而激发出更浓厚的慈善氛围。爱心是无价的，爱心无大小。我们可以通过慈善捐赠活动向民众宣传慈善理念和慈善知识，让更多民众"简简单单就可以奉献爱心，履行自己的社会责任"。或许刚开始参与慈善捐赠活动的人并不多，甚至有的人并不认同慈善捐赠理念，但是随着慈善活动开展越来越多，民众会逐渐了解当地所开展的各种慈善活动，也会了解慈善活动效果和开展居民捐赠活动的重要性。可以说，这是一个逐渐了解的过程，也是一个逐渐接受的过程。

第二，关于慈善活动宣传。是否应该进行慈善宣传，社会上仍存在一定的争议性。有的人认为慈善宣传对捐赠者和慈善组织而言都是有利的，因为它可以扩大慈善影响力，所以，他们愿意推行慈善宣传；有的人则认为慈善宣传只是某些组织和某些捐赠者谋私利的一种工具，是借助慈善捐赠来扩大自己在慈善圈内和慈善圈外的影响，进而提高其在第一职业圈内的影响；还有的人认为应该本着"低调慈善"的原则来做慈善，不愿意宣传自己的慈善捐赠行为。但是，在笔者看来，进行慈善宣传是必要的，它是开展慈善活动的必要环节之一，也是扩大慈善效果的途径之一，还是进行慈善动员的前提条件之一。当前，有不少城市都有"慈善日"，拉近了普通居民与慈善之间的距离，为广大居民参与慈善捐赠活动提供了"契机"。在慈善日里，居民会了解公益组织已经举办过的慈善活动和即将举办的慈善活动，了解慈善活动的名字、活动开展流程、活动效果等；他们会借此了解更多慈善捐赠方面的知识，进而加深他们对慈善捐赠的关注。

第三，关于慈善捐赠动员问题。在我国，慈善领域相关领导关注与重视居民慈善捐赠的表现之一，就是在其单位内进行捐赠动员，这就涉及单位动员的效力与限度问题。在调研中，曾有受访者反映"不喜欢这种捐赠动员，因为它让我有种被迫捐赠的感觉，失去了捐赠的快乐和自由"。毕向阳等以"希望工程20周年品牌影响力评估"调查数据为基础，多维度研究捐赠动员对于公众捐助行为的影响。结果发现，体制内外的不同动员方式对于个体捐助行为的作用有显著差异：体制内个体捐款次数相对较多，而体制外个体单次捐款额度较高。该研究结果恰恰说明了为什么很多单位愿意组织其员工捐赠，他们想让员工多次参与捐赠。其实，这种捐赠动员模式展示出慈善动员所呈现出的特点：一方面，体制内动员可以保持着显著效力，但也有其作用的限度，这成为当前我国公益事业发展的重要制度与社会背景。[①] 在笔者看来，中国慈善事业的发展离不开政府相关部门推动。这既是中国当前慈善事业发展的特点之一，也是当前社会发展阶段的发展要求。

第四，关于慈善组织管理机构对居民捐赠的重视问题。不管是企业捐赠还是居民捐赠，其发展都离不开社会各类慈善捐赠主体参与。作为推动居民捐赠发展的主体之一，慈善领域有关部门和领导在其中发挥着必不可少的作用。在我国，慈善领域相关领导主要包括两部分：一是慈善组织负责人，二是分管慈善工作的相关部门，这两类领导在促进居民捐赠中所发挥的作用并不相同。前者是慈善活动计划的制定者和实施者，也是慈善组织内部各种事项的管理者，可以说是居民慈善捐赠的直接推动者；后者是慈善组织发展和慈善活动开展的政策制定者，也是促进慈善发展的推动者，而且有时会成为慈善活动的参与者，可以说是居民捐赠的间接推动者。在我国，政府相关部门在慈善事业发展中发挥着不可忽视的作用，这也是当前我国慈善事业发展呈现出的特色之一，因

---

① 毕向阳、晋军、马明洁、何江穗：《单位动员的效力与限度——对我国城市居民"希望工程"捐款行为的社会学分析》，《社会学研究》2010年第6期。

此，应该重视相关部门对居民捐赠的关注，提高其关注度和参与度。

第五，关于社区慈善氛围营造问题。居民是否参与慈善捐赠，有时会受到其周围生活和工作环境影响。因此，营造良好的社区慈善氛围是推动居民捐赠的必要环节之一。一方面，要调动社区居民参与社区慈善的积极性。社区慈善需要专业而有志愿背景的专职人员，更需要重视社区居民融入，因此，要充分调动社区内各层面人员参与各类社区慈善活动。另一方面，充分发挥社区慈善组织的带动作用。社区慈善基金会是居民参与平台（Siobhan Daly，2008）[1]，是社区强大催化剂（Gibson R et al，2013）[2]，因此，要积极发展社区公益组织，充分发挥社区基金会和其他各类社区公益组织的作用。同时，政府相关部门可以出台推动社区慈善发展的政策，助推社区慈善氛围营造。

第三节　研究局限与展望

本研究虽然取得了不少成果，但是也存在一些问题需要继续探讨：

首先，本研究虽然已经访谈了 70 个关键受访者，但是，当研究者定量化分析评分数据时，仍发现模型拟合检验时有的指标拟合并不好，其中很大的原因就是取得评分数据的有效访谈个数少，而通常情况下的定量分析数据源都是成百上千条，因此，后续研究时可以扩大关键访谈者的数量。

其次，本研究主要选取了 3 个省份中 13 个城市内的若干关键者，尽管取样时尽可能选取典型受访者，但是现有的样本代表性毕竟还是有限，例如，本研究欠缺对西部省份的研究。

---

[1]　Siobhan Daly，"Institutional Innovation in Philanthropy：Community Foundations in the UK"，*Voluntas*，Vol.219，No.19（2008），pp.219–241.

[2]　Gibson R，Barrett J，Parmiter S.，"Philanthropy as a Vehicle for Regional Development? Exploring Community Foundations in Atlantic Canada"，*Harris Centre*，2013.

再者，本研究主要关注了个人慈善捐赠行为，对慈善组织的慈善行为关注不够，而社区准备模型理论也可以应用于慈善组织行为，因此，后续可以应用该理论探究慈善组织募捐行为及网络慈善捐赠、慈善募捐等问题。

同时，本研究已经为13个城市中居民慈善捐赠行为发生过程中各环节的总体准备水平作出了评分，验证了这13个城市的整体准备水平评分排名和已经连续举行五届的中国城市公益慈善指数排名基本相符合，因此，后续可以对二者间的相关性系数作出分析，明确二者间关系和各自优缺点，从而提高该指数评选对个人慈善捐赠行为的预测性。

参 考 文 献

（一）著作

1. 邓国胜：《非营利组织评估》，社会科学文献出版社 2001 年版。

2. 牛喜霞：《当前农村社会资本的现状、结构及影响因素》，山东人民出版社 2021 年版。

3. 宋希仁、陈劳志、赵任光：《伦理学大词典》，吉林人民出版社 1989 年版。

4. 徐麟：《中国慈善事业发展研究》，中国社会出版社 2005 年版。

5. 张进美：《中国式慈善研究——基于城市居民慈善捐款行为的调查》，中国社会科学出版社 2015 年版。

6. 周秋光、曾桂林：《中国慈善简史》，人民出版社 2006 年版。

7. 朱伯玉：《低碳发展立法研究》，人民出版社 2020 年版。

（二）期刊

1. 毕向阳、晋军、马明洁、何江穗：《单位动员的效力与限度——对我国城市居民"希望工程"捐款行为的社会学分析》，《社会学研究》2010 年第 6 期。

2. 陈伦华、莫生红：《从问卷调查看我国公民的慈善价值观》，《现代经济（现代物业下半月刊）》2007 年第 6 期。

3. 曹荫：《网络捐赠的可持续发展研究》，《赤峰学院学报》（汉文·哲学社会科学版）2014 年第 10 期。

4. 邓玮：《城市居民慈善意识影响因子分析及动员策略》，《重庆大学学报》（社会科学版）2013 年第 3 期。

5. 侯江红、徐明祥等：《基于网络的非营利组织募捐模式研究》，《四川行政学院学报》2010 年第 6 期。

6. 刘秀秀：《动员与参与：网络慈善的捐赠机制研究》，《福建论坛·人文社会科学版》2014 年第 1 期。

7. 李丹、杜晖：《网络捐款模式探究》，《价值工程》2010 年第 22 期。

8. 刘新玲：《论个体慈善行为的基础》，《福州大学学报》（哲学社会科学版）2006 年第 4 期。

9. 刘孝龙：《我国慈善捐助的现状分析》，《郑州航空工业管理学院学报》（社会科学版）2009 年第 1 期。

10. 林章俊：《论利他行为的几种理论及其决定因素》，《安徽电子信息职业技术学院学报》2009 年第 1 期。

11. 李梅：《利他行为的社会认知分析》，《冀东学刊》1996 年第 4 期。

12. 林莎、邓存玲：《"经济人"利己与利他行为的理论分析》，《社会科学战线》2005 年第 6 期。

13. 孟兰芬：《倡导平民慈善的意义及其实现途径》，《吉首大学学报》（社会科学版）2007 年第 4 期。

14. 石国亮：《我国居民对慈善组织的认知——基于与政府、企业的比较分析》，《四川师范大学学报》（社会科学版）2014 年第 5 期。

15. 苏媛媛、石国亮：《居民慈善捐赠影响因素分析——基于全国五大城市的调查分析》，《社会科学研究》2014 年第 3 期。

16. 桑胜高：《"网络慈善"要鼓励更多规范》，《中国商报》2015 年 1 月 20 日，第 P2 版。

17. 滕宇：《道德行为：利他和自利的统一》，《中国德育》2007 年第 10 期。

18. 吴燕：《重视个人捐赠，促进慈善事业可持续发展》，《西安财经学院学报》2008 年第 1 期。

19. 王玉珍：《利他行为的"道德人"分析》，《当代经济研究》2003 年第 12 期。

20. 王海明：《利他主义新探》，《齐鲁学刊》2004 年第 5 期。

21. 王燕飞：《略论对青少年实施利他教育的社会意义》，《广州师范学院学报》（社会科学版）1998 年第 2 期。

22. 许中华、伍卓深：《个人慈善捐赠的社会资本价值研究》，《华南理工大学学报》（社会科学版）2013 年第 6 期。

23. 俞李莉：《中美个人捐赠的比较研究》，《华商》2008 年第 20 期。

24. 杨永娇、张东：《中国家庭捐赠的持续性行为研究》，《学术研究》2017 年第 10 期。

25. 杨永娇、史宇婷、张东：《个体慈善捐赠行为的代际效应——中国慈善捐赠本土研究的新探索》，《社会学研究》2019 年第 1 期。

26. 杨依晴、邱桂贤：《温州居民慈善行为影响因素的实证研究》，《温州职业技术学院学报》2019 年第 1 期。

27. 姚芬：《浅议人类的利他性行为》，《中国郑州市委党校学报》，2010 年第 2 期。

28. 叶航：《利他行为的经济学解释》，《经济学家》2005 年第 3 期。

29. 赵铭、谢萍：《从道德主体出发来理解利己与利他的关系》，《山西高等学校社会科学报》2005 年第 9 期。

30. 张强、韩莹莹：《中国慈善捐赠的现状与发展路径——基于中国慈善捐助报告的分析》，《中国行政管理》2015 年第 5 期。

31. 朱健刚、刘艺非：《中国家庭捐赠规模及影响因素探析》，《中国人口科学》2017 年第 1 期。

32. 张健：《我国网络捐赠运行模式及其监管机制文献分析》，《学理论》2015 年第 33 期。

33. 张爱凤：《慈善公益事业的网络传播》，《社会福利》2010 年第 4 期。

34. 张银锋、侯佳伟：《中国微公益发展现状及其趋势分析》，《中国青年研究》2014 第 10 期。

35. 张进美、刘天翠、刘武：《基于计划行为理论的公民慈善捐赠行为影响因素分析——以辽宁省数据为例》，《软科学》2011 年第 8 期。

36. 张奇林、宋心璐：《中国政府社会救助支出对民间慈善捐赠的挤出效应》，《社会保障评论》2018 年第 4 期。

37. 郑也夫：《利他行为的根源》，《首都师范大学学报》（社会科学版）2009 年第 4 期。

38. 张旭昆：《试析利他行为的不同类型及其原因》，《浙江大学学报》（人文社会科学版）2005 年第 7 期。

39. 张旭昆：《试析利他行为的不同类型及其原因》，《浙江大学学报》（人文社会科学版）2005 年第 4 期。

40. 周晔：《新闻"讲故事"需要学会叙述模式》，《新闻世界》2015 年第 7 期。

（三）学位论文

1. 董文杰：《影响慈善行为因素分析及改进措施》，硕士学位论文，陕西师范大学，2009 年。

2. 冯俊资：《慈善捐赠的税收优惠政策研究》，硕士学位论文，暨南大学，2010 年。

3. 刘艳明：《居民慈善捐赠行为研究——以长沙市 P 社区为例》，硕士学位论文，中南大学，2008 年。

4. 何志兴：《个人捐赠行为影响因素的实验研究》，硕士学位论文，湖南师范大学 2014 年。

5. 石浩：《从善念到善举：个人慈善捐赠"助推"机制全景实验研究》，博士学位论文，浙江大学，2021 年。

6. 徐涛：《亚当·斯密〈道德情操论〉中人性思想研究》，硕士学位论文，河北大学，2010 年。

7. 肖亮：《基于 ELM 模型的个人捐赠意愿影响因素研究》，硕士学位论文，华中科技大学，2011 年。

8. 王锐：《论中国慈善捐赠的制度环境》，硕士学位论文，中国政法大学，2008 年。

9. 张进美：《中国城市居民慈善捐款行为影响因素研究》，博士学位论文，东北大学，2012 年。

10. 张进美：《中国城市居民慈善捐款行为影响因素研究》，博士学位论文，东北大学，2012 年。

11. 周长利：《我国慈善捐赠者行为影响因素研究》，硕士学位论文，南京师范大学，2012 年。

（四）外文

1. A. Abigail Payne., "Measuring the Effect of Federal Research Funding on Private Donations at Research Universities：Is Federal Research Funding More than a Substitute for Private Donations?", *International Tax and Public Finance*，Vol.8，No.5（2001）.

2. Andreoni J，Brown E，Rischall I C., "Charitable Giving by Married Couples：Who Decides and Why Does it Matter?", Working papers，1999.

3. Andreoni，J., "Giving with Impure Altruism.Applications to Charity and Ricardian Equivalence", *The Journal of Political Economy*，Vol.97，No.6（1989）.

4. Andreoni，J., "Impure Altruism and Donations to Public Goods：A Theory of Warm-Glow Giving", *The Economic Journal*，Vol.100，No.401（1990）.

5. Beverly T. Venable, Gregory M. Rose, Victoria D. Bush, Faye W. Gilbert, "The role of brand personality in charitable giving：An assessment and validation", *Journal of the Academy of Marketing Science*，Vol.33，No.3（2005）.

6. Bucknerbrown J，Sharify D T，Blake B，et al., "Using the Community Readiness Model to Examine the Built and Social Environment：A Case Study of the High Point Neighborhood，Seattle，Washington，2000-2010" [J]，*Preventing Chronic Disease*，Vol.11，No.11（2014）.

7. Batson，C. D. "The altruism question：Toward a social-psychological answer",

New York，NY：Psychology Press，2014.

8. Batson，C. D.，Batson，J. G.，Griffitt，C. A.，Barrientos，S.，Brandt，J. R.，Sprengelmeyer，P.，& Bayly，M. J.，"Negative-state relief and the empathy—altruism hypothesis"，*Journal of Personality and Social Psychology*，Vol.56，No.6（1989）.

9. Cynthia Benzing，Thomas Andrews.，"The effect of tax rates and uncertainty on contributory crowding out"，*Atlantic Economic Journal*，Vol.32，No.3（2004）.

10. Carroll R，Kachersky L.，"Service fundraising and the role of perceived donation efficacy in individual charitable giving"，*Journal of Business Research*，Vol.99，No.C（2019）.

11. Clotfelter C T，Auten G E，Sieg H.，"Charitable Giving，Income，and Taxes：An Analysis of Panel Data"，*The American Economic Review*，Vol.92，No.1（2002）.

12. Charng，Phw.，"Altruism：A Review Of Recent Theory And Research"，*Annual Review of Sociology*，Vol. 16，No.1（1990）.

13. David C.Ribar，Mark O.Wilhelm.，"Altruistic and Joy-of-Giving Motivations in Charitable Behavior"，*Journal of Political Economy*，Vol.110，No.2（2002）.

14. David C. Ribar，Mark O. Wilhelm，"Altruistic and Joy-of-Giving Motivations in Charitable Behavior"，*Journal of Political Economy*. Vol.110，No.2（2002）.

15. Donnermeyer，J. F.，Oetting，E. R.，Plested，B. A.，Edwards，R. W.，Jumper-Thurman，P.，& Littlethunder，L.，"Community readiness and prevention programs"，*Journal of Community Development*，Vol.28，No.1（1997）.

16. E. R. Oetting，B. A. Plested，R. W. Edwards，P. J. Thurman，K. J. Kelly，and F. Beauvais（Modified and expanded by：Linda R. Stanley），"Community Readiness for Community Change"（Tri-Ethnic Center Community Readiness Handbook 2nd），2014，Available at（https：//www.TriEthnicCenter.colostate.edu）

17. Eleanor Brown，James M. Ferris，"Social Capital and Philanthropy：An Analysis of the Impact of Social Capital on Individual Giving and Volunteering"，

Nonprofit and Voluntary Sector Quarterly, Vol.36, No.1 (2007).

18. Edwards R W, Jumper-Thurman P, Plested B A, et al., "The Community Readiness Model: Research to Practice", *American Journal of Community Psychology*, Vol.28, No.3 (2000).

19. Grant Ramsey, Robert Brandon, "Why Reciprocal Altruism is not a Kind of Group Selection", *Biology & Philosophy*, Vol.26, No.3 (2011).

20. Golrang H, Safari E., "Applying Gamification Design to a Donation-Based Crowdfunding Platform for Improving User Engagement", *Entertainment Computing*, Vol.38, (2021).

21. Gibson R, Barrett J, Parmiter S., "Philanthropy as a Vehicle for Regional Development? Exploring Community Foundations in Atlantic Canada", *Harris Centre*, 2013.

22. Joseph Losco, "Understanding Altruism: A critique and Proposal for Integrating Various Approaches", *Political Psychology*, Vol, No.7 (1986).

23. Jerome C. Wakefield., "Is Altruism a Part of Human Nature? Toward a Theoretical Foundation for the Helping Professions", *Social Service Review*, Vol.67, No.3 (1993).

24. Kerr B, Godfrey-Smith P, Feldman MW., "What is altruism?", *Trends in Ecology & Evolution*, Vol.19, No.3 (2004).

25. Kathryn S. Steinberg, Patrick M. Rooney, "America Gives: A Survey of Americans' Generosity after September 11", *Nonprofit and Voluntary Sector Quarterly*, Vol.34, No.1, March 2005.

26. Karine Nyborg, Mari Rege., "Does Public Policy Crowd Out Private Contributions to Public Goods", *Public Choice*, Vol.115, No.3 (2003).

27. Kee Yuen Lee, Fred M. Feinberg, "Modeling and Measuring Scale Attraction Effects: An Application to Charitable Donations (July 17, 2017)", Ross School of Business Paper No.1380, Available at SSRN: https://ssrn.com/abstract=3142650 or

http：//dx.doi.org/10.2139/ssrn.3142650.

28. Liu L，Suh A，Wagner C，et al.，"Empathy or perceived credibility? An empirical study on individual donation behavior in charitable crowdfunding"，*Internet Research*，Vol.28，No.3（2018）.

29. Michael O'Neil，"Research on Giving and Volunteering：Methodological Considerations"，*Nonprofit and Voluntary Sector Quarterly*，Vol.30，No.3（2001）.

30. Post S，The tradition of agape. In：Post S，Underwood L，Schloss J，Hurlbut W，editors. Altruism and altruistic love：Science，philosophy and religion in dialogue. New York：Oxford University Press，2002.

31. Ranganathan S K，Henley W H.，"Determinants of charitable donation intentions：a structural equation model"，*International Journal of Nonprofit and Voluntary Sector Marketing*，Vol.13，No.1（2008）.

32. SARGEANT A，WEST D C，JAY E.，"The Relational Determinants of Nonprofit Web Site Fundraising Effective ness：An Exploratory Study"，*Nonprofit Management and Leadership*，Vol.18，No.2（2007）.

33. Sliwa S，Goldberg J P，Clark V，et al.，"Using the Community Readiness Model to Select Communities for a Community-Wide Obesity Prevention Intervention"，*Preventing chronic disease*，Vol.8，No.6（2011）.

34. Siobhan Daly，"Institutional Innovation in Philanthropy：Community Foundations in the UK"，*Voluntas*，Vol.219，No.19（2008）.

35. Tineke Fokkema. Eralba Cela. Elena Ambrosetti，"Giving from the Heart or from the Ego? Motives behind Remittances of the Second Generation in Europe"，*International Migration Review*，Vol.47，No.3（2013）.

36. WATERS R D.，"Nonprofit Organizations'Use of the Internet：a Content Analysis of Communication Trends on the Internet Sites of the Philanthropy 400"，*Nonprofit Management and Leadership*，Vol.18，No.1（2007）.

37. Wiepking P，Maas I.，"Resources That Make You Generous：Effects of Social

and Human Resources on Charitable Giving", *Social Forces.*, Vol.87, No.4（2009）.

38. Wiepking, P., and M. Heijnen, "The giving standard: conditional cooperation in the case of charitable giving", *International Journal of Nonprofit & Voluntary Sector Marketing*, Vol.16, No.1（2011）.

39. Yan K, Jing R, School L, et al., "An Empirical Study of the Impact of Institutional Environment on Charitable Donation: Based on 2001—2013 Provincial Data Analysis", *Nankai Economic Studies*, no.6（2016）.

（五）其他

1.《中华人民共和国慈善法》《新型冠状病毒肺炎疫情防控有关法律法规汇编》，2020 年 2 月 14 日，见 http://www.moj.gov.cn/subject/content/2020-02/14/1449_3241663.html。

2.《中国需要从"熟人慈善"走向"公民慈善"》，2005 年 11 月 29 日，见 http://news.sohu.com/20051129/n227616541.shtml。

3.《第四届（2014-2015 年度）中国城市公益慈善指数报告》，2016 年 12 月 26 日，见 http://www.charityalliance.org.cn/news/8261.jhtml。

4. 刘福清：《让慈善事业在新的历史方位上逐梦前》，2017 年 11 月 6 日，见 http://www.xinhuanet.com//gongyi/2017-11/06/c_129733743.htm。

5.《李克强主持召开国务院常务会议　部署推进消费扩大和升级　促进经济提质增效　决定进一步放开和规范银行卡清算市场　提高金融对内对外开放水平　确定发展慈善事业措施　汇聚更多爱心扶贫济困》2014 年 10 月 29 日，见 www.gov.cn/govweb/zhuanti/2014-10/29/content_2823354.htm。

6. 李克强：《要让每一个身处困境者都能得到社会的关爱和温暖》，2018 年 3 月 5 日，见新华网／中国政府网，http://www.xinhuanet.com/politics/2018lh/2018-03/05/c_137017099.htm。

7.《城市居民》，见 https://baike.baidu.com/item/%E5%9F%8E%E5%B8%82%E5%B1%85%E6%B0%91/6591915。

8. 单玉华：《中华民族的慈善传统与现代慈善事业》，《今日海南》2007 年第 1 期。

9. 民政部：《将采取三大措施发挥慈善事业的第三次分配作用》，2021 年 9 月 17 日，见 http：//baijihao.baidu.com/s？id＝171112222730&wfr＝spider&for＝pc。

10. 文梅：《第五届中国城市公益慈善指数发布 2017 年 221 个城市捐赠总量增长 4.86%》，2018 年 11 月 13 日，见 http：//www.gongyishibao.com/html/gongyizixun/15294.html。

11. 《中国善城大会在广州召开 第五届中国城市公益慈善指数揭晓》，2018 年 11 月 9 日，见 http：//www.charityalliance.org.cn/news/11868.jhtml。

12. 《第五届中国城市公益慈善指数发布》，2018 年 11 月 5 日，见 https：//baijiahao.baidu.com/s？id＝1616278887191860247&wfr＝spider&for＝pc。

13. 《辽阳市"慈善三字经"征集评选启事》，2015 年 11 月 11 日，见 lnly.wenming.cn/whly/20151111_2114893.htm。

附录1　中华人民共和国慈善法

《中华人民共和国慈善法》

（2016年3月16日第十二届全国人民代表大会常务委员会第四次会议通过 2016年3月16日中华人民共和国主席令第43号公布　自2016年9月1日起施行）

第一章　总　则

第一条　为了发展慈善事业，弘扬慈善文化，规范慈善活动，保护慈善组织、捐赠人、志愿者、受益人等慈善活动参与者的合法权益，促进社会进步，共享发展成果，制定本法。

第二条　自然人、法人和其他组织开展慈善活动以及与慈善有关的活动，适用本法。其他法律有特别规定的，依照其规定。

第三条　本法所称慈善活动，是指自然人、法人和其他组织以捐赠财产或者提供服务等方式，自愿开展的下列公益活动：

（一）扶贫、济困；

（二）扶老、救孤、恤病、助残、优抚；

（三）救助自然灾害、事故灾难和公共卫生事件等突发事件造成的损害；

（四）促进教育、科学、文化、卫生、体育等事业的发展；

（五）防治污染和其他公害，保护和改善生态环境；

（六）符合本法规定的其他公益活动。

第四条 开展慈善活动，应当遵循合法、自愿、诚信、非营利的原则，不得违背社会公德，不得危害国家安全、损害社会公共利益和他人合法权益。

第五条 国家鼓励和支持自然人、法人和其他组织践行社会主义核心价值观，弘扬中华民族传统美德，依法开展慈善活动。

第六条 国务院民政部门主管全国慈善工作，县级以上地方各级人民政府民政部门主管本行政区域内的慈善工作；县级以上人民政府有关部门依照本法和其他有关法律法规，在各自的职责范围内做好相关工作。

第七条 每年 9 月 5 日为"中华慈善日"。

第二章 慈善组织

第八条 本法所称慈善组织，是指依法成立、符合本法规定，以面向社会开展慈善活动为宗旨的非营利性组织。

慈善组织可以采取基金会、社会团体、社会服务机构等组织形式。

第九条 慈善组织应当符合下列条件：

（一）以开展慈善活动为宗旨；

（二）不以营利为目的；

（三）有自己的名称和住所；

（四）有组织章程；

（五）有必要的财产；

（六）有符合条件的组织机构和负责人；

（七）法律、行政法规规定的其他条件。

第十条 设立慈善组织，应当向县级以上人民政府民政部门申请登记，民政部门应当自受理申请之日起三十日内作出决定。符合本法规定条件的，准予登记并向社会公告；不符合本法规定条件的，不予登记并书面说明理由。

本法公布前已经设立的基金会、社会团体、社会服务机构等非营利性组织，可以向其登记的民政部门申请认定为慈善组织，民政部门应当自受理申请之日起二十日内作出决定。符合慈善组织条件的，予以认定并向社会公告；不符合慈善组织条件的，不予认定并书面说明理由。

有特殊情况需要延长登记或者认定期限的，报经国务院民政部门批准，可以适当延长，但延长的期限不得超过六十日。

第十一条　慈善组织的章程，应当符合法律法规的规定，并载明下列事项：

（一）名称和住所；

（二）组织形式；

（三）宗旨和活动范围；

（四）财产来源及构成；

（五）决策、执行机构的组成及职责；

（六）内部监督机制；

（七）财产管理使用制度；

（八）项目管理制度；

（九）终止情形及终止后的清算办法；

（十）其他重要事项。

第十二条　慈善组织应当根据法律法规以及章程的规定，建立健全内部治理结构，明确决策、执行、监督等方面的职责权限，开展慈善活动。

慈善组织应当执行国家统一的会计制度，依法进行会计核算，建立健全会计监督制度，并接受政府有关部门的监督管理。

第十三条　慈善组织应当每年向其登记的民政部门报送年度工作

报告和财务会计报告。报告应当包括年度开展募捐和接受捐赠情况、慈善财产的管理使用情况、慈善项目实施情况以及慈善组织工作人员的工资福利情况。

第十四条　慈善组织的发起人、主要捐赠人以及管理人员，不得利用其关联关系损害慈善组织、受益人的利益和社会公共利益。

慈善组织的发起人、主要捐赠人以及管理人员与慈善组织发生交易行为的，不得参与慈善组织有关该交易行为的决策，有关交易情况应当向社会公开。

第十五条　慈善组织不得从事、资助危害国家安全和社会公共利益的活动，不得接受附加违反法律法规和违背社会公德条件的捐赠，不得对受益人附加违反法律法规和违背社会公德的条件。

第十六条　有下列情形之一的，不得担任慈善组织的负责人：

（一）无民事行为能力或者限制民事行为能力的；

（二）因故意犯罪被判处刑罚，自刑罚执行完毕之日起未逾五年的；

（三）在被吊销登记证书或者被取缔的组织担任负责人，自该组织被吊销登记证书或者被取缔之日起未逾五年的；

（四）法律、行政法规规定的其他情形。

第十七条　慈善组织有下列情形之一的，应当终止：

（一）出现章程规定的终止情形的；

（二）因分立、合并需要终止的；

（三）连续二年未从事慈善活动的；

（四）依法被撤销登记或者吊销登记证书的；

（五）法律、行政法规规定应当终止的其他情形。

第十八条　慈善组织终止，应当进行清算。

慈善组织的决策机构应当在本法第十七条规定的终止情形出现之日起三十日内成立清算组进行清算，并向社会公告。不成立清算组或者清算组不履行职责的，民政部门可以申请人民法院指定有关人员组成清算组进行清算。

慈善组织清算后的剩余财产，应当按照慈善组织章程的规定转给宗旨相同或者相近的慈善组织；章程未规定的，由民政部门主持转给宗旨相同或者相近的慈善组织，并向社会公告。

慈善组织清算结束后，应当向其登记的民政部门办理注销登记，并由民政部门向社会公告。

第十九条　慈善组织依法成立行业组织。

慈善行业组织应当反映行业诉求，推动行业交流，提高慈善行业公信力，促进慈善事业发展。

第二十条　慈善组织的组织形式、登记管理的具体办法由国务院制定。

第三章　慈善募捐

第二十一条　本法所称慈善募捐，是指慈善组织基于慈善宗旨募集财产的活动。

慈善募捐，包括面向社会公众的公开募捐和面向特定对象的定向募捐。

第二十二条　慈善组织开展公开募捐，应当取得公开募捐资格。依法登记满二年的慈善组织，可以向其登记的民政部门申请公开募捐资格。民政部门应当自受理申请之日起二十日内作出决定。慈善组织符合内部治理结构健全、运作规范的条件的，发给公开募捐资格证书；不符合条件的，不发给公开募捐资格证书并书面说明理由。

法律、行政法规规定自登记之日起可以公开募捐的基金会和社会团体，由民政部门直接发给公开募捐资格证书。

第二十三条　开展公开募捐，可以采取下列方式：

（一）在公共场所设置募捐箱；

（二）举办面向社会公众的义演、义赛、义卖、义展、义拍、慈善晚会等；

（三）通过广播、电视、报刊、互联网等媒体发布募捐信息；

（四）其他公开募捐方式。

慈善组织采取前款第一项、第二项规定的方式开展公开募捐的，应当在其登记的民政部门管辖区域内进行，确有必要在其登记的民政部门管辖区域外进行的，应当报其开展募捐活动所在地的县级以上人民政府民政部门备案。捐赠人的捐赠行为不受地域限制。

慈善组织通过互联网开展公开募捐的，应当在国务院民政部门统一或者指定的慈善信息平台发布募捐信息，并可以同时在其网站发布募捐信息。

第二十四条　开展公开募捐，应当制定募捐方案。募捐方案包括募捐目的、起止时间和地域、活动负责人姓名和办公地址、接受捐赠方式、银行账户、受益人、募得款物用途、募捐成本、剩余财产的处理等。

募捐方案应当在开展募捐活动前报慈善组织登记的民政部门备案。

第二十五条　开展公开募捐，应当在募捐活动现场或者募捐活动载体的显著位置，公布募捐组织名称、公开募捐资格证书、募捐方案、联系方式、募捐信息查询方法等。

第二十六条　不具有公开募捐资格的组织或者个人基于慈善目的，可以与具有公开募捐资格的慈善组织合作，由该慈善组织开展公开募捐并管理募得款物。

第二十七条　广播、电视、报刊以及网络服务提供者、电信运营商，应当对利用其平台开展公开募捐的慈善组织的登记证书、公开募捐资格证书进行验证。

第二十八条　慈善组织自登记之日起可以开展定向募捐。

慈善组织开展定向募捐，应当在发起人、理事会成员和会员等特定对象的范围内进行，并向募捐对象说明募捐目的、募得款物用途等事项。

第二十九条　开展定向募捐，不得采取或者变相采取本法第二十三条规定的方式。

第三十条　发生重大自然灾害、事故灾难和公共卫生事件等突发事件，需要迅速开展救助时，有关人民政府应当建立协调机制，提供需求信息，及时有序引导开展募捐和救助活动。

第三十一条　开展募捐活动，应当尊重和维护募捐对象的合法权益，保障募捐对象的知情权，不得通过虚构事实等方式欺骗、诱导募捐对象实施捐赠。

第三十二条　开展募捐活动，不得摊派或者变相摊派，不得妨碍公共秩序、企业生产经营和居民生活。

第三十三条　禁止任何组织或者个人假借慈善名义或者假冒慈善组织开展募捐活动，骗取财产。

第四章　慈善捐赠

第三十四条　本法所称慈善捐赠，是指自然人、法人和其他组织基于慈善目的，自愿、无偿赠与财产的活动。

第三十五条　捐赠人可以通过慈善组织捐赠，也可以直接向受益人捐赠。

第三十六条　捐赠人捐赠的财产应当是其有权处分的合法财产。捐赠财产包括货币、实物、房屋、有价证券、股权、知识产权等有形和无形财产。

捐赠人捐赠的实物应当具有使用价值，符合安全、卫生、环保等标准。

捐赠人捐赠本企业产品的，应当依法承担产品质量责任和义务。

第三十七条　自然人、法人和其他组织开展演出、比赛、销售、拍卖等经营性活动，承诺将全部或者部分所得用于慈善目的的，应当在举办活动前与慈善组织或者其他接受捐赠的人签订捐赠协议，活动结束后按照捐赠协议履行捐赠义务，并将捐赠情况向社会公开。

第三十八条　慈善组织接受捐赠，应当向捐赠人开具由财政部门统一监（印）制的捐赠票据。捐赠票据应当载明捐赠人、捐赠财产的种类及数量、慈善组织名称和经办人姓名、票据日期等。捐赠人匿名或者放弃接受捐赠票据的，慈善组织应当做好相关记录。

第三十九条　慈善组织接受捐赠，捐赠人要求签订书面捐赠协议的，慈善组织应当与捐赠人签订书面捐赠协议。

书面捐赠协议包括捐赠人和慈善组织名称，捐赠财产的种类、数量、质量、用途、交付时间等内容。

第四十条　捐赠人与慈善组织约定捐赠财产的用途和受益人时，不得指定捐赠人的利害关系人作为受益人。

任何组织和个人不得利用慈善捐赠违反法律规定宣传烟草制品，不得利用慈善捐赠以任何方式宣传法律禁止宣传的产品和事项。

第四十一条　捐赠人应当按照捐赠协议履行捐赠义务。捐赠人违反捐赠协议逾期未交付捐赠财产，有下列情形之一的，慈善组织或者其他接受捐赠的人可以要求交付；捐赠人拒不交付的，慈善组织和其他接受捐赠的人可以依法向人民法院申请支付令或者提起诉讼：

（一）捐赠人通过广播、电视、报刊、互联网等媒体公开承诺捐赠的；

（二）捐赠财产用于本法第三条第一项至第三项规定的慈善活动，并签订书面捐赠协议的。

捐赠人公开承诺捐赠或者签订书面捐赠协议后经济状况显著恶化，严重影响其生产经营或者家庭生活的，经向公开承诺捐赠地或者书面捐赠协议签订地的民政部门报告并向社会公开说明情况后，可以不再履行捐赠义务。

第四十二条　捐赠人有权查询、复制其捐赠财产管理使用的有关资料，慈善组织应当及时主动向捐赠人反馈有关情况。

慈善组织违反捐赠协议约定的用途，滥用捐赠财产的，捐赠人有权要求其改正；拒不改正的，捐赠人可以向民政部门投诉、举报或者向人民法院提起诉讼。

第四十三条　国有企业实施慈善捐赠应当遵守有关国有资产管理的规定，履行批准和备案程序。

第五章　慈善信托

第四十四条　本法所称慈善信托属于公益信托，是指委托人基于慈善目的，依法将其财产委托给受托人，由受托人按照委托人意愿以受托人名义进行管理和处分，开展慈善活动的行为。

第四十五条　设立慈善信托、确定受托人和监察人，应当采取书面形式。受托人应当在慈善信托文件签订之日起七日内，将相关文件向受托人所在地县级以上人民政府民政部门备案。

未按照前款规定将相关文件报民政部门备案的，不享受税收优惠。

第四十六条　慈善信托的受托人，可以由委托人确定其信赖的慈善组织或者信托公司担任。

第四十七条　慈善信托的受托人违反信托义务或者难以履行职责的，委托人可以变更受托人。变更后的受托人应当自变更之日起七日内，将变更情况报原备案的民政部门重新备案。

第四十八条　慈善信托的受托人管理和处分信托财产，应当按照信托目的，恪尽职守，履行诚信、谨慎管理的义务。

慈善信托的受托人应当根据信托文件和委托人的要求，及时向委托人报告信托事务处理情况、信托财产管理使用情况。慈善信托的受托人应当每年至少一次将信托事务处理情况及财务状况向其备案的民政部门报告，并向社会公开。

第四十九条　慈善信托的委托人根据需要，可以确定信托监察人。

信托监察人对受托人的行为进行监督，依法维护委托人和受益人的权益。信托监察人发现受托人违反信托义务或者难以履行职责的，应当向委托人报告，并有权以自己的名义向人民法院提起诉讼。

第五十条　慈善信托的设立、信托财产的管理、信托当事人、信托的终止和清算等事项，本章未规定的，适用本法其他有关规定；本法未规定的，适用《中华人民共和国信托法》的有关规定。

第六章　慈善财产

第五十一条　慈善组织的财产包括：

（一）发起人捐赠、资助的创始财产；

（二）募集的财产；

（三）其他合法财产。

第五十二条　慈善组织的财产应当根据章程和捐赠协议的规定全部用于慈善目的，不得在发起人、捐赠人以及慈善组织成员中分配。

任何组织和个人不得私分、挪用、截留或者侵占慈善财产。

第五十三条　慈善组织对募集的财产，应当登记造册，严格管理，专款专用。

捐赠人捐赠的实物不易储存、运输或者难以直接用于慈善目的的，慈善组织可以依法拍卖或者变卖，所得收入扣除必要费用后，应当全部用于慈善目的。

第五十四条　慈善组织为实现财产保值、增值进行投资的，应当遵循合法、安全、有效的原则，投资取得的收益应当全部用于慈善目的。慈善组织的重大投资方案应当经决策机构组成人员三分之二以上同意。政府资助的财产和捐赠协议约定不得投资的财产，不得用于投资。慈善组织的负责人和工作人员不得在慈善组织投资的企业兼职或者领取报酬。

前款规定事项的具体办法，由国务院民政部门制定。

第五十五条　慈善组织开展慈善活动，应当依照法律法规和章程的规定，按照募捐方案或者捐赠协议使用捐赠财产。慈善组织确需变更募捐方案规定的捐赠财产用途的，应当报民政部门备案；确需变更捐赠协议约定的捐赠财产用途的，应当征得捐赠人同意。

第五十六条　慈善组织应当合理设计慈善项目，优化实施流程，降低运行成本，提高慈善财产使用效益。

慈善组织应当建立项目管理制度，对项目实施情况进行跟踪监督。

第五十七条　慈善项目终止后捐赠财产有剩余的，按照募捐方案或者捐赠协议处理；募捐方案未规定或者捐赠协议未约定的，慈善组织应当将剩余财产用于目的相同或者相近的其他慈善项目，并向社会公开。

第五十八条　慈善组织确定慈善受益人，应当坚持公开、公平、公正的原则，不得指定慈善组织管理人员的利害关系人作为受益人。

第五十九条　慈善组织根据需要可以与受益人签订协议，明确双方权利义务，约定慈善财产的用途、数额和使用方式等内容。

受益人应当珍惜慈善资助，按照协议使用慈善财产。受益人未按照协议使用慈善财产或者有其他严重违反协议情形的，慈善组织有权要求其改正；受益人拒不改正的，慈善组织有权解除协议并要求受益人返还财产。

第六十条　慈善组织应当积极开展慈善活动，充分、高效运用慈善财产，并遵循管理费用最必要原则，厉行节约，减少不必要的开支。慈善组织中具有公开募捐资格的基金会开展慈善活动的年度支出，不得低于上一年总收入的百分之七十或者前三年收入平均数额的百分之七十；年度管理费用不得超过当年总支出的百分之十，特殊情况下，年度管理费用难以符合前述规定的，应当报告其登记的民政部门并向社会公开说明情况。

　　具有公开募捐资格的基金会以外的慈善组织开展慈善活动的年度支出和管理费用的标准，由国务院民政部门会同国务院财政、税务等部门依照前款规定的原则制定。

　　捐赠协议对单项捐赠财产的慈善活动支出和管理费用有约定的，按照其约定。

第七章　慈善服务

　　第六十一条　本法所称慈善服务，是指慈善组织和其他组织以及个人基于慈善目的，向社会或者他人提供的志愿无偿服务以及其他非营利服务。

　　慈善组织开展慈善服务，可以自己提供或者招募志愿者提供，也可以委托有服务专长的其他组织提供。

　　第六十二条　开展慈善服务，应当尊重受益人、志愿者的人格尊严，不得侵害受益人、志愿者的隐私。

　　第六十三条　开展医疗康复、教育培训等慈善服务，需要专门技能的，应当执行国家或者行业组织制定的标准和规程。

　　慈善组织招募志愿者参与慈善服务，需要专门技能的，应当对志愿者开展相关培训。

　　第六十四条　慈善组织招募志愿者参与慈善服务，应当公示与慈善服务有关的全部信息，告知服务过程中可能发生的风险。

　　慈善组织根据需要可以与志愿者签订协议，明确双方权利义务，约定服务的内容、方式和时间等。

　　第六十五条　慈善组织应当对志愿者实名登记，记录志愿者的服务时间、内容、评价等信息。根据志愿者的要求，慈善组织应当无偿、如实出具志愿服务记录证明。

　　第六十六条　慈善组织安排志愿者参与慈善服务，应当与志愿者的年龄、文化程度、技能和身体状况相适应。

第六十七条　志愿者接受慈善组织安排参与慈善服务的，应当服从管理，接受必要的培训。

第六十八条　慈善组织应当为志愿者参与慈善服务提供必要条件，保障志愿者的合法权益。

慈善组织安排志愿者参与可能发生人身危险的慈善服务前，应当为志愿者购买相应的人身意外伤害保险。

第八章　信息公开

第六十九条　县级以上人民政府建立健全慈善信息统计和发布制度。

县级以上人民政府民政部门应当在统一的信息平台，及时向社会公开慈善信息，并免费提供慈善信息发布服务。

慈善组织和慈善信托的受托人应当在前款规定的平台发布慈善信息，并对信息的真实性负责。

第七十条　县级以上人民政府民政部门和其他有关部门应当及时向社会公开下列慈善信息：

（一）慈善组织登记事项；

（二）慈善信托备案事项；

（三）具有公开募捐资格的慈善组织名单；

（四）具有出具公益性捐赠税前扣除票据资格的慈善组织名单；

（五）对慈善活动的税收优惠、资助补贴等促进措施；

（六）向慈善组织购买服务的信息；

（七）对慈善组织、慈善信托开展检查、评估的结果；

（八）对慈善组织和其他组织以及个人的表彰、处罚结果；

（九）法律法规规定应当公开的其他信息。

第七十一条　慈善组织、慈善信托的受托人应当依法履行信息公开义务。信息公开应当真实、完整、及时。

第七十二条 慈善组织应当向社会公开组织章程和决策、执行、监督机构成员信息以及国务院民政部门要求公开的其他信息。上述信息有重大变更的，慈善组织应当及时向社会公开。

慈善组织应当每年向社会公开其年度工作报告和财务会计报告。具有公开募捐资格的慈善组织的财务会计报告须经审计。

第七十三条 具有公开募捐资格的慈善组织应当定期向社会公开其募捐情况和慈善项目实施情况。

公开募捐周期超过六个月的，至少每三个月公开一次募捐情况，公开募捐活动结束后三个月内应当全面公开募捐情况。

慈善项目实施周期超过六个月的，至少每三个月公开一次项目实施情况，项目结束后三个月内应当全面公开项目实施情况和募得款物使用情况。

第七十四条 慈善组织开展定向募捐的，应当及时向捐赠人告知募捐情况、募得款物的管理使用情况。

第七十五条 慈善组织、慈善信托的受托人应当向受益人告知其资助标准、工作流程和工作规范等信息。

第七十六条 涉及国家秘密、商业秘密、个人隐私的信息以及捐赠人、慈善信托的委托人不同意公开的姓名、名称、住所、通讯方式等信息，不得公开。

第九章 促进措施

第七十七条 县级以上人民政府应当根据经济社会发展情况，制定促进慈善事业发展的政策和措施。

县级以上人民政府有关部门应当在各自职责范围内，向慈善组织、慈善信托受托人等提供慈善需求信息，为慈善活动提供指导和帮助。

第七十八条 县级以上人民政府民政部门应当建立与其他部门之间的慈善信息共享机制。

第七十九条　慈善组织及其取得的收入依法享受税收优惠。

第八十条　自然人、法人和其他组织捐赠财产用于慈善活动的，依法享受税收优惠。企业慈善捐赠支出超过法律规定的准予在计算企业所得税应纳税所得额时当年扣除的部分，允许结转以后三年内在计算应纳税所得额时扣除。

境外捐赠用于慈善活动的物资，依法减征或者免征进口关税和进口环节增值税。

第八十一条　受益人接受慈善捐赠，依法享受税收优惠。

第八十二条　慈善组织、捐赠人、受益人依法享受税收优惠的，有关部门应当及时办理相关手续。

第八十三条　捐赠人向慈善组织捐赠实物、有价证券、股权和知识产权的，依法免征权利转让的相关行政事业性费用。

第八十四条　国家对开展扶贫济困的慈善活动，实行特殊的优惠政策。

第八十五条　慈善组织开展本法第三条第一项、第二项规定的慈善活动需要慈善服务设施用地的，可以依法申请使用国有划拨土地或者农村集体建设用地。慈善服务设施用地非经法定程序不得改变用途。

第八十六条　国家为慈善事业提供金融政策支持，鼓励金融机构为慈善组织、慈善信托提供融资和结算等金融服务。

第八十七条　各级人民政府及其有关部门可以依法通过购买服务等方式，支持符合条件的慈善组织向社会提供服务，并依照有关政府采购的法律法规向社会公开相关情况。

第八十八条　国家采取措施弘扬慈善文化，培育公民慈善意识。

学校等教育机构应当将慈善文化纳入教育教学内容。国家鼓励高等学校培养慈善专业人才，支持高等学校和科研机构开展慈善理论研究。

广播、电视、报刊、互联网等媒体应当积极开展慈善公益宣传活动，普及慈善知识，传播慈善文化。

第八十九条　国家鼓励企业事业单位和其他组织为开展慈善活动提供场所和其他便利条件。

第九十条　经受益人同意，捐赠人对其捐赠的慈善项目可以冠名纪念，法律法规规定需要批准的，从其规定。

第九十一条　国家建立慈善表彰制度，对在慈善事业发展中做出突出贡献的自然人、法人和其他组织，由县级以上人民政府或者有关部门予以表彰。

第十章　监督管理

第九十二条　县级以上人民政府民政部门应当依法履行职责，对慈善活动进行监督检查，对慈善行业组织进行指导。

第九十三条　县级以上人民政府民政部门对涉嫌违反本法规定的慈善组织，有权采取下列措施：

（一）对慈善组织的住所和慈善活动发生地进行现场检查；

（二）要求慈善组织作出说明，查阅、复制有关资料；

（三）向与慈善活动有关的单位和个人调查与监督管理有关的情况；

（四）经本级人民政府批准，可以查询慈善组织的金融账户；

（五）法律、行政法规规定的其他措施。

第九十四条　县级以上人民政府民政部门对慈善组织、有关单位和个人进行检查或者调查时，检查人员或者调查人员不得少于二人，并应当出示合法证件和检查、调查通知书。

第九十五条　县级以上人民政府民政部门应当建立慈善组织及其负责人信用记录制度，并向社会公布。

民政部门应当建立慈善组织评估制度，鼓励和支持第三方机构对慈善组织进行评估，并向社会公布评估结果。

第九十六条　慈善行业组织应当建立健全行业规范，加强行业自律。

第九十七条　任何单位和个人发现慈善组织、慈善信托有违法行为的，可以向民政部门、其他有关部门或者慈善行业组织投诉、举报。民政部门、其他有关部门或者慈善行业组织接到投诉、举报后，应当及时调查处理。

国家鼓励公众、媒体对慈善活动进行监督，对假借慈善名义或者假冒慈善组织骗取财产以及慈善组织、慈善信托的违法违规行为予以曝光，发挥舆论和社会监督作用。

第十一章　法律责任

第九十八条　慈善组织有下列情形之一的，由民政部门责令限期改正；逾期不改正的，吊销登记证书并予以公告：

（一）未按照慈善宗旨开展活动的；

（二）私分、挪用、截留或者侵占慈善财产的；

（三）接受附加违反法律法规或者违背社会公德条件的捐赠，或者对受益人附加违反法律法规或者违背社会公德的条件的。

第九十九条　慈善组织有下列情形之一的，由民政部门予以警告、责令限期改正；逾期不改正的，责令限期停止活动并进行整改：

（一）违反本法第十四条规定造成慈善财产损失的；

（二）将不得用于投资的财产用于投资的；

（三）擅自改变捐赠财产用途的；

（四）开展慈善活动的年度支出或者管理费用的标准违反本法第六十条规定的；

（五）未依法履行信息公开义务的；

（六）未依法报送年度工作报告、财务会计报告或者报备募捐方案的；

（七）泄露捐赠人、志愿者、受益人个人隐私以及捐赠人、慈善信托的委托人不同意公开的姓名、名称、住所、通讯方式等信息的。

慈善组织违反本法规定泄露国家秘密、商业秘密的，依照有关法律的规定予以处罚。

慈善组织有前两款规定的情形，经依法处理后一年内再出现前款规定的情形，或者有其他情节严重情形的，由民政部门吊销登记证书并予以公告。

第一百条　慈善组织有本法第九十八条、第九十九条规定的情形，有违法所得的，由民政部门予以没收；对直接负责的主管人员和其他直接责任人员处二万元以上二十万元以下罚款。

第一百零一条　开展募捐活动有下列情形之一的，由民政部门予以警告、责令停止募捐活动；对违法募集的财产，责令退还捐赠人；难以退还的，由民政部门予以收缴，转给其他慈善组织用于慈善目的；对有关组织或者个人处二万元以上二十万元以下罚款：

（一）不具有公开募捐资格的组织或者个人开展公开募捐的；

（二）通过虚构事实等方式欺骗、诱导募捐对象实施捐赠的；

（三）向单位或者个人摊派或者变相摊派的；

（四）妨碍公共秩序、企业生产经营或者居民生活的。

广播、电视、报刊以及网络服务提供者、电信运营商未履行本法第二十七条规定的验证义务的，由其主管部门予以警告，责令限期改正；逾期不改正的，予以通报批评。

第一百零二条　慈善组织不依法向捐赠人开具捐赠票据、不依法向志愿者出具志愿服务记录证明或者不及时主动向捐赠人反馈有关情况的，由民政部门予以警告，责令限期改正；逾期不改正的，责令限期停止活动。

第一百零三条　慈善组织弄虚作假骗取税收优惠的，由税务机关依法查处；情节严重的，由民政部门吊销登记证书并予以公告。

第一百零四条　慈善组织从事、资助危害国家安全或者社会公共利益活动的，由有关机关依法查处，由民政部门吊销登记证书并予以公告。

第一百零五条　慈善信托的受托人有下列情形之一的，由民政部门予以警告，责令限期改正；有违法所得的，由民政部门予以没收；对直接负责的主管人员和其他直接责任人员处二万元以上二十万元以下罚款：

（一）将信托财产及其收益用于非慈善目的的；

（二）未按照规定将信托事务处理情况及财务状况向民政部门报告或者向社会公开的。

第一百零六条　慈善服务过程中，因慈善组织或者志愿者过错造成受益人、第三人损害的，慈善组织依法承担赔偿责任；损害是由志愿者故意或者重大过失造成的，慈善组织可以向其追偿。

志愿者在参与慈善服务过程中，因慈善组织过错受到损害的，慈善组织依法承担赔偿责任；损害是由不可抗力造成的，慈善组织应当给予适当补偿。

第一百零七条　自然人、法人或者其他组织假借慈善名义或者假冒慈善组织骗取财产的，由公安机关依法查处。

第一百零八条　县级以上人民政府民政部门和其他有关部门及其工作人员有下列情形之一的，由上级机关或者监察机关责令改正；依法应当给予处分的，由任免机关或者监察机关对直接负责的主管人员和其他直接责任人员给予处分：

（一）未依法履行信息公开义务的；

（二）摊派或者变相摊派捐赠任务，强行指定志愿者、慈善组织提供服务的；

（三）未依法履行监督管理职责的；

（四）违法实施行政强制措施和行政处罚的；

（五）私分、挪用、截留或者侵占慈善财产的；

（六）其他滥用职权、玩忽职守、徇私舞弊的行为。

第一百零九条　违反本法规定，构成违反治安管理行为的，由公安机关依法给予治安管理处罚；构成犯罪的，依法追究刑事责任。

第十二章　附　则

第一百一十条　城乡社区组织、单位可以在本社区、单位内部开展群众性互助互济活动。

第一百一十一条　慈善组织以外的其他组织可以开展力所能及的慈善活动。

第一百一十二条　本法自 2016 年 9 月 1 日起施行。

附录 2 社区准备评分表

社区准备评分表

社区：

日期：

个人得分—采访者

维度	#1	#2	#3	#4	#5	#6	......
对努力的了解							
领导者关注							
社区氛围							
对问题的认知							
资源							

结果得分—采访者

维度	#1	#2	#3	#4	#5	#6	......
对努力的了解							
领导者关注							
社区氛围							
对问题的认知							
资源							